남길 것 없는 사람 이순향 이야기

天冠 이순향 지음

도서출판 경남

3·15의거기념 거리행진

이 나라 민주주의 길을 안내하며 초석을 깐 마산 3 · 15의거는 세계가 주목한 나라의 역사적인 사건일 뿐 아니라 내 개인에게 있어서도 가장 감동적이고 가장 감명 깊었던 민주주의 교육현장이었다.

《경남신문》
편집국장시절

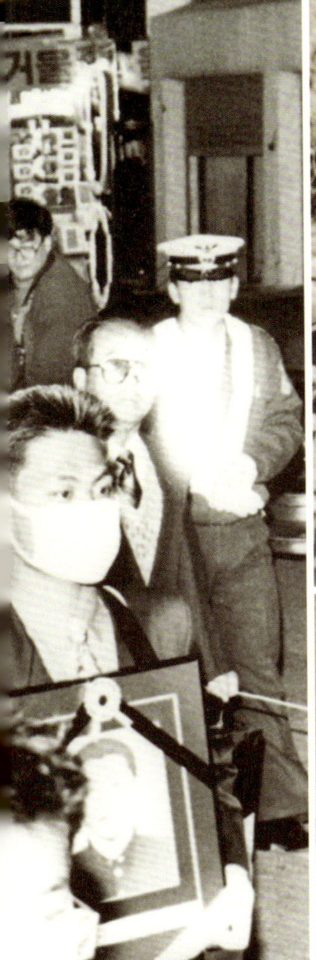

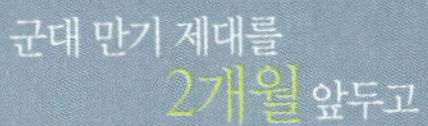
군대 만기 제대를
2개월 앞두고

큰아들 초등학교
졸업식에서
둘째와 셋째와 함께

이순향 80년 인생화보

대통령이 될 분, 대통령을 지낸 분, 국민의 이목을 집중시킨
정치 풍운아를 만났다는 것은
내 개인적으로 영광스러운 일이었다.

1 《마산일보》 정치부장 시절 김종필(공화당 의장) 의장과의 인터뷰
2 《경남도민일보》 대표일 때, 노무현 변호사의 방문을 받았다.
당시는 대통령에 당선되기 전으로 《경남도민일보》 주주 자격으로 방문했다.
3 2008년 이회창 총재와의 만남
4 제34주년 3·15의거기념일 김혁규 도지사를 동반한 국립묘지 참배

政治
3
4

《남도일보》
초대 대표이사 취임식

1988년 10월 20일 마산 롯데크리스탈호텔에서 《남도일보》 초대 대표이사 취임식을 가졌다.

家族

제례를 지낸 뒤 사촌동생과 자식들과 손자와 함께(1987)

아내와 함께한 일본여행 (1989)

친구들과 함께한 무학산 등산

이순향 80년 인생화보

우리 부부로 인해 16명이라는 가족을 이루었으니
어려운 일이 있을 때에는 서로 돕고 기쁠 때에는 그 기쁨을 나누며
형제의 모든 가족들을 다 중히 여겨야 한다.

가족들과 구산면 구복으로 소풍 가다(1996)

제8회 시민불교문화상
지역사회개발부문 수상
(1998. 12. 11)

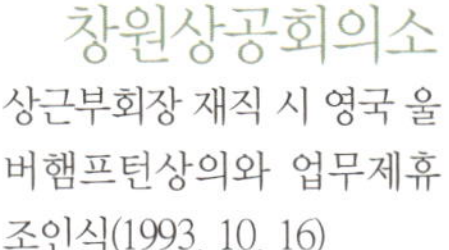

창원상공회의소
상근부회장 재직 시 영국 울버햄프턴상의와 업무제휴 조인식(1993. 10. 16)

《경남매일》
대표 이임식(1991. 10. 19)

이순향 80년 인생화보

아내와 함께한
뉴질랜드여행 중(1997)

제주도에서

나와 아내와의 결혼은
첫선에서 이루어졌다.
집안 장손인 나와 처가의 장녀인
아내는 어른들의 주선에 의해
선을 보고 곧
결혼으로 골인했다.

동환산업 고동환 회장과
담소를 나누며

《경남매일》
창간기념 리셉션장에서

온 가족이 모였다.
(2000)

시인 구상 선생님(가운데)의 강좌 후 조민규 합포문화동인회장(오른쪽)과 이야기를 나누고 있다(1994. 9)

《경남도민일보》
사장 취임(2001)

언론인클럽 언론인상
수상 소감

마산시의회 초청
명사초청 특강(2007)

아내와 함께(2007. 3)
중국 절강성 불교 성지순례

故 강신률 사진작가와
김대환 화백(2007. 7)

좌로부터 송인식 동서화랑관장,
故 강신률 선생과 함께

《호랑이 눈썹을
달고 세상을 보자》
출판기념회에서(2004. 5. 31)

이순향 80년 인생화보

1 정목일 수필가
2 김현우 소설가
3 서익수 무학여고 이사장
4 조민규 합포문화동인회장, 서익수 무학여고 이사장

못 잊는 인연, 감사하는 인연

나는 내 직업 탓인지, 혹은 사람 욕심이 많아서인지,
많은 분들을 만날 수 있었고, 사귈 수 있었다.
목표를 정해 저 사람과 꼭 사귀어야 한다는 경우는 거의 없고
그저 만났으니 연분을 깊게 해야 한다는
생각이 진한 것 같다.

天冠 이순항 지음

남길 것 없는 사람 이순항 이야기

| 서문 |

시간의 한계限界에 대해 확연確然히 절감切感하면서도 좀 더 먼 데 앉아서 시간을 조물락 조물락거리는 것은 굵은 나이테의 어리석음인가. 데데하게 살아온 시간들을 돌이켜볼 때 건지려고 건지려고 가쁜 숨을 몰아쉬어도 낚이고 잡히는 것이 부끄럽게도 별로 없다.

"엣다, 모르겠다." 하고 애먼 묵은 원고지에 내 지나온 시간을 점철點綴시켜 옮기고 옮기다 보니 시나브로 시나브로 쌓여 내 책상이 버거워졌다. 짐처럼 어깨를 누르는 것이 내 가족, 형제자매, 일가친척이었다.

하찮은 이 글이 다른 사람은 몰라도 내 피붙이나 그에 준하는 사람들에게는 혹시나 하는 '잔소릿감'은 될 성싶었다. 그래서 욕심이 솟았다. 부랴부랴 도서출판 경남의 오하룡 시인님을 만나 책으로 엮고 싶다고 상의를 했더니 흔쾌히 그렇게 하자는 승낙을 얻었다.

그러면서 내 머리 속에 있는 허물없는 사이만 점쳐보고 대충 이 정도만 기억하면 되겠구나 하고 회상되는 사람들만 적어 나갔다. 아무튼 이 책은 내 형제들, 내 자식들, 며느리들, 손자들, 조카들을 비롯한 일가친척들에게는 애써 권하고 돌릴 것이다. 한편으로는 혹시 회고록이라는 이름의 이 책이 존경하는 분들(年高德高), 또는 선배님들의 손에 들어갈까 싶어 두렵다. 또 후배들에게도 조심스러운 심정은 어쩔 수 없다.

사람의 만남은 참 좋은 의미가 담겨 있다. 정을 주고받고 배우고 사귀며 서로의 힘이 되어 주고 있다. 홀로 서는 사람은 없다. 이런 사람 관계(만남)를 좋은 인연으로 발전시키는 사람은 아름다운 인생을 영위한다. 인연을 헛되이 여기는 사람은 우리 사회를 어지럽히는 존재다.

나는 좋은 인연, 그 좋은 인연으로 오늘을 향유하고 있다. 그래서 늘 감사하는 마음이다. 부모님, 형제들, 내 직계 자식들에게도 이 감사하는 마음은 시간이 지날수록 더 두터워진다.

지난한 가난 속에서 오로지 희생과 사랑으로 힘없는 나를 떠받쳐준 아내(최계수)에게 이 기회에 용기를 내어 처음으로 "여보! 사랑합니다." 하는 말로 그동안의 고마움에 대신한다. 이 책을 내느라 수고해주신 도서출판 경남의 여러분들에게 거듭 감사드린다.

마산 해운동 서재에서

저 자

차례

첫번째 이야기

두번째 이야기

《남도일보》 창간 리셉션에서 여성단체 대표들과 환담

1

첫•번•째•이•야•기

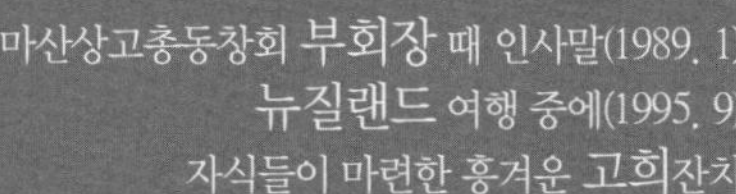

마산상고총동창회 부회장 때 인사말(1989. 1)
뉴질랜드 여행 중에(1995. 9)
자식들이 마련한 흥겨운 고희잔치

고 향

胡馬以北風 越鳥巢南枝호마이북풍 월조소남지
호마胡馬는 언제나 북쪽 바람을 향해 서고 남쪽 땅 월越나라에서 온 새는 나무에 앉아도 남쪽으로 향한 가지를 골라 앉는다.

북한에 고향을 둔 월남 동포들은 통한의 서러움과 그리움이 있다. 고향은 어머니의 품과 같이 따스하고 폭신하다. 그 고향을 가고 오지 못하는 동포들의 가슴이야 오죽하랴. 나는 내 고향에 한평생(군복무기간 4년여를 빼고선)을 살면서도 늘 고향을 그리워하는 욕심을 내고 있다. 내 자신이 생각해도 이상하리만큼 고향에 대한 집요함이 별나다.

출장이나 여행에서 돌아올 때 별난 감상에 젖어 때로는 눈물을 글썽이기도 한다. 어린애도 아닌 것이 일흔이 넘어서도 '마산馬山' 이라는 길 안내판만 보이면 이 못 말리는 벽癖에 젖는다. 차車편에선 옆사람에게 부끄러울 정도다. 그렇다고 나 자신을 둘러싼 특별한 사건이나 연유도

누이동생 순선, 순자와 아내와 며느리 |

없다. 표현하기 힘든 심리적 동향이다. 이 고장에 5대로 살아오면서 그만큼 깊이 정이 든 탓이리라.

사실 나는 친척이 많지 않다. 내가 알기론 우리 봉산鳳山 이李가는 마산에서 우리 집안, 창원에선 두 집이 있다(그 밖에 본本이 같은 세대가 있는지 알지 못한다. 시사時祀 때 보면 세 집안밖에 없다). 내 외가(김해김金씨), 진외가陳外家(全州李氏) 각각 한 집이 친척의 전부이다. 그리고 나는 장손으로 형님, 누님이라고 부를 형제도 없고 동생 다섯 명(둘은 고인이 되었다)만 있을 뿐이다. 뿐만 아니라 일가에서도 형제뻘로는 내가 제일 손위이고 외가에서 형님 한 분, 누님 두 분이 계셨는데 작고하시고 여든의 누님 한 분만 계신다. 내 처가에서도 아내가 장녀여서 모두

아래 처남, 처제들이다.

이렇다보니 어릴 적부터 외로움을 많이 탔나보다. 친구들의 형님, 누님이 그렇게도 부러웠다. 어릴 적 동네에서 싸우다 얻어맞아도, 괜히 두들겨 맞아도 편들어줄 세勢(형님 같은 분)가 없으니 콧물만 질질 흘리며 혼자서만 씩씩거릴 뿐이었다. 이런저런 사연으로 엄마 다음으로 고향에 정이 들어 오매불망 섬기듯 하고 있는지 모르겠다.

마산 하면 참 기분이 좋고 반가워 어쩌지 못하는 때도 있다. 특히 객지에서 마산 분을 만나면 첫 만남이어도 정이 쏠려 포옹하고 싶은 충동에 사로잡힌다. 나이가 들어서도 더했으면 더했지 덜하지 않는다.

그리고 고향은 알게 모르게 은혜를 주는 곳이다. 내 가족과 더불어 이렇게 살아온 것도 고향 덕분이다. 고향에 오래 사는 모든 분들께는 고향은 은혜를 준다. 그의 생존, 생활, 교육, 직업, 정서, 관계, 사교, 인연, 고향의 은혜 아닌 것이 한 가지라도 있겠는가? 잘살고 못살고는 배경, 환경, 개개인의 능력 탓이겠지만 근본은 고향의 은혜를 공평하게 입고 있다고 나는 단정한다.

그 고향 출신이 그 고향에 대해 느끼는 감도感度는 비고향 출신과는 근본적으로 다르다. 우선 훈기薰氣, 평안平安, 정情 등에서 포근함을 느낀다. 그래서 나는 고향에 대해서 권리보다 의무를 더 강조한다. 고향을 발전시킬 노력은 필연적이다. 나 같은 사람은 능력이 없어 용만 쓰지 이바지함이 없어 채무자로서의 부끄러움만 있을 뿐이다. 작은 것 하나라도 고향을 위해 보탬이 된다면 누구라도 서슴지 말아야 한다.

요즘(2000년 들어) 마산에는 '주인이 없다' 라는 말이 많이 나오고 있다. 내가 지역발전을 위한 어떤 간담회에 참석했을 때 한 중진 시의원이 마산에는 영향력 있는 원로(지도자)가 없다고 말하면서 안타까워했다. 조국 광복 후 기라성 같은 인물들이 즐비했었지만 시국 따라 세월 따라 흘러가셨다. 그 배턴을 받은 몇 분이 한때 반짝했지만 계속 이어지지가 않았다. 아무리 이름이 알려져도 진실과 애정이 없으면 시민들로부터 존경을 받지 못하며 그 결과는 나 홀로의 허세만 부리게 되는 것이다.

'발전, 발전' 구호만 외쳐대고 실제로는 어떤 이바지도 없는 자칭 유지有志만 있을 뿐이다. 여론은 이런 사람들과는 늘 등을 돌리고 있다. 선지자는 고향에서 대우를 못 받는다는 말도 있지만 고향 또한 옳은 지도자를 키워내는 의무도 있다는 것을 다 같이 명심해야 할 것이다. 객지에서 이주해 온 분보다는 이 고장 출신들이 더 분발해야 된다는 것을 나는 늘 강조하고 있다.

사랑하는 나의 아들들아!

자네들은 이 고장에서 나고 이 고장의 은혜를 먹고 자라고 있다. 살기에도 여념이 없지만 그런 가운데서도 적고, 작은 것이라도 하나 찾아 봉사해야 된다는 것을 나는 굳이 일러 두고 싶다.

가족끼리, 형제끼리, 친구끼리든 어떤 형태의 것이든 봉사모임을 만들어 봉사의 시간을 가지며 생활해야 한다. 공동체라는 것은 공동체의 의식이 있어야 하며 그 공동체를 발전적으로 굴리는 역할이 뒤따라야 하는 것이다. '봉사의 의미' 에서도 강조했지만 내가 나고 사는 고향에 대한 봉사는 지극히 아름다운 것이요, 감사요, 보람이며 행복인 것이다.

이 귀한 행복을 놓쳐서는 절대로 안된다. '봉사의 행복' 을 가진 집안은 늘 윤기가 흐르고 웃음이 샘솟으며 새로운 희망들이 잇달아 찾아준다. 비록 덜 가지고 어렵지만 이런 봉사에서 운명이 개척되고 남다른 행복관이 정립되어 나가는 것이다.

신은 이런 집안에, 이런 가족에 성공을 안겨줄 것이라는 믿음을 나는 가져 본다. 이 믿음은 만난萬難을 극복하는 힘이 될 것이다. 여기 한 예가 있다. 직장에서 책임(교장, 고위공직, 기업체 중역 등)을 맡았던 분들이 모임을 갖고, 형편이 어려운 이를 돕는 일, 등산로를 편리하게 정비하는 작업, 호스피스로서 헌신하는 일, 연세 높은 분들이 문화예술 창작 등 취미활동에 정진하도록 돕는 일, 독립운동의(순국선열) 후손들 등 국가사회에 헌신한 분들을 찾아 위로하고 격려하는 이색적인 봉사 활동을 하고 있다.

이분들 얼굴에는 늘 잔잔한 미소가 흐르고 평화롭다. 어떤 경우에도 이분들은 외부(언론 등)에 그들의 역할을 홍보하지 않고 가슴으로만 안고 실천에 앞장서고 있다. 지금 우리 주변에는 이와 같이 남모르게 사랑의 봉사활동을 하는 분들이 많이 있다. 이분들이 사회를 밝히면서 스스로의 행복을 창조하고 있다. 참 부럽고 존경스럽다.

나의 아들들아, 며느리들아!

자네들도 이런 가족이 되어 행복을 누리기를 간절히 바란다. 내 자식들이, 내 며느리들이, 내 손자들이 행복하면 그것은 나와 너희 어머니의 큰 자산이요, 만족스럽게 가는 길이기도 하다. 내 고향과 너희 고향에 대한 아름다운 보은報恩이기도 하다.

어릴 적 죄

어린아이를 안은 어머니만큼 맑고 깨끗한 것은 없으며, 많은 자식들에게 둘러싸인 어머니만큼 경애를 느끼게 하는 것은 없다.

—J.W.괴테

자식에게는 어머니보다 더 훌륭한 하늘로부터 받은 선물은 없다.

—에우리피데스(그리스의 극작가)

가난은 소년을 무척 괴롭혔다. 소년은 희망을 먹고 사는데 이 소년은 늘 부러운 마음을 가지고 살았다. 초등학교 4, 5학년 시절까지는 배가 고파 군음식이 제일 소원이었다. 조국의 해방과 더불어 아버님이 실직(아버님의 직장이 해산되어 직원들은 뿔뿔이 헤어졌다고 함)을 당하여 그 기술(중형선中型船의 기관장)을 고용할 직장이 없었다.

방 한 칸의 셋방에서 온 식구(동생들 셋)들이 힘겹게 살았다. 아버님은 마산 어시장에서 생전 경험이 없는 소매상으로 가계를 이끌어 가셨다. 선창에서의 천대, 수모, 온갖 곤욕을 치르면서 여섯 식구의 생계를 이어가자니 얼마나 고되었을까. 참으로 불쌍한 우리 아버지, 어머니셨다. 그래도 자식들만은 눈을 띄어 주시기 위해(공부) 희생에 희생을 거듭하셨다. 아버님은 오랜 직장 생활에서 기관지 질환을 얻어 기침과 가래에 시달렸었다. 건강이 좋지 않으셨는데도 선창 장사에 빠지는 일이 없었다. 어머니 역시 가난한 살림을 꾸려 가신다고 당신의 모든 것을 희생하셔서 젊을 때 모두 '예쁘다' 고 하신 그 얼굴이 겉늙으셨다. 당신은 끼니를 건너뛰면서 자식들 먹이기 위해 배곯음도 항다반사로 겪으셨다.

그런 어머니를 나는 엄청난 일로 괴롭힌 일이 있다. 물론 한두 번 애를 태우시게 한 것은 아니지만 이건 정말 용서받지 못할 일이었다. 양식을 사기 위해 아버님으로부터 받은 돈을 선반 위의 그릇 안에 넣어 두셨는데 나는 우연히 그것을 보고 그만 훔쳤다. 돈을 잃은 어머님의 걱정은 이만저만 아니어서 정신 나간 사람처럼 보였다. 급기야 어머님은 애먼 앞집 아주머니를 의심하여 싸움이 크게 벌어졌었다.

나는 그만 겁이 나서 집을 뛰쳐나갔고 또래들과 만나 군것질에 탕진해 버렸다. 만약 내가 훔쳤다고 고백하면 아버님께 맞아 죽을 것 같은 겁에 질려서이다. 또 평소 친구들의 용돈 쓰는 것에 한없이 부러워하던 그 한풀이를 한 것도 같다. 어쨌든 지극히 못난 짓이었다. 가족의 굶주림은 생각지 않고 제 욕심만 채우려는— 아무리 어린것이지만— 용서받지 못할 사건이었다.

나는 더 큰 죄를 지은 것이 어머님이 돌아가시기 전까지(내 나이 43세에 어머님은 작고하셨다) 자백하지 않고 용서를 받지 않았던 모자람, 지극히 모자란 놈이다.

"어머님, 지금 제 나이 일흔 일곱입니다. 그런데도 우리 어머님 앞에선 철부지입니다. 앞에서 고백한 이 훔친 사건은 너무나도 큰 불효였습니다. 어머님, 지금 이 글을 쓰고 있는 이 못난 자식은 더할 수 없는 슬픔과 자책으로 몸둘 바를 모르고 있습니다. 이제 늦게 참회하면서 어머님께 용서를 비옵니다. 자식이란 참 편리한 존재인 것 같습니다. 제 마음대로 죄짓고 제 마음대로 용서를 빌고…… 오매, 부디 용서해 주이소. 저승에 편히 계시고 극락세계에서 아버님과 같이 명복을 누리소서."

나도 자식을 키우고 있지만 우리 아버지 어머니 같은 그 사랑, 그 정성, 그 희생은 감히 꿈도 꾸지 못한다. 그만큼 나라는 존재는 우리 부모님과 가족에 대해서도 그 어떤 자격도 없는 자이다. 형용만 하고 있을 뿐이다. 소년시절의 가난을 이야기하다 이렇게 고백하고 나니 마음이 조금은 가벼워지는 것 같다.

내가 집(家) 포원을 갚게 된 것은 초등학교 6학년 때 아버님께서 오동동 71번지 세 칸짜리 방과 마당이 넓은 집을 사서 이사한 때문이다. 평생 처음 내 방을 가져보았고, 무엇보다 친구들을 내 방에 불러 같이 논 것이 어떻게 그렇게 자랑스러운지 몰랐다. 공부는 제대로 하지 못한 주제에 기분은 들떠 있었다. 소년에게 독립된 방은 희망을 설계하는데 도움을 주었다. 공부의 진도는 없었지만 후에(중학시절) 문학의 길을 동경하는 터전이 되었다. 중 1 · 2학년 시절에는 소설에 탐닉했었다.

나의 소년 시절은 이렇다고 내세울 것이 아무것도 없다. 집안이 가난하면 나름대로의 결심으로 미래를 야무지게 설계하여 매진해야 할 터인데 허룽허룽하게 지냈다. 소년의 꿈이 야무져야 미래가 보이는데 왜 그렇게도 허허롭게 보냈는지 아깝고 후회스럽다. 집안 형편이 어려워도 이를 악물고 남 이상의 노력을 기울여 성공한 예가 얼마든지 있지 않은가? 그 환경의 지배를 극복하지 못하고 그대로 떠밀려간 것은 역시 못난 탓이렷다. 지금 와서 가슴 쳐 후회해 보아도 시간은 이미 지나간 것, 안타까울 뿐이다.

사랑하는 나의 아들, 며느리들아!

자식을 키우는 데에는 무엇보다 중요한 것이 엄함이다. 사랑하면서 엄하게 키워야 한다. 모래밭에서도 살 수 있는 그런 강한 아이로 키워야 한다. 형편이 어려울수록 강한 아이로 키워야 닥쳐올 운명을 개척해 나갈 수가 있다. 물질적인 재산을 남길 수 없을수록 강한 의지, 용기, 인내, 칠전팔기七顚八起의 정신을 불어넣어 주어야 한다. 그 자산(정신적인 힘)을 물려주어야 그 아이는 모진 세파를 헤엄쳐 나갈 수가 있으며 제 꿈(소년의 꿈)을 만들어 좌절하지 않고 그 꿈을 실현시키는 것이다.

물론 물질적(돈, 부동산 등)인 지원이 있으면 금상첨화이지만 그런 사정이 못될 때에는 강한 자식으로 키우는 것이 부모의 도리라고 나는 장담한다.

내가 아무 보잘것없지만 이 정도라도 유지해 나갈 수 있었다는 것은 너희 할아버지, 너희 할머니의 지극한 사랑과 엄한 데가 있었기 때문이다. 나중에 자식들로부터 비웃음을 사는 그런 부모가 되지 않도록 부디 공부를 열심히 하게나…….

옷

갖춘 복장은 아름다운 말[言]보다 좋은 것이다 —덴마크 속담

청초한 의복은 젊은 소개장 —프랑스 속담

중학교 1학년 때인 것으로 기억한다. 당시 마산중학교(지금의 마산고등학교) 교정에서 마산지구 전학생 교련대회(정식 명칭은 기억나지 않는다)가 열려 마산에 있는 중학생들은 다 모였다.

전부 검은 교복으로 대열을 지었다. 그 검은 복장의 대열 중에 백일점白一點이 하나 있었으니 유달리 눈에 띄었다. 그 장본인이 바로 나다. 나는 교복을 장만할 형편도 안되었지만 3부생이기 때문에 교복 준비가 안되어 있어서 윗옷은 흰 셔츠(어른 옷)를 입고 나갔다. 출석을 하지 않으면 어떤 벌이 올까 겁이 나서 눈물을 머금고 참석한 것이다. 아니나 다를까 상급생에게 들켜 대열에서 밀려 나갔다. 나는 그날 종일 울었다. 물론 어머님에겐 내색을 하지 않았다. 이때부터 나에겐 옷의 콤플렉스가 끈덕지게 따라다녔다.

첫 직장을 얻고서도 마땅한 외출복이 없었는데 장인어른께서 정장을 갖추는 도움을 주셨다. '의복이 날개' 라더니 정말 치장은 사람이 달리 보일 정도였다. 30대부터 40대까지는 젊으니까 아무렇게나 대충 입어도 흉이 아니었지만 40을 넘겨서부터는 복장에 대한 천착이 유난스러웠다. 봉급만 손에 쥐면 아내를 구슬러 옷 사입기에 혈안이 되곤 했다. 보너스(참 적었다) 때는 여지없이 옷 장만하기에 매달려 있었다. 집의 사정이 어려우니까 아내를 설득시키는 온갖 지혜(거짓말)를 다 짜내어야 했다. 넥타이도 수없이 사들였다.

그런데 웃기는 것은 치장(정장)이란 반드시 겉옷에 국한되는 것이 아니고 와이셔츠, 신발(구두) 등도 중요한 몫을 하는데 나는 늘 구색이 맞지 않는 신사 흉내를 낸 점이다. 그리고 내가 사 입는 옷이란 거의가 싼 점포에서 파는 것이어서 값나가는 것은 없었다. 그래서 아내는 그때마다 '한 가지를 사서 입어도 물건다운 물건을 사야지. 늘 싼 것만 고르니 옷다운 옷이란 한 벌도 없다' 고 타박을 주었다.

사실 양복장에 내 옷은 가득하지만 값나가는 것은 몇 벌 안된다. 넥타이는 취미 삼아 사들여 5백 매는 될 성싶다. 70을 넘기면서까지 차림에 대한 나의 집념은 변하지 않는 것 같다. 뭣이라고 변명하느냐 하면 늙을수록 깨끗한 차림이 되어야 한다는 핑계를 대고 있다. 옷에 대한 나의 한恨은 이만큼 집요했다.

그러던 것이 70의 전반을 넘기면서 나의 생각에 변화가 일기 시작했다. '외모가 뭐 그렇게 중요하나?' 라는 회의와 함께 바보스런 웃음이 나왔다. 역시 속(마음) 내용이 없고 스스로에 대한 낭비적인 싸움에 불과하다는 것을 깨닫기 시작했다. 지나친 겉꼴 치중은 그만큼 나 자신이 빈약하다는 증거이다. 남에게 실례되지 않고 부담을 주지 않는 범위 내에서 너무 튀지 않는 정도이면 족하지 않을까? 기왕이면 남의 시선에도 좋은 영향을 끼친다면 금상첨화가 아닐까?

언제부터인지는 모르지만 이젠 아무렇게나 걸치고 다닌다. 전 같으면 어림없는 차림임에도 별 생각이 미치지 못한다. 독서에 다시 파묻히고 보니 더욱 그러하다. 외허내실外虛內實의 의미를 찾고자 하는 마음이 간절해지고 있긴 하지만 아직도 내 길은 멀다. 나는 길에서 단아한 모습의 사람을 보면 어쩐지 그 사람은 교양 있어 보인다. 이웃 대학의 학생들 차림에서도 아래위 단색單色 차림을 보면 가문이나 그 부모님의 교양을 짐작케 한다(?).

15년 전 내가 미국 뉴욕에서 며칠 머물렀을 때 내 일행과 서 있는 맞은편 도로의 버스에서 내리는 일단의 부인들(4, 50대쯤) 옷차림을 유심히 볼 수 있었다. 단 한 사람도 형형색색의 옷을 입은 이는 없고 전부가 아래위 단색으로 품위를 짐작할 수 있었다. 뉴욕에 사는 일행 중의 한 분에게 물으니 그 자가용 버스에서 내린 부인들은 모두 상류층이라고 하여 그중 두 분을 알고 있다고 했다. 우리의 일부 고소득층의 휘황찬란한 명품 브랜드 치장이나 된장녀의 진득진득한 모양새에 모두가 질린 이즈음과 비교가 된다.

옷은 많고 찬란한 것만이 좋은 것은 아니다. 내 형편에 따라 장만하면서 내 취향과 개성에 따르되 남의 눈에 거슬려서는 안된다. 정장에는 무게를 두고 캐주얼에도 마음을 쓰며 단정한 차림이어야 한다. 특히 남의 길흉사에 갈 때에는 필히 정장을 갖추어야 한다. 길사보다 흉사(초상)길에는 반드시 검은 정장에 검은 넥타이를 매는 것이 예를 갖추는 것이다. 내가 30대 후반일 때 어느 지명인사의 문상에 가면서 빨간 넥타이를 매고(어디 다녀오다 급하게 들러 입은 채로)가 부끄러워 혼이 났다. 그때 나를 충고해 주신 분이 지금도 나를 격려해 주시고 계셔 감사히 여기고 있다. 사회생활을 하자면 직장생활이 계속되면 무리가 되더라도 검은 양복 한 벌쯤 준비해 두는 것이 필수적이다.

여기서 내가 강조하는 것은 외모 못지않게 속(마음) 차림도 단단히 하라는 것이다. 속이 차지 못하면 겉모양에만 치중하게 되고 그러면 낭비가 심해 사회의 낙오자가 되어 가족까지 고생시키게 된다. 다행히 나의 아이들은 아직까지 복장문제에서 아무런 말썽을 일으키지 않으니 고마울 따름이다.

속차림의 첩경은 독서다. 고전을 비롯한 세계문학전집, 음악감상 등도 사치가 아니다. 무엇보다 부처님 말씀을 많이 읽고 배우고(법회 참석) 자리이타自利利他심과 하심下心을 배워 실천해야 한다. 사람의 마음에 불심佛心이 있고 이 불심을 곱게 꽃피워야 하며 남도 다 불심을 가졌다고 믿어야 보람 있는 생활을 창조할 수 있는 것이다. 기도를 통해 언제나 부처님에게 감사드리고 나를 있게 한 주위 모든 분들에게 늘 감사해라. 사람의 마음이 감사함으로 가득 차면 참으로 행복해 질 것이다.

돈, 가난

빈곤은 인간으로서 수치스러운 일은 아니다. 그러나 지독하게 불편한 것이다.
—S.스미스

돈은 스무 사람의 웅변가의 역할을 한다
—W.셰익스피어 · 리처드 3세

돈에 대해 부자들보다 더 많이 생각하는 사회계층이 딱 하나 있는데, 바로 가난한 사람들이다.
—오스카 와일드(영국의 시인 · 작가)

지금 나는 내 일생에 있어 가장 심각하고 고통스러웠던 문제를 제기하고자 한다. 바로 돈 문제다. 따라서 가난 문제다. 인간사에 있어 돈은 속담, 명언 등을 통해 가장 많이 논의되었다. 그만큼 인간들에게 큰 비중을 차지하고 있다. 돈과 생명을 바꾸는 극단적인 일도 드물지 않았다. 문학작품 중에서도 우리의 《춘향전》이나 셰익스피어의 《베니스의 상인》처럼 생명과 바꾸거나 그에 버금가는 등장이 수없이 많았다. 사람들은 돈을 가장 필요로 하고 좋아하면서 그렇잖은

양 양면의 얼굴을 연출한다. 돈이 있는 곳에 사람이 모이고 돈이 없는 곳에 을씨년스런 고독이 자리한다.

또 돈의 생리란 묘한 것이어서 돈은 절대로 외로운 곳을 싫어하고 친구가 많은 곳을 찾아간다. 부익부 빈익빈이 그래서 생긴다. 돈 가진 사람에게는 늘 사람들이 들끓고 돈 갖지 못한 사람에게는 사람도 아쉬워진다. 돈을 가졌다가 일시에 돈이 사라지면 당초에 돈 없는 사람들의 경우보다 더 쓸쓸한 나날을 보낸다. 돈이 자손의 영화를 보장하고 가난이 자손에게 원망을 줄 뿐이다.

지금 우리의 현실을 한번 보자. 돈 없으면 자식을 공부시킬 수가 있고 성공시킬 수 있는 것인가? 학력의 대물림, 출세의 대물림, 반면 가난과 원망의 대물림이 교차하는 오늘의 사회에서 누가 돈의 위력을 부정할 것인가?

우리 집은 몹시 어려웠다. 끼니를 제대로 이어가기 어려울 때가 내 어린 시절에는 다반사였다. 물론 아버지 어머니는 문맹이셨다. 외동이신 할아버지는 풍채가 좋으셔서 주위의 주목을 많이 받으신 분으로 서당에서 한학을 배우셨다. 창원에 계신 집안 어른들 말씀에 의하면, 우리 할아버지는 외동이어서 증조부님께서 너무 애지중지 키우셔서 장가(할머님은 전주 이씨)를 드신 후에도 집안 살림에는 관심이 크지 않으셨다고 한다. 더욱 증조부모님께서 세상을 일찍 떠나셨으므로 할아버지께서는 그만큼 생활력이 약하셨던가 보다.

장손 장남이신 아버님을 비롯한 아버님의 다섯 형제분(고모님이 한 분 계셨다)은 소년 시절부터 세파에 시달리지 않으면 안되었다. 그중 둘째 숙부님은 어시장(지금의 수협) 중매인으로서 한때 서울, 광주(전남) 등의 고객을 대상으로 하는 대상大商으로서 통이 여간 큰 분이 아니었으나 6 · 25전쟁으로 많은 외상을 떼이고 그 위에 승부욕이 워낙 강해 투자에 비해 재산을 지키지 못하셨다.

한때 아버님 형제분들은 이 숙부님 곁에서 모두 생활 근거지를 마련하기도 했다. 나보다 두 살 위인 막내 숙부님만 대학을 나와 유일하게 글을 아는 분이셨다. 그럼 둘째 숙부님은 글을 모르시는데 어떻게 사업을 하셨을까. 사무실 젊은 서기가 있어 보좌를 해주었고 또 당신 자신께서 만드신 암호로 글자 삼아 이용하셨다. 예를 들면 'ㅇ형은 서울 김사장이다' 등 독특한 솜씨를 보여주셨다.

아버님은 일정 때는 작은 운송선 기관장을 하셨기 때문에 나를 유치원에도 보낼 수도 있었고 그런대로 살림을 꾸려 나가셨다. 언젠가 내 손을 잡고 신마산 해수욕장(옛날 마산역 뒤편) 공원을 지나실 때를 기억하는데 아버님은 그때 멋있었다는 기억이 아련하다. 한 가지 뚜렷한 것은 아버님은 미남이셨다. 사진도 있었는데 상남동 집 다락방에 태풍으로 비가 새 엉망으로 만들어놓아 버렸다.

아버님 고생은, 해방 후 운송선을 나와 어시장에서 서툰 소매상으로 있을 때부터이다. 어머님을 포함해 우리 6남매 형제를 부양하시는 의무 때문에 여간한 고생이 아니셨다. 오동동 삼간집에 방 한 개를 남에게 세내어주고 마당에도 방 한 개를 만들어 일본서 귀국한 친척에게 세를 내주었다. 내가 중학교 일 학년 때니까 정말 우리 집 생계는 어려웠다. 나는 잠시 신문 배달로 수업료를 벌어 보려고 했지만 도움이 되지 못했다. 솔직히 나는 군음식에 탐진하는 소견머리 없는 아이였다.

나는 공부도 제대로 못해 늘 나쁜 성적에서 맴돌았는데 영어 하나만은 취미가 있어 우리 반에서 그런대로 인정을 받았다. 이렇게 집은 가난했지만 우리 부모님의 자식 사랑은 세상 어느 부모에도 못지않았다. 자식을 위한 일이라면 그 삼간집도 팔고 더 작은 집으로 옮기는 일도 마다하지 않으셨다.

그러나 나는 다섯 형제를 키우면서 호강 한 번 제대로 못 시킨 무능한 아버지였다. 아내는 구멍가게 같은 식당까지 하면서 나를 도왔지만 가게는 늘 빠듯하다 못해 숨이 가빴다. 아내의 나보다 나은 가계家計 운영으로 가정이라는 명맥을 유지할 수 있었다. 때문에 아이들이 제대로 공부할 수 있는 가정환경을 못 만들어 나름대로 고생이 많았다.

나는 이 점에 있어 가장으로서 낙제이고 지금도 내 부모님, 내 형제 그리고 아이들에게 미안하게 생각하고 있다. 그런데도 5형제는 잘자라 주어서 오늘에 이르게 되어 고맙게 생각하고 있다.

여기서 내가 새삼 강조하는 것은 가정을 영위해 나가는데 있어 가족 모두 기초(배움)를 닦고 품위를 유지해 나갈 수 있는 정도(재산)는 되어야 한다는 점이다. 부부가 합심 노력해서 둘다 벌고 경제를 공부해 힘있는 가정을 만들어 나가야 한다.

남의 호사스런 생활이 부러워 그것을 흉내내고 닮아 간다는 것은 제 인생을 버리고 제 개성을 죽이고 제 철학과 사상이 없는 피에로의 인생이라는 것을 명심해야 한다. 귀한 삶을 왜 남의 모방에 낭비한단 말인가. 인간으로서 가장 못나고 가치 없는 짓이다. 제 인생은 제가 설계하여 개척해 나가며 보람을 찾아야 하는 것이다.

근검절약해서 모으는 재미(理財)에 밝아야 한다. 그리고 미미하더라도 생활비 가운데 일정한 비율을 우리보다 더 어려운 사람들을 위해 써야 하는 것이다. 물론 고정적이어야 한다. 사랑과 봉사정신이 늘 집안에 맴돌아야 하며 봉사할 일이 있으면 그 봉사 대상자에게 오히려 마음으로 '감사합니다' 란 예의를 갖추고 그날 저녁에는 '감사의 일기' 를 반드시 쓰라고 권하고 싶다. 이것이 진정 행복이다.

다시 말하지만 어떤 경우에도 가난해지지 마라. 어떤 경우에도 필요한 돈은 가져라. 마음이 단단해지고 집념과 의지가 강하면 마음이 소망하는 바를 이룰 수가 있다. 불교에서 말하는 일체유심조一切唯心造가 바로 그 가르침이다. 늘 부처님께 감사의 기도를 해라.

여기서 한 가지만 더 일러두고 싶다. 부모의 욕심으로 자식이 공부에 취미가 없는데도 억지로 공부시키는 우둔함을 저지르지 마라. 공부보다 그 아이의 취향과 소질을 발견해 그 방면으로 진출하도록 방향을 잡아 주어야 한다.

예를 들면 일찍부터 장사를 하고 싶다든지, 기술자가 되고 싶다든지 혹은 돈을 벌어야 하겠다든지 하면 그렇게 바른 방향으로 이끌어 주어라. 지금 우리 사회가 모두들 학력, 학벌, 명문대, 일류직업 등을 지향하는데 여념이 없지만 사람의 출세, 성공은 반드시 이 공식에서만 나오는 것이 아님을 빨리 깨달아야 한다. 우리의 미래란 외형적인 여건보다 가치지향적인 사회, 사랑과 공헌이 지배하는 세계가 기다리고 있다는 것을 우리는 단단히 명심하자.

직 업

일생에 가장 중요한 것은 직업의 선택이다. 그런데 그것을 좌우하는 것은 우연이다. —B. 파스칼《팡세》

인간이 자기 직업에서 행복을 얻으려면 그 일을 좋아해야 하고 그 일이 성공하리라는 신념을 가지고 있어야 한다.
—J. 러스킨(영국의 저술가, 비평가)

세상에는 비천한 직업은 없으며 단지 천민賤民이 있을 따름이다.
—A. 링컨

나는 내 일생을 통해서 두 개의 직업에 종사했다. 하나는 나의 천직이 되어 온 언론인(신문사) 생활이며 또 하나는 가히 외도라고 할 수 있는 상공단체 근무(약 10년)였다. 학력이 짧은 나의 처지에 직업선택이란 참으로 어려웠고 직장에 들어가서도 남다른 노력을 하지 않으면 안되었다.

나의 직업 선택은 내 희망에 의해서, 추천에 의해서, 초청에 의해서로 구분된다. 어떤 직장이든 내가 뼈 빠지게 일을 하지 않으면 안된다는 굳은 의지가 항상 작용하고 있었다. 힘 있는 사람의 배경이나 혹은 다른 연줄이 없었기 때문에 스스로를 채찍질하지 않을 수 없었다.

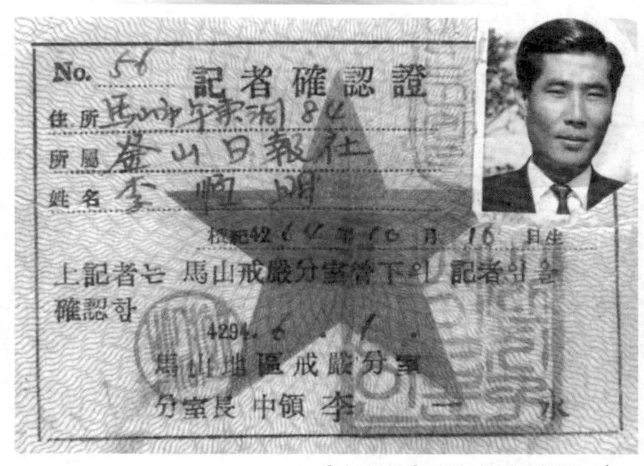
No. 56
記者確認證
住所 馬山市 [illegible] 84
所屬 釜山日報社
姓名 李 [illegible] 明
檀紀42 64年 10月 16日生
上記者는 馬山戒嚴分室管下의 記者임을 確認함
4294. 6. 1.
馬山地區戒嚴分室
分室長 中領 李 一 水

《부산일보》시절의 기자확인증 |

나를 추천해 준 분들도 나와 어떤 연고가 있어서가 아니라 그저 잘 봐주어 밀어주었을 뿐이다. 단 한 분만은 내가 실직을 당했을 때 생업을 얻어 주기 위해 줄기찬 노력을 해주셨다. 고인이 되신 지가 오래이지만 지금도 그분을 잊지 못하고 있고 명절 때에는 그분의 자제분들을 찾아보고 있다.

직업은 중요하다 못해 문자 그대로 생업生業이다. 사는 길이요, 방편이다. 가족(자식)이 하나 둘 더 늘수록 직업의 의미는 더 무거워진다. 일하는 의미가 고상하고 가치적이며 신성하다는 것은 퍽 여유로운 마음가짐에서 연유한다고 본다. 필경 행복을 위해 일하는 것이니까 그 뜻이 높아야 한다는 것은 의문의 여지가 없다.

직장 생활을 하다보면 그 고용주의 사람 나름에 따라 그 직장이 행복의 마당이 될 수 있고 지옥의 가시덩굴 속이 될 수도 있다는 것을 체험하게 된다. 그 고용주의 인간성이 보이면 모든 노력을 기울이는 헌신이 기뻐진다. 반면 사업의 목적이 애매하고 철학의 빈곤, 독선적인 군림만 있을 때 그 직장은 매우 고달프다. 인격을 갖춘 분을 대표로 모실 때에는 밤낮없는 연구와 공부와 노력을 기울여 직장의 발전을 위해 가능한 모든 노력을 기울인다. 또 기쁘고 즐겁다. 비록 보수가 적더라도 보람을 느낀다. 물론 가족 생활에 고생이야 되지만…….

"내(고용주)가 너희를 고용하여 월급을 주어 너와 너의 가족을 먹여 살리니 너희는 무엇이든 내가 시키는 대로 하고 일만 열심히 하면 된다."는 사고방식의 주인을 만나면 "야, 그게 직장이니, 지옥이지…"라고 탄식하게 된다. '목구멍이 포도청' 이라고 어쩌겠나?

줄줄이 달린 새끼들을 포함해 가족을 어쩔 것이냐? 부아와 자존심일랑 아침 출근 때 집 선반 위에 올려놓고 와야지. 그 위에 먼저 승진하려고, 중요부서에 앉으려고 아첨, 아부는 물론 다른 동료를 중상모략하여 깎아내리는 일이 벌어진다면 이를 당하는 쪽은 숨이 헉헉 찰 것이다. 그런 줄도 모르고(당한 일을 모르니 해명이나 변명도 없다) 지나는 쪽은 큰 벼락이 떨어져야 어느 정도의 눈치는 채지만 시간은 이미 지나 수습할 수 없는 단계에서 고배를 마시게 된다.

사업을 왜 하지? 기업을 왜 경영하지? 먹고살 것 없는 너희들을 써주어 먹고살게 만드니 너희는 내 머슴이고 내가 시키는 대로 하면 되는 거야 라고 생각하며 으스대기만 좋아하는 고용주는 아직도 있는지 묻고 싶다. 온갖 구박, 욕설, 천대받는 직장인, 노동자들은 지금 없는지 묻고 싶다.

내가 M신문사에 근무할 때 대표나 간부님들이 너무 좋은 분들이어서 직장 분위기는 참으로 좋았다. 여기에서 잠깐 의욕상실의 억울한 일을 당하기도 했지만 대체로 좋은 흐름이어서 열심히 일했다. 다른 동료가 시기할 정도로 격려도 사랑도 많이 받고 승진도 되었다. C대표님과 K대표님을 지금도 잊지 못하고 추모의 마음을 추스르기도 한다. K대표님을 위해 몇몇 선배님들과 같이 해마다 작은 추모의 날을 갖고 있다. K대표님은 만년에 늘 나를 찾으셨고 내 직장에도 놀러오시곤 했다. 그분은 해박한 지식과 넓은 마음으로 우리들을 격려해 주셨다. 지금도 그립다.

또 한 분 K대표님, 이분은 좋은 일 가운데서도 감내하기 힘든 시련을 겪으셨다. 퇴임하신 지 얼마 안 되어 나를 부른 술자리에서 "이 국장님 고생이 많으셨죠? 이 국장님은 정말 회사를 위해 필요한 분이셨죠."라고 위로와 함께 격려해 주셨다. 이분에 대한 섭섭한 마음이 없지 않았지만 그순간 모든 것을 풀고 술잔을 맞대며 '징그렁' 소리를 내며 즐거운 건배를 하였다. 그런데 참 희한한 것은 내가 모신 대표님들은 그들의

대만산업시찰 중 송미령 여사가 세운 그랜드호텔(台北圓山大飯店) 앞에서(1983)

퇴임 후, 또 내가 직장을 떠난 후 나를 챙겨 더 격려해 주신 점이다. 언론인 생활은 고생이야 뻔한 것이지만(특히 가족들) 그 후렴이 퇴직금 못지않게 위안이 되었었다.

사랑하는 나의 아들들아!

직장은 참 고마운 곳이다. 가족의 생계를 해결해 주는 은혜스런 곳이다. 내 소질과 내 전공에 맞는다면 자아실현의 가장 귀중한 보금자리이기도 하다. 사람이 이 세상에 태어나서 무엇 한 가지라도 공헌해 남겨야 하는 것이다. 이것이 사람으로서의 보람이요 도리인 것이다. 나 혼자만을 위하고 내 가족만을 위한다면 그것은 좀 모자란 것이요, 공동체의 은혜에 대한 배신이다.

물론 나의 경우는 사회 공헌도, 가족을 위한 것도, 양쪽 다 내세울 것이 아무것도 없다. 그래서 늘 무거운 부담으로 미안한 생각을 놓지 못하고 있다. 여건의 핑계를 대기는 변명에 불과하다. 그렇다고 내 나름대로의 노력을 기울이지 않은 것은 아니다. 하는 것만큼 했지만 내가 바라는 만큼은 미치지 못했다. 능력이 그것밖에 안되었으니 어쩌겠나.

세상에는 좋은 직장 그렇지 않은 직장이 있다. 내 소양과 전공에 맞춘 직장, 그 고용주가 어떤 소명의식으로 사업(기업)을 경영하는 그런 사업체, 그런 직장에 근무한다면 참으로 이상적이다. 독일의 위대한 사상가요, 사회과학자인 막스 베버의《프로테스탄티즘의 윤리와 자본주의 정신》에 입각한 그런 경영철학을 가진 분의 직장에서 일하게 된다면 자아실현의 길은 트이는 것이요, 행복을 얻을 수 있는 것이다. 반면 사원의 인격이란 아랑곳하지 않고 으스대기만 하는 더티dirty한 자를 만나면 그 직장 분위기는 늘 어둡게 비쳐진다. 이런 고생스런 직장에서 근무하는 직장인의 불만의 소리를 빗대어 하는 말 가운데 '억울하면 출세하라' 는 말이 있다.

그렇다. 억울하면 마음 단단히 먹고 열심히, 남다르게 노력해서 성공의 길을 가는 것이다. 여기서 꼭 한 가지 어떤 경우에도 부정적인 생각, 감정에의 집착은 버려야 한다. 그저 마음으로만 짐작하고 그런대로 열심히 일하면서 돌파구를 찾는 것이다. 이런 과정으로 성공한 분을 우리는 주위에서 볼 수가 있다.

내 사랑하는 아들들아!

어려운 고비를 당했을 때 좌절일랑 말자. 주저앉지 말자. 희망을 잃지 말자. 비록 못난 아버지지만 나는 내 삶의 체험에서 길은 선택의 여지가 있고, 벽에 부딪쳤을 때 또 다른 길이 있다는 것을 깨달았다. 성급하게 단념해선 절대로 안된다. 곰곰이 생각하면 다른 길이 떠오르고 그 길로 도전 정신을 발휘하여 매진할 따름이다. 성공이 손쉽게 얻어지는 것은 아니지만 항상 가능성을 보여주고 있다는 것은 확실하다. 문제는 성공하고 싶은 사람에게만 무서운 도전정신이 주어지고 그 결과를 얻을 수 있다.

의리義理

지옥에서 가장 끔찍한 자리는 인생의 중대한 문제에 중립을 취했던 사람들의 차지다.

—빌리 그라함(미국의 기독교 부흥사)

그대에게 얄팍한 세속적 야심이 있는 한 문은 열리지 않을 것이다.

—노자老子

사람은 누구를 막론하고 남과 어울려 살아가고 있다. 그 살아가는데 있어 빠질 수 없는 덕목이 의리義理이다. 흔히 특정 세계에서는 의리에 살고 의리에 죽는다는 말을 한다. 의리가 그만큼 그 세계에서는 생명처럼 중한 것이다.

일반 사람들도 그만큼의 중압감을 받지 않지만 의리는 중요하게 강조된다. 의리 없는 사람, 혹은 의리를 배신한 사람이라고 낙인이 찍히면 그 사람은 사실상 왕따를 당하고 있는 셈이다. 그런 사람과는 쉽게 사귀려고 하지도 않고 어쩌다 같은 시간을 보내야만 한다면 속으로 경계하게 된다. 언제 내가 배신당할 줄 모른다고 늘 의심하며 속내를 주지 않는다. 이와 함께 손가락질을 한다.

한때 정계를 화려하게 수놓던 어느 정객은 그가 모시던 분을 배신하여 말년에 쓸쓸히 사라져가는 모습을 보였다. 또 한 사람 역시 그를 키워준 그의 주군에 대한 의리를 지키지 못해 유성처럼 흘러 스러져가는 참담함을 보여주었다.

정계란 큰 세계에서 노는 사람들뿐 아니라 우리같이 직장이라는 조직에서 사는 사람들도 의리를 헌신짝 버리듯 하는 사람은 이미 정신적으로 사형을 당한 것과 진배없다. 그 주위의 누구도 속마음을 주지 않고 겉으로만 '응응' 하고 멀리한다.

배신을 아무렇지도 않게 여기는 사람이라도 그가 조직 내에서 어떤 힘을 가졌으면 일단은 그의 곁에서 뱅뱅 도는 사람이 없지는 않지만 그것은 진심이 아니다. 설사 배신자와 가까이 사귀고 있다고 해도 그 역시 배신의 가능성이 큰 사람이라는 것을 나는 경험했다.

의리와 배신은 이해관계에서 민감하게 반응한다. 내가 손해를 봐도 의리를 중히 여기는 사람은 절대 배신하지 않는다. 내가 불리하다 싶으면 그간 서로의 믿음을 저버리고 이익을 찾아간다.

지금까지 키워준 분, 지금까지 밀어준 분, 지금까지 은혜 준 분, 지금까지 돈독한 정情을 준 분, 자신은 손해 보면서 이끌어주고 격려해 준 분…… 이런 분들에 대한 의리를 지켜주는 것은 당연한 도리이며 어떤 무슨 찬사를 받을 일도 아니다. 으레 사람이면 그런 예의를 지키는 것이 기본이다.

나는 고지식하게 나를 밀어준 분, 키워준 분, 은혜를 준 분, 격려해 준 분, 나를 좋게 보아준 분을 언제나 잊지 못하고 있다. 그분들에게 어

《경남매일》 사장 재직시
제2회 스승의 은혜 기르기 운동
주최 측 인사말씀(1991. 5. 14)

떤 보답도 해드리지 못했지만, 내 마음속으로 언제나 민망하고 감사하고 그분이 건강하고 가족과 더불어 행복한 삶을 영위하시라고 빠짐 없이 기도하고 있다. 이 세상을 뜨신 분에게는 추모의 정을 가누지 못할 정도이고 그분의 유족들이 행복하시길 기원한다.

내가 설, 추석 등 명절이 다가오면 몇 분의 유족들을 찾아 인사를 드리기도 한다 그분(유족)들도 우리 집을 찾곤 한다. 생존해 계신 몇 분은 가끔 뵙는 시간을 갖기도 하지만 건강한 모습일 때에는 정말 내가 기쁘다. 여든이 넘으셨는데도 지금껏 나에게 사랑을 주고 계신다. 그런 때에는 참 행복하다.

그런데 아직 찾아뵙지 못하고 소식도 잘 듣지 못하는 한 분이 계시는데, 나의 성의 없는 탓이라고 스스로를 책망(언제 한번 뵐 것이라는 생각은 변함없다)하고 있다. 또 고인이 된 다정했던 친구 K군의 집도 5, 6년간 찾다가 이젠 발길이 닿지 않고 있다. 참 미안할 따름이다. 내 형편이 여의치 않아 항상 안타까울 뿐이다.

그렇지만 나의 정신은 그분들의 정을 늘 되새기고 있다. 어쩌면 80을 바라보는 여기까지 이분들의 격려가 나를 지탱해 주는 원동력의 하나라는 생각에 미처 겸손해 진다. 내 자신도 배신의 희생물이 된 가슴 아픈 일도 있었지만 나에게 정을 준 분들로 인해 그때마다 용기를 얻어 더 이상 좌절하지 않았다. 그래서 나에게 의리란 아주 중요한 인생의 길잡이다.

사랑하는 나의 아들들아.

세상을 살다보면 온갖 경험을 다해 본다. 사람도 온갖 형型을 다 만난다. 쉽게 살려는 사람, 급속히 목적을 이루려는 사람, 남의 이목일랑 아예 무시하고 사는 사람, 의리니 도덕이니 그따위 것이 밥먹여 주냐고 하는 사람, 내 이익만 좇는 사람, 일단 성취하고 보자는 사람 등 우리 상식에서 벗어나는 사람들도 많다. 일단 성공하고 보자고 한 사람은 성공하고 난 뒤엔 그동안의 과정이야 어떠했던 사람이 붙기 마련이며 영화로운 생활을 누린다고 자신하는 사람들도 있다.

내 아들들아, 그리고 손자들아.

어떤 경우에도 과정過程을 중히 여겨야 한다. 과정이 순조롭지 못하고 문란하면 그 인생은 피곤해진다. 특히 은혜를 모르고 도움을 잊어버리면 그 인생은 필생을 통해 외로워진다. 의리를 저버리고 배신하면 잠시의 득세는 있을 수 있고 물질적으로 풍요로울지 모르지만 그 마음 한 구석은 언제나 벌罰로 메워져 있다. 아무렇지 않은 듯 여유로운 척 가장하지만 심리적으로는 언제나 쫓기는 신세를 면하지 못한다. 그리고 가시 같은 남의 이목을 피할 수가 없다. 조금은 부족하지만, 조금은 힘겹지만 도리와 의리를 중히 여기는 사람은 참 여유롭고 평안한 삶을 구가한다. 어떤 조직의 장長으로 추대되어도 존경받는다.

반대로 그 살아온 과정이 남을 괴롭혔다면 조직의 장에 올랐어도 비난과 야유를 면치 못한다. 여기서 내가 더욱 강조하는 것은 세상을 바르게 산 사람은 그 자손도 남으로부터 호감을 사고 인정을 받는다. 반대로 자신의 부덕不德으로 손자들까지 영향을 미치는 경우를 우리는 손쉽게 볼 수가 있다.

내가 아는 C씨나 H씨는 오랜 공직생활에서 오직 청렴하게 의롭게 살아오셨기 때문에 팔순을 넘기면서까지도 주위의 존경과 대우를 받고 있다. 반면 수단과 방법을 가리지 않고 목적 달성에만 연연했던 사람은 늘 주위에서 따가운 시선을 받으며 부정적으로 회자되고 있다.

자, 어느 길을 택할 것인가?

의리를 지키고 도리에 따라 살아도 얼마든지 성공할 수 있는 것이 오늘의 다양한 사회이다. 언제나 보은報恩을 염두에 두고 매진한다면 오히려 부담 없는 성공을 거둘 수 있다고 나는 자신있게 권하고 싶다.

한편 내가 입은 은혜, 도움, 그 이상의 것을 베풀어 시혜자의 뜻을 이루게 하고 그 수혜자 역시 베풀어 다른 시혜자를 만들어 내는 것이 가장 값진 인생살이라고 힘주어 말하고 싶다. 그런 사회환경을 만들어 내는 주역이 못된 나를 부끄럽게 여긴다.

나의 취미

> 취미생활은 활동의 능률에만 관계되는 것이 아니라 정당한 취미 생활을 영위함으로써 고상한 인격을 함양하게 되며 생의 의의와 인간의 가치까지도 깨닫게 된다.
>
> —이희승李熙昇(국어학자 · 교수)

취미생활, 이 말은 나에겐 참 부러운 말이었다. 취미를 사치스럽게 여길 정도로 내 생활은 나를 옥죄었다. 남이 나에게 '취미가 뭐냐' 고 물으면 얼른 대답을 못하고 '책 읽는 것' 이라고 얼버무린다. 책 읽는 것(독서)이야 생활 필수이지 어떻게 취미가 될 수가 있을까.

그만큼 나에게 취미가 궁하다. 10대 중반에 장기를 배워 열심히 두었는데 늘 지는 편이었다. 바둑을 배우고 싶었는데 그런 기회도 얻지 못하고—정말 배우고 싶었다. 내 수양을 위해—그냥 세월만 흘려보냈다. 바둑 두는 분을 나는 참 부럽게 생각한다. 같은 직업의 선 · 후배들과 당구는 한 4년간 배워 쳤다. 하루에 한두 시간 정도 그것도 일에 쫓겨 그냥 넘어간 날도 많았는데 120점까지 올려 치다가 더러 낭패를 보기도 했다.

어느 날 같은 직업의 선배 한 분이 "이군, 춤 한번 배워 보자."고 해 선뜻 따라나섰다. 정비석 선생의 《자유부인》이 한창 인기를 얻을 때라 춤은 당시 대유행이었다. 나는 동료 세 분과 함께 같은 업종 선배이면서 춤을 잘 추는 S씨로부터 춤 기본을 배우기 시작했다. 한 일주일쯤 배워 동료 몇 분과 함께 당시 '댄스 홀' 이었던 신마산 '럭키홀' 에서 실습을 했는데 이건 영 '아니올시다' 였다. 좌석의 댄서와 함께 신나게 돌아가는 춤 무리 속에 끼여 동작을 해보았는데 파트너의 발만 밟고 진도는 없었다. 무안하니까 술만 가득 퍼부어 휘청거렸는데 아 글쎄 만취상태에서의 내 몸동작은 훨씬 유연해져 절로 신이 났다.

나의 파트너는 '아까보다 훨씬 잘한다' 고 칭찬해 주었다. 그래서 날마다 럭키홀로 가고 싶었지만 주머니 사정이 여의치 않아 여유 있는 K 선배의 눈치만 보고 따라나서기도 했다.

이렇게 춤을 배워나가는 2주 만에 저 위대한 3 · 15의거가 발생, 나는 영영 춤을 더 배울 기회를 잃었다. 그래서 춤도 나와는 거리가 멀어졌다. 지역의 어느 유지가 어느 날 나와 저녁을 먹으면서 골프를 배워보라고 권했다. 나는 '고맙다' 고 인사만 했을 뿐 영 마음이 내키지 않았다. 내가 골프와 인연이 전혀 없었던 것은 아니다. 창원공단이 조성되면서 당시 정권은 골프장 건립 필요성을 느껴 마산상공회의소에 그 사업 추진을 요청한 일이 있었다. 나는 당시 마산상공회의소 부장으로 근무하고 있었는데 회장이신 최재섭 회장님께서 그 일의 실무를 나에게 맡기셨다.

당시 우리나라 골프계의 일인자로 알려진 연프로(그렇게 부르고 있었다)가 내려오셔서 마산호텔(오동동)에 투숙, 나와 같이 매일 마산, 창원, 진해 일부의 서부경남 지역을 돌면서 후보지를 물색했다.

약 2개월에 걸친 진행 끝에 나의 작업은 마무리되었다. 2개월 동안 내가 '선생님' 이라 부른 이분은 이 세계 일인자이면서도 그렇게 밝고 유순하면서 겸손하셨다. 외유내강의 표본이면서 골프에 대한 어떤 철학의 경지에 드신 것 같았다. 정말 존경스런 분이었다. 나에게 "그동안 수고 많았다."고 위로하면서 떠났다. 지금의 창원컨트리클럽이 이렇게 탄생했다. 나는 관계 서류를 당시 창원공단 사무실 관계자에게 인계했다. 그때 여러 사람들로부터 골프를 배우라고 권유받았지만 여건이 안되는 나로서는 언감생심, 바라지도 않았다.

그러면 너의 취미는 계속 없느냐, 있다면 술 마시고 노래 부르고 이것은 취미가 안될까? 글쎄올시다. 그 좋아하는 술 마시는 것도 수술 이후 거의 입에 댈 수 없고 노래방 출입도 뜸해졌다. 변하지 않는 것은 책 읽는 것밖에 없다.

예술의 한 장르에 심취하든지 아니면 특기라도 있든지, 무엇이든 취미는 있어야 하는데 내 경우는 그렇지 못하니 안타깝다.

사랑하는 나의 아들, 며느리들아!

나에게 본받을 것은 없지만 더욱 이 취미 없는 것은 본받을 것이 못된다. 취미는 생활의 한 구성 요소다. 취미가 없으면 생활이 까칠해지고 윤택이 없다. 좋은 취미는 좋은 인생으로 가꾸어지고 고상해진다. 마음이 여유로워지고 정서 있는 행로로 다듬어진다. 각자의 형편에 맞는 취미 생활로 인생의 의미를 캐나가야 할 줄로 안다. 나는 그렇게 권하고 싶다. 몰취미, 무재미는 인생이 싱겁다.

온 가족이 공유할 수 있는 취미가 있다면 참 행복할 것이다. 가령 가족신문 만들기도 온 가족이 참여하는 멋진 취미다. 각자 제 수준에 맞는 책 읽기 후의 독후감 발표도 좋을 듯하다. 휴일에 온 가족이 뛰는 운동 하나쯤도 즐길 만하다.

취미도 게으르면 못 갖는다. 부지런하면 얼마든지 좋은 취미를 개척할 수 있다. 좋은 취미 하나쯤으로 가풍家風을 만들고 대대로 이어졌으면 한다.

마음

연민憐憫은 살아 있는 모든 것들의 괴로움과 슬픔을 함께 나누고 어루만지고 치유하는 마음이다. —왈폴라 피야난다 스님

우리는 이제까지 생각해 온 것들의 총화다. 모든 것은 마음에서 나와 마음으로 이루어진다. 깨끗한 마음을 가지고 말하거나 행동하면 즐거움이 따르리니 마치 그림자가 형상을 따르듯 하라. —법구경

나의 몸과 마음을 혹사시키지 말고 제대로 대접해 주어야 한다. 나의 마음이 편한 쪽으로 해석하고 생각하는 태도도 필요하다. 싫으면 억지로 하지 말고, 타인의 눈치를 보거나 짓눌려서 살지도 말자. — 최영아(심리상담가)

오늘 나는 이 책에 관한 원고를 쓰면서 전혀 알지 못하는 내 두뇌의 미개척 분야인 아주 어려운 '마음'에 대해 의논해 보려는 모험에 돌입했다. 무식이 용기로 둔갑하듯 '마음'에 대한 것에 미련을 부려 보기로 했다.

'마음이 무엇일까?'

'마음은 마음이지'

그 이외의 답은 나에게 없다. 어떻게 논리적으로 뒷받침할 연구도 공부도 없었다. 마음앓이를 남보다 많이 하면서 그때 그때를 의미 없이 보냈다. 우리들은 마음이 시키는 대로 행동한다는 그런 평범한 것 이외는 모른다. 마음이 결정하면 성도 내고 싸우기도 하고 기뻐하기도 하고 도전하기도 한다. 어떤 상황에 대해 마음이 감당 못하면 달래기도 하고 빌어 보기도 하고 '에잇 몰라' 하고 마음을 던져버리기도 한다. 마음은 뻔한데 제대로 되지 않고 오히려 마음은 무거운데 쉽사리 풀리는 일도 있다.

마음은 요사스럽기도 하다. 나는 불자佛子인데 불교는 마음공부인 것 같고, 마음을 다스리는 신앙인 것 같기도 하다. 불교에서의 마음의 정의定義는 정말 어렵다. 나는 마음 공空자만 나와도 머리가 멍하니 어지럽다.

나는 불교신문에서 쌍계사 승가대학 교수이신 월호 스님의 "일곱 군데 처소에서 마음을 찾아보았으나 마침내 그 어디에서도 마음은 찾을 수가 없었다. 도대체 마음이란 어디에 있는 것일까"라고 물으면서 "사실 마음이라는 것도 몸과 마찬가지로 고정된 실체가 없음을 알아야 한다. 마음은 있다. 하지만 몸과 마찬가지로 끊임없이 변하고 있는 것이다."라고 설명해 주셨는데 준비된 공부 없이는 풀기가 어려웠다.

수행이나 수양이 안된 나 같은 사람으로서는 마음에 모든 것을 의존하고 마음이 결정하는 대로 따르고 있을 뿐이다. 남의 마음도 그렇겠지라고 여기면서도 그 남의 마음일랑 내다볼 수가 없다.

'눈은 마음의 창' 이라고 하지만 혜안慧眼(불교에서 진리를 통찰하는 눈)이 없는 한 남의 마음을 정확히는 알 수 없다. 다만 부드러운 눈, 정겨운 눈, 미소 머금은 눈, 눈동자가 빛나는 눈 등 고운 눈을 보면 마음이 한결 가벼워지고 마음의 안정을 누린다. 반대로 날카로운 눈, 성난 눈, 공격적인 눈 등 무서운 눈을 보면 마음이 움츠러든다.

사실 나 자신도 그렇다. 어떤 때는 긴장된 눈, 짜증 섞인 눈, 흐릿한 눈, 기죽은 눈 등으로 남에게 호감을 주지 못한다. 그런가 하면 웃는 눈, 반가운 눈, 정감 어린 눈, 즐거운 눈 등으로 상대에게 부담을 주지 않으려 애쓴 어떤 분과의 약속에서, 그분과 관계 없는 일로 마음이 언짢아졌을 때 그 표정이 쉽게 바꾸어지지 않아 괴로울 때가 있다. 연기演技를 한답시곤 하는데 그 가장假裝은 서툴다.

또 나의 결정적 단점은 희로애락이 빠르다는 점이다. 감동, 감명, 공감, 비애, 동정, 기쁨, 즐거움, 분노, 눈물 등 금방 속내를 드러내 보이는 것이다. 마음의 추錘가 가볍다고 아내가 늘 핀잔을 준다. 좀 묵중해지려고 노력해도 별 진전이 없는 것 같고, 참느라고 스트레스만 많이 받는다. 그것도 세월이 흐르니 피해가 있어도 참는데 익숙해졌다.

하지만 속으로 감내키 어려워 병을 얻기도 했다. 나와 자주 만나 나를 잘 아는 가까운 J회장이나 S교장은 "형님, 형님의 소리를 내십시오." 라고 안타까워하기도 한다. 구약성서에서는 "더디 노하는 자는 용자勇子보다 뛰어나며 자기의 마음을 다스리는 자는 성城을 전취하는 자보다 뛰어나다."고 잠언을 통해 가르치고 있다.

'내 소리란 무엇인가'

할 말은 하고 소신을 펴라는 말인데 그게 어디 쉬운가? 할 말을 해야 할 때에는 침묵하고 나서지 말아야 할 때에는 소리를 내고 참 내가 나를 보아도 한심스러울 때가 많다. 어쩌다가 한번 발언하고는 후회하고 남의 눈치를 살피며 괴로워하는 때도 잦다. 이 모두 자신이 없는 탓이었다. 그래서 담膽을 생각하고 일부의 하찮은 소리를 듣더라도 '마음의 소리' 를 내보기로 했다. 보편타당성이랄까, 상식이랄까 여기에서 벗어나지 않으면 그 소리는 '필요한 소리' 라고 마음먹었다.

불교 《반야경》에선 '마음을 억제하는 일은 훌륭하다. 억제된 마음은 행복의 보금자리다' 는 가르침이 있다. 나는 이 말씀으로 내 마음의 소리를 거르기도 한다. 하지만 아전인수 격인 해석이나 내 이해관계에 평형平衡을 잃지 않나 하는 두려움도 없지 않다.

도스토예프스키가 "신과 악마가 싸우고 있다. 그 전장戰場이야말로 인간의 마음이다."라고 설파한 것같이 나의 마음은 다툴 때가 많아 피곤해진다. 그때마다 스님들의 말씀(가르치심)을 찾아 마음의 훈련을 한다. 책이나 스님의 말씀을 발췌해서 기록해 둔 노트 속에는 송강 스님(개화사 주지)의 '분별심' 을 경계하라는 가르침이 있는데 "분별심이란 모든 것을 따지고 계산하는 마음, 이해득실을 따지는 마음, 이렇게 분별하는 마음을 번뇌심이라고 했다."고 전제한 뒤 무심無心을 강조하셨다.

스님께서는 "무심은 분별을 넘어선 자타일여自他一如의 마음이며 청정본연淸淨本然의 마음이다."라고 깨우쳐 주신다.

사랑하는 나의 아들과 자랑스런 며느리들아!

나는 마음을 잘못 다스려 무척 고생했다. 성인군자의 말이 아니더라도 마음이 행 · 불행을 만든다. 어쭙잖은 일에 마음을 써 기진맥진하고 용기를 내어야 할 일에 뒷걸음질 쳐 가슴을 친 일이 비일비재했다. 삶의 시간을 많이 보내다 보니 마음만은 함부로 다스려서는 안되며 언제나 신중한 마음을 지키며 키워 나가야 한다는 것을 배웠다. 아무리 급하고 아무리 겁나도, 아무리 어려워도 잠깐 멈춰서 슬기와 지혜를 찾는 마음 훈련을 부단히 해야 한다.

불교 천태종의 중심사상인 실상론이라고 불리는 일념삼천설一念三千說은 "사람의 한마음에 삼천 가지의 가능성이 간직되어 있다"는 이론이라 한다. 또 원효元曉대사는 일체유심조一切唯心造라 하여 모든 것은 마음에 달려 있다는 것을 설파했다.

원효대사는 34세 때 동학 의상義湘 스님과 함께 불법을 닦으려고 당唐나라로 떠났다. 가는 길에 요동遼東에 이르러 어느 무덤들 사이에서 하룻밤을 자게 되었다. 잠결에 목이 말라 물을 한 그릇 마셨는데 다음 날 아침에 깨어보니 해골 속의 더러운 물이었음을 알고 급히 토하다가 깨닫기를 "마음이 나야 모든 사물과 법이 나는 것이요, 마음이 죽으면 곧 해골이나 다름이 없도다."하고 이어 "부처님 말씀에 삼계三界가 오직 마음뿐이라 한 것을 어찌 잊었더냐."고 하면서 바로 본국으로 돌아오고 말았다. 해골물이든 생수든 마음에 달려 있다는 가르침이 아닌가.

마음의 무한한 가능성, 과연 우리는 얼마만큼 그 가능성을 개간開墾하여 활용하고 있는지 의문스럽다. 선인선과善因善果 악인악과惡因惡果를 불교에선 가르치고 있다. 좋은 마음, 좋은 씨앗은 좋은 열매를 맺고 나쁜 마음, 나쁜 씨앗은 나쁜 열매를 맺는다는 것은 이젠 상식이다.

그런 줄 알면서 좋은 마음만 갖기가 힘들다. 나쁜 유혹에 심약心弱함을 보이는 것이 보통의 경우가 아닐까? 때문에 마음속에 마음의 제어制御(브레이크) 장치가 필요하다.

스파spa라는 단어가 있다. 스파spa는 몸과 마음, 영혼을 치유하는 현대인의 오아시스로 심신 · 영의 회복을 도와주는 각종 전문적인 서비스를 통해 개인의 웰빙을 촉진시켜 주는 것이라고 한다.

물, 좋은 공기, 소리, 명상, 건강한 음식, 휴식, 운동, 건전한 대인관계 등을 일컫는다. 스트레스 해소처럼 마음의 해독과 에너지 충전 같은 방법이 있다고 한다. 실제 내가 경험한 마음의 해독은 부처님을 향한 반성의 기도, 절(寺), 자연(산과 바다, 숲, 공원, 새소리, 바람소리, 나무소리, 수목원 등) 속에 안기는 것, 아내와의 대화, 나와 가장 가까운 존경하는 분과의 상담 등을 들 수 있다.

'프로테스탄티즘' 의 수립자 M.루터(독일의 종교 개혁자)는 "우리가 매일 수염을 깎아야 하듯 그 마음도 매일 다듬지 않으면 안된다."라고 교훈하고 있다. 내 괴로움이 심할 때 "내 마음속에는 부처님을 향한 불심佛心이 있다."고 외치다시피 하며 그 '불심을 훼손시켜서는 안된다.' 고 다짐한다. 그렇다고 당장 무슨 효과(?)가 있는 것은 아니지만 최소한 마음을 다스리는 여유는 갖는다. 그리고 '남을 위한 이로운 일은 없는가' 라고 찾는다. 일찍 일타 스님은 "남에게 보시를 베푸는 순간이야말로 탐욕으로는 도저히 채울 수 없는 마음의 평화와 즐거움이 가득차게 된다."라고 법문을 통해 일러 주셨다.

사랑하는 나의 가족!

자네들은 마음의 밭에 수양, 보시, 배려, 공헌, 사랑, 봉사, 믿음, 어머니, 아버지, 형제, 일가친척, 겸손, 하심下心, 최선, 존경, 우정, 건강, 운동, 칭찬, 격려, 위로, 실력, 필요, 희망, 과학, 자연, 성공, 음악, 시, 소설, 그림, 꽃, 예절, 차茶, 질서, 공중도덕, 공동체, 도전, 집념, 재도전이 단어들을 갈아(耕) '마음의 풍요' 를 이루기를 바란다. 여기서의 집념은 집착과 구분해야 한다. 수단과 방법을 가리지 않고 목적만 달성하면 그만이라는 사고방식은 가장 위험하며 파멸의 길이라는 것을 명심해 두어야 한다.

집념은 자연스러우며 꼭 해내고야 말겠다는 끈기이다. 물 흐르듯 해야 하는데 참 어렵더라. 그래도 물 흐름을 항상 부러워해야 한다.

평소 성인들, 스님들, 영웅, 성공한 분들, 위인들, 자기가 존경하는 분들의 어록을 기록해 두었다가 수시로 보며 교과서로 삼아야 한다. 통이 큰 분들, 호방한 분들, 시원시원한 분들, 도전에 강한 분들을 모방하며 여기에 한 가지 순수한 자기 의지, 자기 아이디어를 가미시켜라.

그리고 마음이 선과 악으로 싸울 때 아쉽지만 슬그머니 선에 손을 들어 주어라.

마음 마음 마음, 참 좋은 마음, 참 기쁜 마음, 모든 가능성을 생산하는 마음, 하고야 말겠다는 굳센 마음, 남이 들어올 수 있는 열린 마음, 이해하는 마음, 부지런한 마음…… 그리하여 호방하게 웃자.

목 욕

간디의 주요 오락은 목욕이다. 그는 잠자리에 들기 전에 아주 뜨거운 물속에서 40분간 목욕을 하며 책은 이 목욕탕 속에서 읽는다

—J.간서 procession

나는 매일 목욕을 한다. 40년이 넘었다.

왜? 좋아서 한다.

내가 모시고 있던 사장님이 매일 하시는 것을 보고 따라하던 것이 지금에 이르렀다. 가끔씩 목욕 동무(?)가 되어드린 것이 나에게 인이 박힌 모양이다. 자주 하다 보면 중독이 되는 셈인가 보다. 마치고 나오면 그렇게 개운할 수가 없고 그 위에 막걸리 한 사발이나 맥주 한 잔 곁들인다면 그야말로 신선놀음이다.

나는 직장인이다 보니 새벽 목욕을 즐겼다. 작취미성昨醉未醒일 때에는 냉 · 온탕을 번갈아 들어가 술 깨려고 애를 쓴다. 직장에서 아침부터 술냄새를 풍기는 것은 술꾼의 예의가 아니다. 흐트러진 모습에 눈동자도 풀려 있으면 어느 동료도 반기지 않는다.

내가 한창 술을 마시고 다닐 때 직장의 윗분이 "저 사람은 어제저녁 그렇게도 마셨는데 오늘 아침 깔끔한 모습을 보이니 여간 단속을 잘하는 사람이 아니야."라고 말하면서 또다른 부하직원의 술이 덜 깬 모양새를 나무라기도 했다.

사실 나는 술을 좋아하면서 술이 깨고 나면 겁怯을 집어먹는 겁쟁이였다. 혹시 몸에 이상이 오지 않을까 전전긍긍하는 못난이였다. 그러면서 술시戌時(오후 7시부터 9시), 이른바 술 마시는 시간이 되면 또 술을 찾는 모순 덩어리였다. 그 근심의 해소 방법은 목욕탕을 찾는 것이었다. 땀을 통해서 술을 빼내면 건강을 유지할 수 있을 것이라 막연한 기대를 가지고 말이다.

내가 수술로 술을 멀리한 뒤 어느 술친구가 "순항이, 너는 목욕이 아니었으면 벌써 죽었을 것이다."라고 농담 반 진담 반으로 지적한 바 있다. 지금도 매일 목욕을 하면 머리도 한결 가벼워진다. 어쩌다가 목욕을 떨군 날은 몸이 찌부드드해서 편치가 않다.

내가 사는 구역에서 목욕탕이 쉬는 날은 다른 구역으로, 가뭄이 심해서 시내 전체 목욕탕이 문을 닫을 때면 인근 진해시 등으로, 그도 안 되면 북면 온천장을 찾는다. 해외여행일 때에는 죽을 맛이지만 가벼운 샤워로 대신한다.

한 번은 동경東京에서 한 호텔의 목욕탕엘 들어갔는데 크기가 우리나라의 아파트 욕실보다 작았다. 일본 사람 둘과 함께 목욕을 하는데 그들의 물 아낌과 나의 통 큰(?) 목욕 방법이 대조를 이루어 샤워 이상의 기분은 들지 않았다.

목욕탕 시설은 우리 대한민국이 세계에서 으뜸인 것 같다. 목욕탕

안의 모든 것이 풍요롭다. 넓이, 물, 부대시설 등 모든 면에서 편리하다. 단 목욕은 있어도 목욕문화는 없다. 아이, 어른 할 것 없이 대부분의 경우 남을 배려하는 마음은 눈곱만큼도 없다. 이따금씩 된소리가 나오는데 방해가 되기 때문이다. 자칫 잘못하면 주의를 주는 쪽이 오히려 봉변을 당하기 십상이다.

물의 낭비, 시끄러움, 일회용 칫솔과 샴푸 껍질, 일회용 면도칼, 마시고 난 우유 팩, 때밀이 용품 등이 여기저기 버려져 있다. 군데군데 쓰레기통이 놓여 있는데도 말이다. 특히 위험한 것은 면도칼과 그 덮개로 맨발의 상처가 염려된다.

내가 달목욕을 하는 사우나탕은 때 미는 수건이 샤워기 밑에 흩어져 종업원들이 치우지 않으면 수북하게 쌓일 정도다. 이따금씩 손님 중에서 목욕탕 쓰레기들을 주워 통에 넣어주는 아름다운 모습도 보인다.

저명한 학자인 이어령 교수는 "목욕은 두 가지 극단적인 행위이다. 하나는 때 묻은 정신을 씻는 행위이며, 또 하나는 정신에 때를 묻히는 행위이다."라고 재미있는 묘사를 한 적이 있는데 주목할 만한 발언이다.

사랑하는 나의 며느리들, 아들, 손주들아!

내가 좋아서 목욕을 즐기지만 자네들도 목욕을 생활화하라고 권하고 싶다. 시간을 많이 들이라는 말은 아니다. 사람은 사회생활을 하는데 있어 기본적으로 몸부터 깨끗해야 한다.

홍문화洪文和(서울대학교 약학대학장 역임) 박사는 "뜨거운 물로 목욕을 하거나 사우나를 하면 신진대사를 촉진시키고 피부호흡을 활발하게 하여 건강에 좋다."고 도움 말씀을 주셨다. 목욕 후의 상쾌한 기분은 그날 하루를 상쾌하게 보내게 한다. 몸이 가뿐하면 마음도 덩달아 맑아지고 좋아진다.

불교에서 목욕은 마음의 때를 벗기는 의미가 강하다고 시사하고 있다. 《불교풍속 고금기》(박부영 지음)에 보면, 부처님께서 극심한 고행을 버리고 '나이란자나' 강에서 목욕하시고 열반에 들기 전에도 '쿠쿠다' 강에서 마지막으로 목욕하셨다고 한다. 때문인지 인도에선 목욕은 매우 소중한 종교행위라고 말한다.

이 고금기에 보면 한국, 중국, 일본의 선종 사찰에는 칠당가람七堂伽藍이라 하여 필수적으로 갖춰야 할 일곱 개의 건물이 있는데 그중 하나가 욕실浴室이다.

그런데 승당僧堂, 측옥厠屋(뒷간), 욕실을 삼묵당三墨堂이라 하여 말을 해서는 안된다고 한다. 이 세 곳은 인간이 살아가는데 기본이 되는 곳으로 침묵이 요구된다고 알리고 있다. 불교에선 또 욕실에서 소리 내어 웃거나 말을 해서는 안되며 욕실 안을 뛰어다녀서도 안되는 엄격한 탕 안 규율이 있다는 것이다. 속세인 우리는 이를 거울삼아 공중도덕심을 늘 간직해야 하지 않을까.

수행이나 명상 시간을 갖기 어려운 우리들은 목욕하는 시간을 통해 내 마음의 때를 벗기고 자신을 돌아보는 시간을 갖는 것이 얼마나 의미 있을 것인가를 한번 생각해 보자. 내 경험으론 이런 의미에서 목욕은 우리 생활에 큰 보탬이 된다고 일러주고 싶구나. 화날 일, 욕심 부릴 일, 미운 마음, 공격적인 자세, 거짓행위 등에 브레이크를 걸며 마음을 고운 방향으로 달래는 그런 목욕의 의미를 우리 가족들은 세워보지 않겠는가?

나도 목욕탕에서 남의 눈살을 찌푸리게 하는 일이 없지 않았지만 생각과 반성의 시간이 더 많았다는 것을 일러주고 싶구나. 매일은 안되겠지만 일주일에 두 번 이상의 목욕은 필수로 여겨 생활화하고, 목욕탕 내에서 껍질 등을 줍는 것을 꺼리지 말 것을 당부하고 싶다.

인생이란 어떤 일이든 긍정적인 의미를 부여하면 긍정적인 사색이 돌아온다.

제30회 도민체육대회에서 경남체육회 부회장으로서
준우승팀에게 트로피를 수여하고 있다(1991. 5)

두 • 번 • 째 • 이 • 야 • 기 2

샌프란시스코 바닷가에서
창원상공회의소 상근부회장 시절 대만고웅시공업회 우호방문단 접견(1993. 10)
사랑하는 손자 · 손녀들과 함께 즐거운 시간(1992)

선생님 역할과 불우 청소년 돕기

진정한 자비는 걸인에게 동전을 던져주는 것 이상으로
걸인을 만들어내는 사회구조를 개혁하는 것이다.

—마틴 루터 킹 2세

나는 20대 초반과 중반에 내 능력이 미치지 않는 일에 휘말려 고생과 함께 값진 경험을 한 바 있다.

첫째, 내가 고등공민학교 선생이 된 묘한 얘기다. 언론계에 입문하여 배우며 밤낮없이 뛰던 때였다. 신출내기 기자로 누가 '이렇다' 고 가르쳐주는 이 없이 혼자서 배우며 갈팡질팡 헤매던 무렵이었다.

어느 날 퇴근길이랍시고 힘없이 돌아오는 나를 보고 동네 친구이며 동기생인 정명길 군(중등 교사로 정년퇴임 후 전문대학 등에서 강사 역임)을 길에서 만나 집 근처 막걸리집으로 향했다.

평소에도 자주 있는 일로 나는 예사롭게 마주 앉았는데 친구는 몇 사발 들고 난 뒤 대뜸 "어이, 순항아, 너 선생 한번 해 볼래? 나와 같이

하자."고 권했다. 무슨 말인지 몰라 궁금하게 쳐다보는 나에게 친구는 "지금 내가 다니고 있는 일신고등공민학교 국어 선생이 없어. 자네가 맡아주면 어떻겠나?"라고 권하며 내 눈치를 보았다.

"글쎄…… 내 책가방 줄이 짧은 것은 자네도 알지 않나, 내가 무슨 재주로 선생이 된단 말인가?"

완강히 사양했는데도 친구는 막무가내였다. 초임급이 형편없는 견습기자이지만 직업이 있지 않은가? 친구 설명을 들으니 모 언론계 선배가 세운, 배움의 적령기를 놓친 직업 청소년들을 위한 야간 고등공민학교였다. 초년 6년 수준과 중학 수준의 교육 내용이었다. 학교는 신포동 구 환금장유 공장이 있는 앞 공터에 천막을 친 것이 전부였다.

천막 두 개에 학생은 약 40명으로 기억되는데 연령은 10대부터 20대 중반까지였다. 그러니까 한 반 학생이 20명 정도라고 할까. 가르치는 분들은 거의가 대학을 졸업한 직장인들로 자원봉사자였다. 설립한 분이 와병 중이어서 친구와 또 한 분이 책임을 맡다시피 하여 이 천막학교를 운영하고 있었다. 사정이 이렇다 보니 수업료도 없고 무보수여서 그런지 선생(?)은 태부족이었다.

친구의 계속된 간곡한 부탁으로 그만 나는 승낙하고 말았다. 엄동설한 난방시설도 없는 천막 안에서 가르치는 사람과 배우는 사람들의 열기로 수업은 진행되었다. 나는 퇴근하자마자 집에서 교과서와 참고서, 사전과 싸움하며 강의를 준비했다. 명색이 국어 담당이랍시고, 사실은 내 공부가 되었다. 내 직업에도 그렇거니와 내 지망에도 도움이 되었다.

학생들의 가정환경이 매우 어려운 탓에 나는 당시 시교육청 교육장님(박재갑 선생님으로 기억됨)에게 말씀드려 외국 원조 물자인 분유(당시 교육청에서 취급하고 있었음)를 좀 할당받아 학생들에게 나누어 주기도 했다. 주경야독하는 이 학생들은 어려운 조건에서도 배움에 대한 진지한 태도는 나를 감동시켰다.

그로부터 한 7개월 뒤, 이 천막학교는 교사 부족 등 여러 가지 어려움으로 막을 내렸다. 아쉬웠지만 나로서는 어쩔 수가 없었고 친구는 고등학교 발령을 받아 정식으로 교단에 섰고 나는 나의 본래 직업으로 돌아갔다.

내가 《마산일보馬山日報》 재직 당시인 어느 날 시민극장에서 영화를 보고 나오는데 어느 육군 장교(중위 계급) 한 분이 내 앞에서 거수 경례를 하며 "선생님, 안녕하십니까."라고 인사를 해왔다. 누군지 몰라 당황했다. 이 늠름한 장교는 "선생님, 저는 일신고등공민학교에 다닌 적이 있습니다."라고 말해 비로소 그 장교와 악수를 나누며 반가운 시간을 갖기도 했다. 그 알량한 나의 선생 경험이 이렇게 감동을 주리라고 미처 생각치 못했다. 아마 그때 그 공민학교 학생들은 다 소망을 이루어 모두 성공하였으리라고 믿고 싶다.

또 하나 나를 민망하게 만든 경험이 있다.

내가 《부산일보》(마산지사 파견근무) 재직 당시였으니까 27, 8세쯤 일 게다. 지사支社 사무실에서 한창 송고할 기사를 준비하고 있는데 30대 초반으로 보이는 어떤 남자분이 와서 의논 좀 하자고 했다.

그날 본사에 보낼 원고를 다 쓰고 그와 마주 앉았는데 그분이 어떤 사회봉사활동을 제안했다. 나를 골라 찾아온 것은 이따금씩 후생시설에 관한 나의 서명署名 기사를 읽었기 때문이라고 했다. 그 분이 제의한 내용을 요약하면 이렇다.

마산에서 북면北面온천 가는 고갯길 따라 자리한 천주산 한 자리에

갈 곳 없는 청소년을 수용하여 필요한 교육과 숙식을 제공하는 시설을 마련하고 싶다는 것이다. 그분은 그 산이 자기와 연고가 깊은 분의 소유라서 자기가 그 터를 이용할 수 있다는 것이다. 설립 비용도 다 마련되어 있으니 협조만 해달라는 것이다.

협조란 물론 보도다. 그분은 거리에서 방황하는 저 청소년들을 구제하지 않으면 그들이 어디로 갈 것이냐면서 그들을 바로 인도하는 것이 우리들 모두의 의무라고 강조했다. 그날 이후에도 몇 번을 찾아와 나를 이해시키려 애썼고 나도 어느 정도의 사실을 파악하고선 기사화했다. 이런 훌륭한 뜻을 언론이 밀어주지 않으면 안된다는 내 나름대로의 사명감이었다.

보도가 나간 며칠 후 현장에 가보니 30명 남짓한 청소년들이(어떻게 모았는지 궁금했는데 보도 등의 영향이라고 했다) 산허리에서 대형 천막 3개를 세우는 작업을 하고 있었다. 나는 다시 이를 기사화했고 여론과 함께 관계 당국의 관심을 촉구했다.

그런데 문제는 기사를 보도하는 것으로 끝나는 것이 아니었다. 그분은 나를 찾아 혼자서는 힘이 부치니 같이하자고 제의했다. 나는 직장이 있고 그런 힘도 없는 사람이라고 완강히 거절했으나 계속 나에게 떠맡기다시피 하여 교육(강의)과 공동운영을 기정사실화해 버렸다.

나는 짬짬이 그 천막시설을 찾아 준비해 간 교육내용으로 그들을 가르쳤다. "사람은 죽을 때까지 배워야 하고 자기 힘으로 일어서서 소망을 이루어야 한다. 그러기 위해서는 열심히 노력하고 남다른 데가 있어야 한다."고 그들을 격려했다.

교육 준비를 위해 나는 밤을 새우기도 했다. 그분의 말대로 천막 이외의 다른 시설을 기대했으나 그분의 사정이 여의치 않아서인지 현실화

되지 못했다. 나는 신문사의 바쁜 일도 있고 해서 며칠 못 갔는데 어느 날 비가 쏟아지는 한밤중에 우리 집 대문을 두드리는 소리가 나 문을 열어보니 '어, 이게 웬일이냐' 고 나의 탄식을 불러일으킨 사태가 빗속에서 벌어지고 있었다.

그 산 천막에 있던 청소년 10여 명이 우리 집으로 온 것이다. 끼니도 없고 추워서 잘 수도 없어서 우리 집을 찾아왔다는 것이다. 좁은 집 방과 마루에 이들을 맞이하여 집사람이 통통 다 털어서 마련한 음식으로 이들을 대접하고 밤을 새웠다.

그 다음 날 아침은 집사람이 이웃에서 빌려 아침상을 마련하여 이들을 깨워 먹이고 돌려보낸 뒤 출근하여 알아보니 설립을 제안했던 분도 형편이 곤란해져 더 이상의 추진이 어려워졌다. 희망이 보이지 않으니 아이들도 자연 흩어지고 말았다. 참으로 가슴 아픈 일이었다. 나의 능력이 부족해 이런 결과가 벌어진 것 같아 내 자신의 회한悔恨도 컸다.

만약 재정 형편만 뒤따라 주었다면 방황하는 아이들을 얼마든지 좋은 길로 인도할 수 있었을텐데 참으로 안타까운 심정을 달랠 길이 없었다. 나는 이 일로 후생시설을 운영하는 분들이 얼마나 훌륭한 분들인가를 새삼 느끼고 그들의 사회 공헌에 대한 존경심이 생겼다.

'사랑은 아무나 하나' 라는 유행가가 있듯이 '사회사업은 아무나 하나' 라는 너털웃음이 나온다.

사랑하는 나의 아들들, 며느리들아!

위의 두 번의 경험은 나의 삶에 많은 것을 가르쳐주었다. 능력이 못 미치는 일에 뛰어드는 것은 조심성 결여와 심사숙고가 없는 탓이라는 것, 남의 사정에 너무 쉽게 빨려 들어가는 것은 하나(동정)만 알고 둘(예측)은 모르는 탓이다.

반면 일단 뛰어들면 승부를 내는 근성과 모험심을 발휘해야 하는데 그러지 못했다. 혼자서 버거우니 다른 후원자를 찾거나 마음맞는 이를 찾아 나서야 했는데 너무 쉽게 포기한 것 같아 후회도 따랐다. 무엇보다 중요한 것은 내 마음의 여유였는데, 어려운 가정형편이 늘 내 마음을 웅크리게 했다. 그래서 맹자는 "무항산無恒産이면 무항심無恒心이라" 했던가?

아들아, 며느리들아!

불우한 사람들을 위해 후생시설을 운영하는 사회사업가는 우리 모두의 존경을 받아야 할 분이다. 그분들은 우리 모두가 할 일을 대신해 주시고 계시는 분들이며 그 공헌은 늘 격려와 찬탄이 따라야 한다. 대신 사회사업을 미끼로 자신의 욕심을 채우는 악덕惡德한 이는 두고두고 매도되어야 한다.

자네들은 좋은 일이 있을 때 가까운 사회복지시설을 찾아 위문이나 봉사하거나 혹은 성의껏 성금을 내는 사랑의 실천을 잊지 말기를 바란다.

뿐만 아니라 오늘의 너희들을 있게 하신 스승을 찾아뵙는 일도 아주 중요한 일이다. 스승의 날뿐 아니라 자네들의 졸업기념일, 결혼기념일, 직장에서의 승진 혹은 어떤 내용이든 수상의 기쁜 날들을 택해 존경하는 선생님을 찾아뵙고 "선생님의 은혜이십니다."라는 예禮로 큰절을 올려야 한다.

이는 자네들의 자식인 내 손자들에게도 가르쳐 대대로 이어지는 가풍家風으로 삼아야 할 것이다. 사랑과 봉사, 공헌, 은혜를 알면 기품氣品이 서고 마음이 언제나 여유로운 행복의 길이 열릴 것이다.

완벽주의의 허虛

최상의 선善은 물과 같다. 물은 만물을 이롭게 하면서도 싸우지 않고 사람들이 싫어하는 낮은 곳에 처한다. 그러므로 물은 도에 가깝다. 무릇 싸우지 않으니 그러므로 허물이 없다.

—노자老子(도경 8장)

나는 일상생활에서 메모를 많이 해둔다. 거의 습관이 되어 있다. 메모에는 좋은 책 내용, 명언, 일지日誌 같은 것도 있지만 후회와 반성에서 오는 다짐이 대부분이다.

어떤 실수, 부끄러운 일, 마음의 상처, 좌절, 침체, 희망 같은 것들을 좌우명 형식으로 수첩이나 작은 종이에 적어놓거나 책상 위 유리판 밑에 넣어두고 일정한 기간까지 주목한다.

색이 바랜 어느 날 것을 보니 "완벽주의로부터 해방된다. 집착으로부터 해방된다. 좀 서툰 소리도 듣자. 남이 들어올 한 구석을 비울 것. 너는 완전한 자가 아니다. 너는 욕먹을 마음도 비워 놓아야 한다. 되도록 평안하게…….”

이 완벽주의에 대한 경고 메모는 20년이 넘게 계속되고 있다. 내 자신이 보아도 내 인생은 참 피곤한 인생이다. 뭣이 잘나서, 뭣이 강해서, 뭣이 수양 되어서, 무슨 찬(내용) 것이 있어서 완벽하게 살려고 했을까? 남에게 싫은 소리를 조금만 들어도 이내 해명하려 하고 술자리에서 상대의 기분에 거슬리는 말을 했을 경우도 해명을 못해 밤새 고민하고, 어쩌다 억울한 소리를 들으면 분을 못 참고 오해 풀기를 학수고대한다.

반면에 기분 좋은 소리를 들으면 지체 없이 감사의 뜻을 전하려는 조급한 마음에서 어쩔 줄 모른다. 그러면서 내가 피해자일 경우 속만 끙끙 앓고 그대로 넘긴다. 이 스트레스는 결국 저녁의 술로 연결된다. 그렇다고 시원하게 풀리는 것도 아닌 찜찜한 상태 그대로이다.

어떤 선배님은 나의 처신에 대해 “자네는 너무 빈틈이 없어.”라고 따끔한 충고를 주셨다. 아내마저 좀 큰마음 먹고 잊어버리라는 말을 심심찮게 해준다. 또 어떤 후배는 “남의 눈치 그만 보십시오. 선배님 소신대로 밀고 나가십시오.”라는 충고인지 격려인지 일러 주었다. 이 모든 것이 마음의 수양이 안된 탓이라는 것을 절감한다.

소극적이고 적극적이지 못한 삶을 돌이켜보고 있다. 지금까지 살아오면서 남을 해꼬지한 적은 없었다. 괜히 들어 얽히어 오해를 산 일, 일방적인 공격을 받은 일, 중상모략은 더러 받아왔지만 내가 먼저 남에게 해되는 일은 결코 하지 않았다.

단지 가슴이 저려오는 일 하나, 그분의 험한 말에 ‘나를 지적해서 한 말이 아니냐’ 는 오해로 오랜 시간 동안 가슴앓이를 해왔고 공격을 당해온 일이 있다. 그것은 나의 착각이요, 중대한 실수였다. 이 밖에도 남의 입에 오르내리는 좋지 못한 일들도 많았다. 사회생활을 하면서 이런 정도는 불가피하지 않느냐는 자위와 함께 뉘우침도 잇따르고 있다.

이런 감내하기 어려운 일에 부딪칠 때마다 내 습관인 메모에는 '완벽주의' 라는 용어가 등장하고 여기서부터의 도피구를 찾는다.

사랑하는 나의 아들들아!

이 못난 애비처럼 너희의 사전에는 '완벽주의' 라는 말을 꿈에도 떠올리지 마라. 신이 아닌 다음에야 어찌 사람이 실수를 안하고 살 수가 있겠느냐? 완벽주의란 자기의 무능으로부터의 도피요, 소심의 소산이요, 의지와 소신의 빈약에서 오는 허구요, 위선이란 것을 나는 자각하고 있다.

마음이 넓고 커야 한다는 것을 명심하고 부단히 마음을 닦아야 한다. 남이 너희 마음에 들어올 수 있도록 열려 있어야 하고 틈새가 있어야 한다. 흔히들 '마음을 비워라' 혹은 '마음을 비웠다' 고 하는데 이 마음 다스림은 여간 어렵지 않다는 것을 늘 상기시켜라.

마음을 비우기는커녕 마음이 탐욕으로 꽉 차 있기가 일쑤다. 수행정진으로 높은 경지에 이르지 않고서는 마음 비우기가 거의 불가능하다. 단지 '나는 모자란다' '내 마음속에 다른 분이 들어올 수 있는 틈새가 있다' 는 마음 훈련을 게을리 하지 않는 것이다. 내가 겸손하고 내가 손해보면 마음이 편하다. 그래서 부처님이 중생들에게 하심下心을 가르치신다.

'겸손과 손해' 에 대해 영 마음이 아프면 부처님이나 예수님은 인간들을 구원하고 섬기기 위해 오셨다고 생각하면 마음이 잘 다스려질 것이다. 위대하신 성인께서 수범하셨는데 하잘것없는 우리에게 있어서는 두말할 나위가 없다. 또 겸손과 양보는 내 실력(특히 정신적으로)이 탄

탄한 기반 위에서만 거리낌 없고 즐겁고 아름다워지는 것이다. 무릇 인간의 모든 행동에는 실력이 뒷받침되었을 때 자신이 서고 여유가 생기는 것이다.

또 하나, 자신의 말을 하기보다 남의 말을 잘 들어주는 사람이 되어야 한다. 말이 많으면 실수가 따르고 자연 행동이 따르지 못한다. 나를 성나게 하거나 오해를 살 말이라고 느껴졌을 때 그 자리에서 금방 대응하지 마라. 잠깐 자리를 피하고 마음의 여유를 가져야 한다. 내가 성낼 일인지에 대해 곱씹어 봐야 한다. 그 결과 애꿎거나 자존심이 상하거나, 일방적인 것일 때에는 자리하여 차분히 해명하고 오해가 있다면 풀어주어야 한다. 물론 나의 잘못일 때는 정중히 사과하고 이해를 구해야 한다.

이런 나의 온순한 자세에도 계속 공격해오면 그 자리를 피하고 다음 기회를 보아야 한다. 이런 상황이 계속될 때에는 아무런 예고 없이 그런 사람하고는 만나지 않는 것이 좋고 한 조직, 같은 직장인 경우에는 부득이한 경우가 아니고서는 술이나 음식 자리를 같이해서는 안된다. 또 직장의 회식 같은 장소에서 피할 수 없을 때에는 그 사람과 마주앉는 자리보다 같은 대열에 떨어져 앉아 즐겁게 보내야 한다. 언젠가 악수하는 시간을 마련하면 참 좋은 인생이 될 것이다. 정 참기 어려우면 분명한 내 목소리를 내야 한다. 내 목소리가 너무 없으면 업신여기고 무시당하기 일쑤다. 단 신중을 기해야 된다는 것을 전제로 해야 한다.

부족하고, 완전하지 못해 실수도 하기 때문에 보통사람이 아니냐? 분발해서 자기를 극복할 수 있도록 늘 채찍질을 게을리 하지 마라.

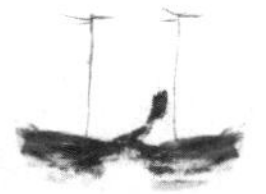

술 그리고 교훈

사람이 술을 마시고 술이 술을 마시고 술이 사람을 마신다.

—법화경초法華經抄

공식 석상에서 마시는 술은 천천히 한가하게 마셔야 한다. 마음을 놓고 편하게 마실 수 있는 술은 점잖게 호탕하게 마셔야 한다. 병자는 적게 마셔야 하고 마음에 슬픔이 있는 사람은 모름지기 정신없이 취하도록 마셔야 한다. 봄철에는 집뜰에서 마셔야 하고 여름철에는 교외에서, 가을철에는 배 위에서, 겨울철에는 집 안에서 마실 것이며, 밤술은 달을 벗삼아 마셔야 한다.

—임어당林語堂 〈생활의 발견〉

나는 술을 스무 살 때쯤 배운 것 같다. 군복무 시절이다. 전쟁이 한창이었지만 처음의 후방 근무에서, 일선 근무 때의 회식에서 술을 마셨다. 체질이 술에 맞는 탓인지 거부반응이 없고 기분이 좋았다. 벌술로 차차 양이 많아져 엄청 술을 마셨다. 나와 같이 술을 마시는 분들은 내가 술이 세고 양이 대단하다고 말했다. 술 양이 많은 것이 무슨 자랑거리라도 되는 양 으스대기까지 했다.

누구나 마찬가지겠지만 기분이 좋아서 한 잔, 나빠서 한 잔, 술핑계는 풍부했다. 돈이 없으면 술갈증을 푸느라고 술벗을 찾기도 하고 얻어 마시기도 했다. 일과 관련해서 술 마시는 기회도 잦았다. 걸핏하면 주선酒仙, 주호酒豪를 흉내 내어 두보杜甫, 백락천白樂天, 이백李白, 소동파蘇東坡 등을 동원하여 미화시켰다. 연암燕岩 박지원朴趾源의 그 유명한 〈술낚시〉 이야기, 공초 오상순吳相淳 선생의 〈저 달 마시자〉의 여유로움, 술로 너무나도 유명한 수주樹州 변영로卞榮魯 선생의 명정酩酊 40년의 기행奇行 등은 맛깔스런 촉매제가 되었다. 특히 신시新詩의 선구자인 수주 선생은 작가, 교수 외, 신문사 임원, 영자 일간지인 《코리안 리퍼블릭》의 발행인으로서 지방 언론인들에게도 존경받는 대주호大酒豪였다.

우리의 술친구는 따로 없었다. 마시면 술친구가 된다. 물론 선배님들에 대한 깍듯한 예의는 술꾼들의 기본이었다. 술로써 푸념하고 대화하고 정을 나누고 기분 내며 인간미를 나누었다.

M. T. 시세로는 "술을 마시지 않는 인간으로부터는 사려분별을 기대하지 말라."는 찬미가 있듯이 술로써 인간성이 통한다고 믿고 있었다. 사실 술 좋아하는 사람치고 나쁜 사람이 별로 없다고 여겨왔다. 때로는 형편도 안되면서 옆좌석의 선후배에게 또는 동료에게 몇 병을 보내기도 하는 잔정이 흐르는 곳이 대폿집이다. 술인심은 그렇게 좋고 잔 권하는데 사양하면 몹시 서운하게 여기고 취기가 머리끝까지 오르면 다투기도 한다.

〈팔만대장경〉에서 "술이란, 사람을 취케 만드는 독약이다."라고 경고했듯이 만취가 되면 곤드레만드레 이성을 잃고 방향감각이 마비되어 그냥 헤매기도 한다.

나는 53년의 술 역사를 가졌다. 실수도 많았고 돌이키기 힘든 상황까지 간 적도 있다. 군 졸병 시절 주번하사 때 어느 날 본부중대 회식이 있었는데 휴전도 되고 해서 막사에서 모두들 술을 많이 마셨다. 사실 주번 담당자는 술을 마셔서는 안되지만 "주번하사 수고한다."고 여기저기서 술을 권하는 바람에 그만 도를 넘었다.

평소 유감이 많던 한 계급 위의 상급자에게 폭언을 퍼부어 물씬 얻어맞았다. 주번하사가 술을 마신 것도 군기 위반이요, 주번하사에게 폭력을 가한 그 상급자도 군기 위반감이다. 지금은 어떨지 모르지만 당시의 주번 담당은 지휘관을 대신(?)하는 임무이다. 그후 제대가 가까워 우리 둘은 친하게 지냈는데 그분은 나보다 앞서 제대하여 고향인 수원으로 갔다.

한 번은 휴가를 나와 구멍가게에서 건빵을 안주 삼아 소주 한 되 가량을 마셨다. 군 입대 전 자주 가던 서점(부림시장 닭전 밑)에 가서 책을 한 권 빌려오다가 불종거리 희다방 옆 레인보우다방에 들러 소다수 한 컵을 시켰다. 마시는 중에 술기운이 갑자기 치밀어올라 컵을 놓쳐 박살이 났는가 하면 탁자 위에 상체가 고꾸라져 온 시선을 받았다. 주머니를 있는 대로 털어주고 간신히 빠져나와 집으로 향했다.

'사람이 술을 마시고 술이 술을 마시고 술이 사람을 마신다(《법화경초法華經抄》)'는 깨우침이 있듯이 술이 도를 넘으면 맛이 더 있고 정신없이 퍼마신다. 술자리에서 직장의 상사에게 대들어 횡설수설하는 등 실수를 범해 혼이 난 적이 한두 번 있다. 평소에 유감이 있으면 술자리에선 반드시 폭발하기 마련이고 그 뒷수습이 어려워진다. 그래서 나는 술자리와 음식을 들 때에는 평소 사이가 좋지 못한 사람과는 가급적 동석을 피하고 부득이할 때는 그 사람과 마주보지 않는 같은 줄의 먼 자리에 앉기를 권한다.

요즘 TV 드라마에서 마음이 상하거나 일이 제대로 안될 때에는 술집을 찾아 들이켜는 장면을 자주 보여준다. 나도 일상에서 하찮은 일이 있을 때에는 혼자 선술집을 찾아 마셔본 적이 더러 있는데 때로는 마음 정리에 효험을 보기도 했다. 그래서인지 《동방삭전東方朔傳》에선 '망우물忘憂物' 이라 하여 소우자막약주銷憂者莫若酒(근심을 없애는 데는 술보다 나은 것이 없다)라고 했다.

그런데 나의 술편력 가운데는 양주나 소주 등 도수 높은 술은 거의 등장하지 않는다. 막걸리, 정종, 맥주, 매실주 등에 집중되었고 사교상, 외부기관 단체장들과의 만남자리(이 · 취임, 영전, 전근 등)에선 폭탄주 등 양주를 곁들여 마신 경험은 많다. 한 번은 나의 초등학교 동기생(육군 삼성 장군)이 낀 어느 회식자리에서 매실주, 폭탄주 순서로 마시다가 수소탄(맥주컵에 양주를 가득 붓고 그 양주 잔에 맥주를 부어 그 컵에 넣는다)이란 것을 친구의 강요에 못 이겨 한 컵을 마셨다.

어떤 예고가 왔다. 그 집 마루를 기다시피 하여 빠져나와 기사의 도움으로 집으로 왔다. 그후 며칠을 고생했다. 나는 52, 3세부터 더 이상 마셔서는 안되겠다 싶으면 슬며시 빠져나와 도망가 버린다.

내가 화장실에 간다 하면 친구들도 '순항이, 또 도망간다' 고 뒤통수에 대고 핀잔을 주었다. 그랬으면 그만이지 집 가까이 와서 혼자 또는 집사람을 억지로 나오게 하여 친구 삼아 맥주를 마신다. 집사람의 고역이 이만저만 아니었다. 나는 무능한 사람이 되어 남의 댁 규수를 데려다 온갖 고생을 다 시키고 나중엔 술장사, 밥장사까지 시키는 못난이가 되기도 했다.

그때 나는 자전거를 타고 직접 어시장, 청과시장에 나가 음식 재료를 사 나르기도 했다. 아이들 학비 등 가족을 위해 무슨 일이든 해야 했다. 내 인생의 무능이 가족을 이렇게 고생시키고 어머님에게 불효했다. 술은 급기야 나에게 벌을 내렸다. 72세 되던 2005년 3월에 대장암 초기

진단을 받고 경상대병원에서 수술을 받았다. 대학병원 교수님들의 진료, 치료 덕택에 목숨을 부지하며 조심스런 생활을 하고 있다. 만약 그때 검진을 받지 않았다면 나는 갔을 것이다.

수술 후 가장 걱정되는 것은 나로 인하여 자식들에게 혹 유전적 요인이 있지 않나 하는 두려움이었다. 그래서 아이들에게 병원에 검진을 받아보라고 권하였는데 다행히 이 시간까지 그런 기미는 보이지 않는다. 한 3년 반 동안 술을 안 마시니 술 생각은 없다.

음식 자리에서 술을 받으면 한 잔을 물을 타서 마시거나 반 정도 남기며, 어쩌다 좋은 반찬이 있으면 집에서 담근 매실주를 소주잔으로 한 잔 마시는 정도다. 단 설이나 추석엔 산소山所에서 매실주를 제법 마시고 집에 와서도 몇 잔 이어진다. 명절 다음 날 친척 또는 후배들이 새배를 오면 손님 대접으로 두서너 잔 마시고는 입에 대지 않는다.

참 담배도 하루 평균 두 갑 정도를 피웠는데 끊은 지 17년이나 된다. 담배 생각은 아예 없다.

| 추석 제례(1998)

사랑하는 아들들아!

일흔여섯이나 된 지금 술에 대한 나의 생각은 어떤 것일까?

참 막연하지만 좋기도 하고 나쁘기도 하

다고 대답할까. 애매모호한 말이다. 알콜중독은 경계하지만 술이 필요할 때도 많다. 인생살이가 어디 마음대로 된다더냐? 기분이 좋을 때도 나쁠 때도 있기 마련이다. 술이 중재가 되어 기분 전환을 가져오기도 한다. 두보杜甫는 '탁료유묘濁醪有妙'라 하여 "막걸리에 묘한 이치가 있다."고 술회한 적이 있다. 우리가 기분 좋으면 한 잔을 찾는 이유가 여기에 있다.

요즘은 여성들도 기분풀이로 술을 찾는 것이 일반화되었다. 문제는 절주와 절제에 있다. 술 양을 조절하지 못하면 술을 가까이하지 마라. 술에 못 이기고 술에 말려 들어가면 술을 마시지 마라. 당장 술을 끊어라. 술좌석에서 같이 취하지 않고 덜 마시며 감당키 어려워 먼저 자리를 떠나는 것을 욕하면 그대로 받아들여라. 그 사람도 술 깨고 나면 후회한다.

사실 사교상 술 취하도록 마시는 것보다 덜 마시는 쪽이 아니면 전혀 마시지 못하는 쪽이 신뢰를 받는다. 동료, 친구들의 성화가 무서워 갈팡질팡 만취가 되도록 마시는 것은 개성이 없는 가장 우둔한 짓이다. 술좌석에서 먼저 가는 사람을 손가락질하는 그 사람도 속으로 가는 사람을 부러워한다.

단 윗분이나 어른들을 모셨을 때에는 아무리 편안한 자세를 권하여도 조심성을 잃지 말 것이며 고개를 돌려 마셔야 한다. 억지로 계속 권하시면 "저는 주량이 약해 더 이상 마시는 것이 무리입니다."라고 정중히 말씀드려야 한다. 또 손윗분을 모셨을 때에는 미리 간단한 식사를 해두는 것이 이롭다. 거듭 말하지만 감당키 어려울 정도로 마시지 말고 실수가 엿보이면 그 자리를 피하거나 마시지 마라.

《논어》에 "공자는 술을 사양하지 않고 마시지만 난亂의 정도에 미치지 않게 하였다."는 가르침이 있다. 그리고 술잔을 받았으면 점잖게 마시고 반드시 잔을 주신 분에게 두 손으로 받쳐 돌려드려야 한다. 더러는 두 잔을 놓고 한참 횡설수설하는 사람이 있는데 이는 큰 실례다.

술만큼은 선비정신으로 낭만적인 분위기를 조성해가면서 마셔야 멋쟁이 소리를 듣는다. 그리고 이따금씩 형제끼리, 동서끼리, 부부가 정겨운 분위기 속에서 잔을 나누는 것은 한 폭의 그림이다.

인내忍耐

마음은 모든 일의 근본이 된다. 마음은 주主가 되어 모든 일을 시키나니 마음속에 악한 일을 생각하면 그 말과 행동도 또한 그러하리라. 그 때문에 괴로움은 그를 따라 마치 수레를 따르는 수레 자취처럼 된다. —《법구경法句經》

더디 노하는 자는 용자勇者보다 뛰어나며 자기의 마음을 다스리는 자는 성城을 전취하는 자보다 뛰어나다.
—《구약성서》〈잠언〉

나를 다스리는 지난 시간들의 나의 메모(실천덕목)에는 인내忍耐란 용어가 수없이 등장하고 있다. 예를 든다면 어느 해 6월의 수칙에는 '인내, 말(言), 보은報恩' 또 다른 기록에는 '자신自信=인내, 겸손, 순리順理, 유종지미有終之美', 또 하나 '감정 버리기, 인내, 희망, 청춘(?), 잊는 지혜, 즐거운 밑바닥' 또 '감정의 세련미, 인내, 얕본다고 얼마나 얕보랴, 수양' 그런가 하면 '인내=참는 것은 힘이다. 참으면 정신은 굳건해지고 마음은 부드러워지며 분노는 사그라들고 질투심은 사라진다. 경솔하게 입을 놀리지 마라.' 또 있다. '인내=청결한 마

음, 남의 입장을 이해하는 마음〔易地思之〕.'

또 다른 것은 내가 존경하고 어려울 때마다 찾아뵙고 가르침을 받는 R스님(입적하신 지 꽤 됐다)의 격려의 말씀이 기록되어 있다.

"큰사람이 되자면 그런 수모는 다 겪어야 하는 법이오. 2, 3개월까지 조용히 참으십시오. 매사가 잘 되고 좋아질 것이오. 참고 또 참으십시오."

참으면 좋은 결과가 올 것이라는 격려의 말씀이다. 또 한 장에는 "나를 굽히고 낮추자. 참기 어려운 굴욕을 삭이자. 그러면 저절로 흘러 내려오는 그 무엇이 있다." 석지명釋之鳴 스님의 가르치심이 있다. 아마 스님의 법문에서 공부해 놓은 것 같다. 사실 불교의 교리나 법회에서 '인욕忍辱' 이란 말이 많이 등장한다. 6바라밀다의 하나로 "욕됨을 참고 안주安住한다. 온갖 모욕과 번뇌를 참고 원한을 일으키지 않는다."는 부처님의 가르치심이다.

그런데 나는 인내란 말을 덕목으로 삼아 입에 달고 있으면서 결정적인 순간에는 그만 참지 못하고 속내를 드러내보였다. 또 인내한답시고 마땅히 주장을 하고 소리를 내어야 할 경우에는 침묵으로 대응하는 무력자이기도 했다. 이 모두가 수양이 되지 못하고 교양이 안 쌓인 탓이다.

어떤 고비를 만날 때마다 나 자신을 분석해 보니 마음 한구석에 피해의식이 굳게 자리하고 있었다. 쉽게 말하자면 자신自信 상실이다. 세상을 살아가는데 그만큼 약한 것이었다.

사랑하는 나의 아들들아!

조직생활이나 사회생활에 있어 가장 금기시해야 할 것이 바로 이 피해의식이다. 또 내가 해코지를 당하겠지, 밀려나겠지, 중상모략의 대상이 되겠지 하는 부정적인 사고방식이 필히 부정적인 결과를 가져온다는 것을 주의하지 않으면 안된다. 이 헛된 생각에 자신의 에너지를 소모하지 말고 자신을 기르는데 힘을 쏟아야 한다. 내가 약하게 보이면 상대가 나를 무시하기 마련이다.

또 남이 나와 원수가 아닌 다음에야 어떻게 내가 못되기만을 바라겠는가? 그것은 모두 나의 약한 마음 탓일 뿐이다. 내가 생각하는 만큼 남이 나를 마음에 두지 않고 있다는 사실을 알아야 한다.

물론 사회생활을 하다보면 경쟁자가 없을 수 없다. 하지만 어디까지나 선의의 경쟁이 되어야 한다. 꼼수로 상대를 넘어뜨리려는 야심이 보이면 철저히 경계해야 한다. 치열한 경쟁의 시대이니 잠시도 마음을 놓을 수 없지만 오히려 그 방면에 대한 월등한 실력을 쌓기 위해 더욱 노력해야 한다. 피해의식을 가질 시간에 이를 극복하는 힘을 기르는 것이 현명한 방법이다.

내가 30대 중반일 때 직장에서의 일이다. 지국에 근무하는 한 직원이 어느 날 아침 일찍 우리 집을 찾아와 자기의 슬픈 과거와 딱한 사정을 늘어놓으며 본사 근무로 발령을 내어달라고 울먹였다. 너무 사정이 딱해 보여 출근 뒤 윗분들께 말씀드려 본사 사령을 받게 해주었다. 뒤에 알았지만 이분은 벌써 다른 간부에게도 로비활동을 했다.

이분은 내부에 근무하면서 나름대로 일을 했는데 시간이 갈수록 내 자리, 내 영향력에 도전을 해와 심히 괴로웠다. 이분의 과감한 진출로 한때 내 자리는 흔들렸고 자존심 상하는 발령을 받기도 했다. 이분은 회사 경영진의 마음에 드는 일은 혼자 도맡아하는 재주가 있었다. 나는 묵묵부언 내 할일에만 매달려 열심히 했다. 어쩐지 이런 사람한테는 순간

밀릴 수는 있지만 진다는 생각은 추호도 없었다. 그 결과는 역시 바람직스러웠다.

뒷날 나이가 들어 두 사람 다 회사를 나와 다른 직업을 가졌지만 우리는 내색 없이, 감정 없이, 지금까지 그런대로 잘 지내고 있다. 인생은 마라톤이다. 끈기의 경쟁이다.

사랑하는 내 아들들아!

참을 줄 알아야 한다. 참는 연습을 게을리 해서는 안된다. 이 세상이 내 마음먹은 대로 되는 것은 아니다. 사람의 얼굴이 다 다른 것처럼 생각도 마음도 다 다르다. 매일같이 성낼 일, 감정 상하는 일이 타의他意에 의해 일어나지만 일일이 대응하다간 살지를 못한다. 으레 세상은 그렇거니 하고 숨을 크게 들이쉬고 내쉬면서 그때 그때 감정을 잘 조절하여 감당해 나가야 한다.

평소 "내 마음은 아름답다. 나는 내 마음을 잘 조절하는 힘을 가졌다. 나는 지금보다 더 큰 일을 할 사람이다. 나는 내 가족을 위해, 내 직장을 위해, 내가 사는 사회를 위해 공헌할 일이 있다. 그것을 못하면 나는 내 인생에 대한 직무유기자가 된다."고 쉼없이 자신을 타일러야 한다. 세상을 긍정적으로 보면 재미있고 살맛이 난다. 내가 이런 기분 좋은 마음을 가지면 기분 좋은 분을 만나기 마련이다. 그리고 감사한 마음이 생긴다.

"인내는 감사한 마음을 불러일으키는 스승이다."

자— 이맛살을 확 펴라. 미소를 만들어 환한 얼굴을…… 매일 거울을 보면서 연습하자.

실수

돌이킬 수 없는 과거라도 완전히 헛되고 전적으로 낭비되었다고 생각지 마라. 그 파괴된 잔해에서 다시 솟아오른다면 보다 고상한 어떤 것을 얻게 될 터이니…….

—헨리 워즈워스 롱펠로(미국의 시인)

나는 어린시절 경험한 모든 것에 감사하는 마음으로 현재를 살고 있다.

—웨인 다이어(미국의 유명한 저술가)

술을 잘 마시면 약(?)이 되지만 잘못 마시면 독이 된다. 젊을 적에 혈기에 취기가 겹치면 본의 아닌 실수도 많이 한다. 때문에 술은 점잖게 배워야 하며 과음은 피해야 한다. 평소 점잖은 사람도 술이 과해지면 점잖음을 잃기도 하는 예는 얼마든지 있다. 특히 젊은 혈기에 과한 음주는 이성을 잃기 마련이다. 다 그런 것은 아니지만 조심하지 않고 만용을 부리면 술은 반드시 그에 따르는 대가를 치르게 한다. 벌을 받게 한다는 말이다.

내가 36세 때 같은 회사 직원과 함께 1차, 2차, 3차 하면서 술을 감당 못할 정도로 마셨다. 그때 아마 통금通禁이 있을 땐가 보다. 둘 다 취청거리면서 집을 향하는데 마침 우리들 시야에 멈춰 서 있는 시내버스가 들어왔다. 몇 시인지도 모르고 버스에 올라타 "가자."고 큰소리쳤다.

버스 안에는 기사와 그 조수로 보이는 두 명이 앉아서 무슨 부품을 손질하고 있었다. 그들은 "버스가 고장 나서 갈 수도 없을 뿐 아니라 지금 통금시간이 아니냐."고 귀찮아 한 것 같다. 술기운에 몸을 가누지 못하던 내 동료 ○군이 그중 한 사람의 등을 심하게 밀며 가자고 재촉했다. 그 바람에 그 사람은 앞으로 밀렸다가 돌아서며 그만 화를 참지 못했다. 다른 사람 다 퇴근한 뒤 고장 수리도 짜증이 나는데 그 위에 성가시게 구는 것들이 있었으니 그냥 있었겠는가?

이들은 버스 문을 닫고 몸도 제대로 가누지 못하는 우리에게 폭력을 휘두르기 시작했다. 기진맥진 한쪽 귀퉁이에 밀린 우리는 잘못했다고 사과했지만 그들은 분이 풀리지 않았다. 우리 둘은 버스가 정상으로 운행되는 새벽까지 갇혀 있다가 겨우 풀려났다.

나와 동료 ○군은 끝까지 우리가 신문기자인 것을 감추었다. 나는 손해 볼 일이 있어도 기자라는 이름을 팔아 그것을 모면한 적은 한번도 없다. 평소 억울한 일을 당해도 직업을 핑계로 그 화를 면하려는 생각은 없었다. 그만큼 내 직업이 하잘것없는, 나로 인해 훼손당해서는 안된다는 철칙 같은 신념 때문이다. 앞의 예에서도 마찬가지이다.

우리 둘의 얼굴은 맞아서 부었고 출근은커녕 몸을 제대로 움직일 수 없었다. 나중에야 회사에서도 알았지만 우리의 실수가 더 민망한 것이어서 오히려 우리가 쉬쉬하는 정도였다. 참으로 부끄러운 일로 지금도 얼굴이 화끈거린다.

그때의 ○군은 안타깝게도 고인이 되었지만 퇴직 후에도 우리는 몇 번 만나 술잔을 기울이기도 했다. 술잔을 나눌 때면 우리 둘은 그날의 실수를 언제나 무언으로 떠올리며 2차 이상은 삼가했다. ㅇ군은 퇴직 후 사업에 뛰어들어 열심히 했다. 얼마간 소식을 못 듣고 있었는데 죽은 지 훨씬 뒤에 다른 사람을 통해 그 소식을 듣고 마음이 착잡했다. 늦었지만 지금이라도 삼가 고인의 명복을 빈다. 그때 버스 안의 그 두 분도 행복하리라고 믿는다.

또 하나 술에 얽힌 얘기는 나를 크게 웃긴다. 술은 사람의 담력을 키운다. 사람에 따라 다르겠지만 술이 얼큰해지면 괜히 나서기도 한다.

내가 K신문 대표이사로 있을 때 일본 교토〔東京〕에서 열린 IPI(국제언론인협회) 총회에 한국 대표단의 한 명으로 참석했다. 세계 각국의 저명한 언론인들이 대거 참석했다. 그때처럼 영어 모르는 것이 한탄스러운 적이 없었다. 일본어로 통역되는 것으로 겨우 눈치를 챘다.

4일간의 본회의가 끝나고 일본 정부 주관으로 모든 참석자들은 여러 조로 나누어 관광길에 올랐다. 내가 속한 팀은 일본 유명 관광지 중 '가나자와〔金澤〕' 쪽이었다. 가나자와에서의 첫날 만찬은 가나자와 시장의 초청으로 '금성루金城樓'라는 이름의 큰 요정料亭에서 베풀어졌다.

우리 일행의 사이 사이마다 일본의 전통 기녀妓女인 게이샤들이 끼어 친절을 다했다. 서울의 모 언론사 사장과 나 사이에는 '마이코'라는 이름의 아리따운 기녀가 자리하여 시중을 들었다. 23, 4세로 보이는 앳된 이 기녀는 스스로 견습 중이라고 말했다. 나와 가까이 앉은 서울의 H사장은 영어는 유창했지만 일본어는 전혀 백치여서 내가 그녀의 말을 통역하는 입장이 되었다.

내가 초등학교 5학년 때 해방이 되어서 인사말 정도 이윈 성인들 간의 대화는 어려웠다. 궁금한 것이 많아서인지 H사장은 연방 질문을 하고 나더러 통역을 부탁하는 것이었다. 참으로 난감할 지경이었다. 내가 그분보다 나이가 약간 많으니까 으레 일본어를 잘할 것이라고 믿는 것 같았다. 그녀에게 묻고 답하는 것을 내가 담당했으니 이 어찌 웃지 않을쏘냐. 말을 만들어 묻고 답하는 내용도 내가 알아듣는 말에 보태서 말하니 제대로 그들의 의사가 전달될 리가 없다.

"결혼을 하지 않고 왜 이런 직업을 택했나? 얼굴도 이쁜데……"

이 물음의 대답을 나는 제대로 알아들을 수가 없어 '기생이 되고 싶어서. 가정이 무엇무엇한데. 지금 생활이 좋아서. 내 꿈이 있어서 등' 억지로 내 나름대로 해석해서 꾸며내니 진땀이 나고 술이고 뭐고 마실 기분이 훽 날아가버렸다. H사장도 속고 그녀도 나의 동문서답에 어리둥절했다. 참 묘하고 부끄러운 장면이었다.

H사장은 지금도 IPI에 관계하면서 노익장을 과시하고 있다. 그 앳되고 이쁜 '마이코', 지금은 일류가 되었는지 소망을 이루어 행복했으면 한다.

사랑하는 나의 아들들아!

이 두 실수를 단순히 술 탓이라고 하기에는 내가 너무 뻔뻔하겠지. 술에 먹힌 뒤에는 추한 만용을 부리고, 술기운에 약간이라도 허세를 부리기 일쑤여서 술은 나와 악연인가 보다. 깨고 나서 후회를 천번 만번 해도 그 이전으로 되돌릴 수는 없다.

50 중반을 넘어서니 술자리에서 스스로 신호가 오더라.

"아… 그만 마셔야지." 하고 일어나 집으로 향한다. 그런데 동네에 와서 안심하고 또 혼자 술을 마시니 기가 찰 노릇이 아닌가?

그래서 결심한 것이 친구들과 아주 가까운 분들 이외는 가급적 술자리를 피하고 마시지 않았다. 나보다 젊은 사람들하고 어울릴 적에는 어서 이 자리를 피했으면 하는 마음뿐이고 술맛을 잃는다. 뭐니뭐니해도 친구들과의 술자리가 제일 좋더라.

하지만 말이다. 술 조절 못하고 술에 먹힐 정도이거든 아예 술을 끊어라. 재미있는 술자리에서 순한 술로 적당히 마실 줄 아는 사람이 술 마실 자격이 있다. 취해서 횡설수설하고 좌석을 독점하는 따위의 추한 모습일랑 절대로 보여서는 안된다.

언필칭 사람들은 "뭐 술 먹고 그런 것을……" 하면서 너그럽게 보아주는 것처럼 말은 하지만 언제나 그 실수는 다른 사람에게 경계하게 만든다는 것을 잊어서는 안된다.

내 아들들…… 술 실수만은 절대로 하지 마라. 언제나 꽁무니에 그 흠이 따라다닌다.

봉사의 의미

생애의 외경畏敬의 윤리는 자기 주위의 모든 인간과 인생의 운명에 관심을 가지고 인간을 필요로 하는 사람이 있으면 인간으로서 봉사하라고 요구한다.

— A. 슈바이처(독일의 신학자, 사상가, 의사, 위대한 봉사자)

나는 봉사는 귀한 행동인 줄은 알면서도 스스로는 둔감했다. 생활에 여유 있는 사람들의 몫이라고 넘겨왔다. 이름 있는 봉사단체에서 봉사 내용을 공개한 것을 볼 때마다 잘한다고만 여겼다. 조금 특이한 내용이 있으면 가급적 많은 분량으로 소개하려고 애썼다. 남이 하는 것을 부럽게 생각하면서도 자신은 이렇다 내세울 일은 하지 못했다.

아마 내가 생각한 봉사는 나눔에 비중을 많이 둔, 즉 물질적인 면에서 저울질하는 경향이 높았다. 아무리 부자라도 자기 소유물이 아깝지 않는 사람이 어디 있으랴. 사회적 책임감에서든 체면치레든 남을 돕는다는 것은 그만큼 가치 있는 일이다. 입을 닫고 눈을 감으며 무심히 지나는 사람들보다 자기 것을 나누는 사람들이 있기 때문에 우리 사회는 돌아가는 것이다. 나누고 봉사하는 분들에 대해 비아냥거리거나 애써 그 의미를 깎아내리는 사람은 어딘가 병든 사람이다.

남 잘되는 것을 싫어하고 남의 성의를 왜곡되게 몰고가는 것은 자신의 약점을 숨기려는 의도라고 해석할 수 있다. 위선이든 목적의식이 있든 봉사를 하는 쪽이 우리 사회를 위해 유익하다.

내가 봉사에 대해 눈을 번쩍 뜬 것은 상공회의소 재직 당시였다. 자녀를 한둘씩 둔 젊은 어머니들의 봉사 모임 이야기를 듣고서부터였다. 그중 한 사람은 남편과 자녀 둘의 가정살림을 하면서 참으로 지극한 정성으로 봉사활동을 하고 있었다. 이분은 일주일에 한번, 집에서 마련한 음식을 가지고 창원에 있는 지체부자유자 복지시설을 찾는다. 어린 지체부자유자를 내 자식처럼 목욕시키고 안아주며 준비해 간 음식을 맛있게 먹을 수 있도록 도와준다. 때로는 대소변을 받아내고 준비해 간 옷을 갈아입히기도 한다고 했다.

이 젊은 부인을 직원의 소개로 우리 사무실에서 만났는데 내가 놀란 것은 그 봉사 자체가 한없이 기쁘고 봉사할 수 있도록 해준 그 지체부자유자 어린이에게 너무 너무 감사한다고 말한 점이다.

약 30년 전, 당시만 해도 지금처럼 봉사활동이 일반화되지 못한 때여서 나의 감동은 주체할 수 없었다. 봉사활동으로 인해 감사感謝를 받아야 할 쪽이 오히려 그 봉사 대상에게 감사한다는 것은 봉사의 참의미를 깨닫게 해주는 가르침이었다. '아— 이것이 참 봉사구나' 라고 감명을 크게 받았다.

일찍이 슈바이처 박사는 "생명 있는 모든 것에 봉사함으로써 나는 세계에 대하여 뜻있고 목적 있는 행동을 다하는 것이다."라고 말하면서 봉사의 길을 비추어 주었다. 남의 눈을 의식해서 하는 봉사는 본인에게도 재미없는 일이다.

독거노인, 소년소녀가장, 장애우 등 어려운 이웃을 돕는 이들을 보면 그 얼굴들이 환하다. 무료급식소, 크고 작은 행사, 병원 등에서 활동하는 자원봉사자들을 보면 보람에 찬 즐거움을 나타내 주고 있다. 수많은 사람들이 모여든 태안 기름 제거 작업에 나선 자원봉사자들의 정성을 보라. 우리의 미래가 한없이 밝다는 징조가 아닌가. 외국인들이 우리의 태안 봉사를 보고 한국인들에 대한 좋은 느낌이 한두 가지가 아니었다고 한다.

나는 얼마 전 가까운 분들과 함께 한 분의 호스피스를 초청하여 저녁을 같이한 적이 있다. 아시다시피 호스피스란 죽음을 편안하게 만들어주는 성직자와 같은 사람들이다. 임종을 지켜보면서 환자 가족도 하기 어려운 궂은일을 하면서 환자의 품위 있는 죽음을 도와준다. 보통의 경우 사람들은 '사死' 자와 '죽음' 이라는 말 자체를 꺼리고 싫어한다. 호스피스는 스스로 좋아서 대가 없이 이 성스러운 일을 맡아 한다.

우리의 초청을 받은 분은 50세 후반으로 남편과 자녀를 둔 유복한 가정 주부였다. 이분에 대해 어떻게 존경과 찬양의 말씀을 드려야 할지 몰랐다. 우리 일행은 그날 저녁 참 귀한 시간이었다고 모두 고마워했다. "자원봉사는 수행이다. 나의 시간을 조금만 투자하여 이웃을 위해 살아보자."는 강원지역 불교 포교사 조영미 님의 강조를 내 마음속 깊이 담아두고 있다.

'테레사 효과' 라는 말이 있다. 테레사 수녀처럼 정말 자신의 모든 것을 바쳐 헌신하고 봉사한다면 인체에 아주 유익한 물질이 분비되어 사람을 기쁘게 만든다고 한다. 사랑의 힘은 참으로 위대한 것이다. 대한불교 조계종에서는 '아름다운 동행'을 설립, 사랑운동과 보시布施문화의 발전을 위해 큰 계획을 추진 중에 있다고 한다. 부처님께서는 "너와 내가 둘이 아니다."라고 동체대비同體大悲를 가르치셨다. 불자들은 다른 이 못지않게 두 손 받들어 이 부처님의 말씀을 실천에 옮겨야 할 의무가 있다. 그래서 불교는 실천종교라 하는 것 같다.

사랑하는 나의 가족들아!

이 글을 쓰고 있는 애비는 무척 부끄럽다. 세상에 무엇 하나 이루어 놓은 것 없고 봉사 한번 제대로 못한 주제에 자식들에게, 가족들에게 봉사를 권하고 있으니 체면이 서질 않는다. 그러나 내 인생 경험에서 '사랑과 봉사'가 사람들의 생애에 얼마나 큰 비중을 차지하고 있는가를 알았기 때문에 나의 소리를 높이고 있는 것이다.

'여유가 없다', '시간이 없다', '내 살기도 숨이 벅차다'고 한다면 그 인생은 완전 실패작이다. 쓸모없는 인생을 영위하고 있는 것이다. 빠듯한 내 살림에서, 달랑달랑한 내 주머니 사정에서 일정한 퍼센트를 적용하여 나보다 더 더 어려운 사람을 돕는 것이다. 일주일이 안되면 한달에 몇 번이라도 시간을 쪼개어 자원봉사에 나서야 한다.

하다못해 골목 한가운데 돌, 병조각을 주워 옆으로 치운다든가, 목욕탕에서 일회용 면도칼, 칫솔 등을 아무데나 버려 다른 사람의 발을 다치게 하는 등의 위험요인을 미리 제거한다든가, 노인들이나 지체부자유자들의 등을 밀어드린다든가, 길을 물으면 가급적 그 지점까지 안내해 드린다든지, 버스 안에서 나이 드신 분은 물론 임산부나 장애우들이 오르면 얼른 자리를 양보한다든지, 공공건물 등에 출입할 때 뒤에 오는 사람을 위해 문을 잡아 준다든지, 다른 사람이 문을 잡아주면 감사의 인사를 한다든지, 휴대폰의 관리를 주의 깊게 한다든지, 헌혈에 참여한다든지 등등 숱한 일들에 봉사하는 마음을 가져야 한다.

남을 위해 조그만 일을 해도 얼마나 기분이 좋은지 느꼈을 것이다. 보람 있는 일들은 숱하다.

사랑하는 손주들아!

나는 너희들이 얼마나 귀엽고 자랑스러운지 모른다. 이 할애비의, 우리 가문의 희망이 너희들이다. '봉사는 습관이다' 라고 마음으로 새겨 두어라. 너희들이 저금통을 깰 때에는 반드시 일정액이 우리보다 어려운 사람을 위해 쓰이도록 해야 한다. 나눌 줄 아는 사람이 큰사람이 된다는 것을 명심해야 한다.

나의 가족들아!

너희는 다음의 영국 속담을 우리말과 영어로 써서 벽에 붙여놓고 늘 보도록 권하고 싶다.

"한 사람이 못을 박으면 딴 사람은 그 못에 모자를 건다."

One man knacks in the nail and another hangs

그리고 마음속에 붙여 놓아야 할 것은 보시布施의 경우, 침묵과 마음만으로 기뻐하며 온 가족의 즐거움으로 승화시키는데 그쳐야 한다는 '겸손' 이다.

용기와 만용

때론 남에게 인정받지 못하더라도 의연할 수 있어야 한다. 그래야 자유로운 삶을 살 수가 있다. 모든 사람에게 다 좋은 사람이 된다는 건 이상理想에 대한 지나친 욕심일 뿐이다. 자신을 타인의 기대라는 족쇄로부터 해방시키자. 현명하고 실속 있는 삶의 방식을 붙들어라. 착하다는 평판을 지키기 위해 인생을 낭비하는 것은 자신의 삶을 송두리째 남에게 주어버리는 격이다. 자기 자신조차 제대로 돌보지 못하면서 세상의 모든 착한 역할을 혼자 떠안고 살아가는 것은 가짜 미덕이며 자기기만이다. 스스로의 삶에 충실하지도 못하면서 타인에게 정성을 쏟는 것이 대체 무슨 소용인가?

—최영아 (詩치유사)

내 일생을 통해 수월하게 넘어간 해는 별로 없다. 특히 30대는 험난하고 시련의 연속이었다. 더 풀이하자면 실패의 거듭된, 아니 판단의 착오가 이어진 모진 시간들이었다. 용기와 만용이 교차된 아픈 나날이 평상시보다 더 많았다.

M일보 취재부장이었을 때 일이다. 전국 지방언론사 중 유일하게 우리 회사만이 출판노조가 있었다. 출판노조는 공무국 근무 직원들만으로 구성되어 있었다. 어느 해 이들 노조원들이 봉급인상을 내걸고 노동쟁의에 돌입했다. 합법적인 모든 절차 위에서였다. 쥐꼬리만 한 봉급으론

살기가 힘든 것은 공무국 직원뿐 아니라 편집국 직원들도 마찬가지였다.

그런데 회사 사정으로선 이들의 봉급 인상 요구안을 들어주기가 힘들었다. 제법 시간이 흘렀는데도 노사합의점을 찾시 못하고 사내는 뒤숭숭해졌다. 이런 분위기 속에서 노조 간부들은 편집국 직원들의 동참을 바랬고 회사는 이를 경계했다. 나와 친한 노조 간부 두 사람은 나의 적극적인 참여와 회사와의 절충의 일선에 나서 주기를 간절히 바랬다. 그래서 내가 동참하게 된 것이다.

나는 거리낌 없이 나섰고 회사와의 교섭에 나섰으나 상황을 타개할 안案은 나오지 않았다. 공무국 직원들이 파업에 들어간 극한 상황까지 갔으나 해결의 실마리는 보이지 않았다. 회사도 그만큼 경영이 어려웠다. 신문 하루 휴간의 진통 끝에 극적인 타결을 보아 회사는 정상 운영으로 돌아왔다. 나는 이때 편집국 간부로서 노조 측에 가담한 죄(?)로 해직을 당했다. 나 혼자만이었다. 이래서 일년 동안 실업자가 되어 집에서 쉬었다.

가족의 생계는 말이 아니었다. 한두 달은 나를 따르던 편집국 직원들과 노조 간부들이 방문하여 위로를 해주었으나 그 뒤론 보기가 힘들었다. 바깥 출입도 아니하고 그저 방 안에서 탁주를 벗삼아 뒹굴었다.

1년이 지났을까. 회사에서 연락이 왔다. 내일부터 출근하라는 것이다. 얼마나 반가운 소식이냐. 뛸 듯이 기뻤다. 알고 보니 대표가 바뀌었다.

나는 취재부장을 맡아 열심히 뛰었다. 가족을 고생시킨 것을 생각하면 나는 잠시라도 게을리할 수가 없었다. 이렇게 희망찬 나날을 보내고 있는데 이번에는 편집국 직원들이 모사謀事에 들어갔다. 편집국에서 실력 있는, 머지않아 간부가 될 인재들이 구 마산 어느 여관방 하나를 빌려 봉급인상 투쟁의 모의에 나선 것이다.

회사에선 이들의 요구에 대해 강경한 입장이었다. 노조원들도 아닌 평직원들이어서 회사는 그 요구를 쉽게 들어줄 리가 만무했다. 이 중에는 평소 나를 따르는 실력 있는 직원들도 있어 나는 그들의 여관방을 찾아 설득에 나섰다. 한번 혼이 난 전력을 가진 나인지라 이번만은 이들을 설득해 없던 일로 만들려고 무던히도 노력했다.

그러나 회사는 주동자로 지목되는 한두 명을 해고하려고 했다. 나는 회사 중역들을 만나 이들의 사정을 이야기하고 선처를 건의하였으나 회사는 이를 허용치 않았다. 나는 재삼, 재사 이들의 구제를 위해 노력하였으나 결국 회사는 그러면 네가 나가라는 냉담한 반응을 보였다.

이번에도 역시 나 혼자만 희생되고 여기에 가담한 전 직원들은 원상복귀했다. 자신은 희생될 각오 없이 남이 해주길 바라는 얄팍한 젊은이들의 이해득실을, 나는 늦게나마 저울질할 수가 있었다. 참 한심했다.

"이들을 위해 내가……"

나 자신도 한심스러웠다. 이들 2, 3명은 회사의 고마움도 잊은 채 그 뒤 자기 갈 데로 가버렸다고 들었다. 나는 이 때문에 또 집에서 1년 2개월의 허송세월을 보내야 했다. 아내와 자식들에게 얼굴을 들 수 없었을 뿐 아니라 혼자이신 어머님께 큰 불효를 저지른 것이 가슴 아팠다.

1년 2개월 만에 회사에서 또 연락이 와 내일부터 당장 출근하라는 것이다. 이게 어떻게 된 영문인가? 나에게 또 이런 행운이 오다니. 정말 정말 하늘을 날고 싶은 기분이었다. 이때도 역시 사장이 바뀌고 새 경영진이 들어온 뒤였다. 두 번에 걸친 봉급 파동과 희생에도 두 번 다 새로운 기회를 얻었으니 운명치곤 희한했다.

그뒤 편집국장, 판매국장, 기획실장 등을 역임했으니 일선기자 출신으로선 요직을 두루 거친 셈이다. 물론 그 뒤의 나의 언론생활도 파란곡절이 없었던 것은 아니지만 행운을 계속 붙잡게 된 것은 나의 주위, 즉 나를 키우고 감싸주신 분들의 덕택으로 오래도록 감사 드리고 있다.

나는 이 항목에서 용기와 만용이라는 것을 심각하게 생각하게 되었다. 앞의 출판노조와의 관계에선 무리와 억지가 없지 않았지만 용기가 뒷받침되었다. 만약 그때 출판노조의 친한 직원들의 권유를 뿌리쳤다면 누군가 다른 사람이 희생되거나 상황이 더 악화 일로를 걷게 되어 나는 비겁자가 되었을 것이다. 내가 나서야겠다는 용기가 나를 뒷받침한 것이다. 그런대로 순수했다고 볼 수 있다.

그렇지만 두 번째의 경우는 만용이고 소영웅 심리 같은 것이 작용했을 것이다. 아니면 천치 바보다. 그렇게 고생했는데 또 그런 우를 범하니 어떻게 생활인으로서 자격을 상실했다고 하지 않을 수 있겠느냐? 이는 회사에 대한 의리 문제도 있지만 가족에 대한 지극히 무책임한 행동이었다.

사랑하는 나의 아들들아!

직장생활을 하면서, 사회생활을 하면서 용기와 만용을 뚜렷이 구별해야 한다. 내가 다수의 가치를 위해 다수의 복리 증진을 위해 공헌할 기회가 주어진다면 과감히 용기를 내어 헌신하는데 주저하지 말 것이다. 단 내가 뛰어드는데 있어 그 구성분자들의 면모를 보아 내가 희생할 가치가 있는지 없는지 분석하고 심사숙고해야 한다. 희생할 가치가 엿보이지 않는다면 어떤 모험도 해서는 안된다. 모순된 말 같지만 용기란 함부로 발휘하는 것이 아니라는 것을 강조한다.

큰아이가 정권이 바뀐 뒤 구조조정 때문에 자신이 인사담당자라는 직책 탓으로 솔선해서 사임을 했다는 것은 신중치 못한 일로 나의 가슴을 아프게 했다. 나와 사전 의논을 하든지 아니면 주윗분들로부터 자문을 구하든지 해서 처신을 해야지, 장차 책임질 자리를 앞두고 물러났다는 것은 가족으로선 매우 가슴 아픈 일이 아닐 수 없다. 사임 소식과 그 내용도 내가 아는 분이 일러주어서 알았는데 그 상황에 그런 용기는, 글쎄올시다.

아들들아!

어떤 경우에도 이 못난 애비처럼 만용일랑 부리지 마라. 만용은 조직원 모두에게 해가 되고 본인에게도 이롭지 못한 아주 무지한 행동이다. 사고思考는 인간이 갖는 가장 신중한 심리 작용이다. 매사에 두번 세번 생각하는 신중함을 잃지 말지어다.

다시 한번 "희생할 가치가 있는 바탕 위에서만 희생의 의미가 있다."는 말을 명심하기 바란다.

《경남매일》 사장 재임 시절
1990년도 미스 경남의 방문을 받고

3

세 • 번 • 째 • 이 • 야 • 기

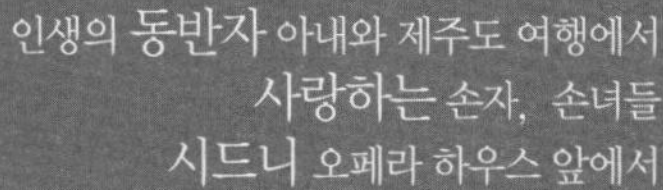

인생의 동반자 아내와 제주도 여행에서
사랑하는 손자, 손녀들
시드니 오페라 하우스 앞에서

결혼 주례와 나

결혼 전에는 두 눈을 커다랗게 뜨고 보라. 결혼 후에는 한쪽 눈을 감아라. —T.플러

결혼의 성공은 적당한 짝을 찾기보다는 적당한 짝이 되는데 있다. —텐드우드

내가 결혼 주례를 처음 맡았던 것은 신문사 편집국장이 된 얼마 뒤(40세)였다. 신랑 신부는 오동동 동장을 끝으로 공직에서 정년퇴임한 이상수 군 부부였다. 상남2동에 살 때인데 산호동·상남동에 거주하면서 대체로 친하게 지내는 사람들끼리 상포계喪布契를 만들었다. 초상初喪을 당하면 상주를 위해 물심양면으로 도우며 상여喪輿까지 메어야 한다. 묘지까지 상여를 메는데 대개의 경우 마산 최대 번화가인 창동을 거쳐서 간다.

나는 내 직업 관계로 이 초상계로부터 한 번도 혜택을 받지 못하고 중도에 떠나야 했다. 그때는 이 초상계가 거의 유행이었고 부모님을 모

만40세에 처음한 결혼 주례 |

시고 있는 사람에게는 당연한 일로 치부되었다.

왜 격에 어울리지 않게 결혼 주례 얘기에 초상이 등장하느냐고 의문이 제기되겠지만, 이 신랑 이李군이 우리 상포계의 총무를 담당하고 있었기 때문이다. 계모임에서 나와 각별한 사이로 형, 동생하고 지내며 언제나 내가 의논의 대상이 되었다.

어느 날 결혼을 한다기에 "그럼 주례는 내가 맡지."하고 장담해 버렸다. 이군도 그렇게 해주기를 바라고 있었다. 그런데 문제는 한 번도 경험이 없는 사람이 어떻게 주례를 맡느냐는 것이었다. 아마 한 달 전부터 내용을 만들어 열심히 외우고 연습을 한 것으로 기억된다.

결혼식은 신부의 집인 김해군 진영읍에 있는 어느 공회당에서 치러졌다. 한달 가량 연습하고 외웠지만 목소리는 떨리고 말의 순서를 지키느라 진땀을 뺐다. 신랑 신부보다 오히려 주례가 더 긴장했으니 가관이 아니었겠는가? 겨우 겨우 준비해간 소리는 다했지만 내 혼을 빼는 순간이었다.

'아, 주례는 아무나 하는 것이 아니구나' 라는 후회가 덮쳐왔다. 대충 기억하기로는 역지사지易地思之론을 펴며 "신랑은 언제나 신부의 입장에서, 신부도 언제나 신랑의 입장에서 서로 생각해 봐야 하며 오늘부터 신랑 신부는 각각 한쪽 눈을 감아서 신랑은 신부의 눈으로, 신부는 신랑의 눈으로 상대를 볼 줄 알아야 한다. 어떤 경우에도 나 혼자만의 주장이라든지 고집을 부려서는 안되며 일방통행이 되었을 때는 소리가 나며 가정의 평화를 도모할 수 없다. 세상을 살아나가 보아라. 반드시 기쁘고 즐겁고 행복한 시간만 있는 것이 아니라 괴롭고 짜증나고 슬프고 외롭고 어쩌면 인생이란 어려운 시간이 더 많을 줄 모른다. 그때마다 내 아내를 위해서 내 남편을 위해서 서로 무엇을 해줄 것인가를 깊이 생각하여 사랑을 표해야 한다. 불가에선 '결혼은 이해의 극치'라고 했다. 인격의학의 창시자인 스위스의 폴 토우르니에 박사는 결혼은 항상 이해를 전제로 한다고 강조했다."고 말해 주었다.

이어서 "또 이해理解는 두 분에게 국한된 것이 아니고 주위에 많은 분들이 계시는데 특히 낳고 길러서 공부시켜서 사회에 진출시켜 오늘의 이 성스러운 순간까지 만들어주신 부모님을 항상 생각하고 섬기며 한달에 한두 번쯤은 더 정성스럽게 모시며, 거리가 멀어서 직접 모시지 못할 때에는 존경과 사랑을 듬뿍 담아서 글월을 올리거나 전화를 드려야 한다. 우리 주위에 부모를 잘 모시는 분이 마음이 평화로워 직장일이나 사업에 전력투구하는 것을 나는 보아왔다."고 효심을 강조했다.

마지막으로 "오늘 출범하는 두 분의 가정에 시민정신을 곱게 꽃피워라. 앞으로 귀여운 애기가 태어났을 때 아주 어릴 적부터 어떤 경우에도 남에게 폐해가 되지 않고 남을 배려하는 사람으로 키워야 한다. 이런 가정을 이룰 때 두 분은 서로의 행복을 위해 희생, 헌신, 공헌 등의 책임의식을 키워 나가게 되며, 그 사이 두 분이 소망하는 아름다운 사랑이 꽃필 것이다."라고 마무리했다.

이 첫 주례의 소문이 어떻게 번졌는지 내 직장(편집국장 재임시)의 노총각들이 결혼만 하면 나를 주례로 앞세우곤 하여 이를 시작으로 친구, 동네, 친지들의 요청이 이어져 주말이면 결혼식장 다니느라고 쉴 새가 없었다. 그래서 괄시 못할 가까운 사이가 아니면 핑계를 대고 사양했다. 물론 섭섭하게 여기는 사람들도 있었을 것이다. 특히 나이 들어서는 아내의 만류가 심해 삼가하고 있다. 아내는 '주례도 젊은 사람에게 맡겨야 한다'는 것이다.

그동안 1년에 많게는 열 번, 적게는 네댓 번 정도는 되었다. 일흔 중반부터는 부탁도 줄었지만 거의 사양하고 있다. 첫 주례를 맡은 이상수 군은 이제 예순을 넘어 아들 둘, 딸 하나의 자녀를 두었으며 큰아들은 지방법원에서 요직을, 작은아들은 생명공학 전공으로 미국대학에 초청되어 연구 중인 준재이며, 딸도 결혼해서 부부가 다 같이 직장을 갖고 있다. 이군은 친구들로부터 '자식 농사를 잘 지은 사람'으로 부러움을 사고, 손자들 보는 재미도 쏠쏠하다고 한다.

이 인연은 묘하게 전개되어 그의 친구인 김종배 군(3·15기념사업회 3대 회장), 심용보 사장(사업가) 이렇게 세 분과 한 달에 한번 날을 정해 점심을 같이하며 정겨운 시간을 보내고 있다. 벌써 3년째가 넘었다. 이 밖에도 나는 까맣게 잊고 있었는데 내가 주례했다고 찾아오는 이가 가끔 있어 보람을 느낀다.

그런데 여기서 빼놓을 수 없는 나의 큰 실수 하나를 고백하지 않을 수 없다. 같은 직장에서 국장 한 분의 아들 결혼식 주례를 약속하고선 당일 시간을 오후 1시에서 오후 2시로 착각하는 바람에 결혼식이 막 끝난 직후에 도착했다. 다행히 주례는 하객 중 교장선생님을 지낸 친척 한 분이 대신했으나 혼주를 대할 면목이 없었으며 그후 가끔 길에서 만나도 미안해 쩔쩔 맨다. 참 죄송했다.

사랑하는 나의 아들들아!

원래 주례는 연고덕고年高德高한 분이 맡았어야 했는데 나 같은 사람이 남의 혼사를 집례했다는 것은 좀 민망한 생각이 든다. 한 5, 6년 전부터 나의 주례사는 앞에서 말한 것 이외 조금 덧붙인 것이 있다.

그 요지를 말하면 "신랑 신부는 생활 가운데 서로를 성공시켜 주어야 한다. 신랑 신부는 낭만적인 분위기를 이뤄 대화를 통해 상대가 무엇을 원하고 목표가 무엇인지 무엇을 성공하고 싶은가를 알아내어 그 성공을 위해 가능한 모든 방법으로 도와야 한다. 성공이란 말은 남자의 전유물이 아니다. 여성도 똑같이 성공하고 싶어 한다. 어쩌면 남성보다 더 강렬한지 모르겠다. 비록 전공이 달라도 이해할 만큼 상대의 전공을 알아야 하고 또 협력을 사랑만큼 진하게 바라야 한다."는 것이다.

이것은 내 가족, 내 아들, 내 며느리, 내 손자들에게도 빠짐없이 해당되는 권언이다. 부부는 서로를 성공시키기 위해 가능하고 필요한 모든 노력을 기울였을 때 그 가정은 웃음이 넘치고 행복이 늘 같이하게 될 것이라는 나의 확신이다.

3·15의거와 나

단결과 땀과 희생을 배경으로 한 민주주의는 인류 역사상 가장 강력한 사상이다. —R.E.버드(미국의 극지 탐험가)

민주주의가 빠지기 쉬운 최대의 위험은 인민의 총명이 아니라 그 지도자들이 인민의 총명을 과소평가하는 경향이다.
—B.A.W.러셀(영국의 철학자 · 평론가)

이 나라 민주주의 길을 안내하며 초석을 깐 마산 3 · 15의거는 세계가 주목한 이 나라의 역사적인 사건일 뿐 아니라 내 개인에게 있어서도 가장 감동적이고 가장 감명 깊었던 민주주의 교육 현장이었다.

나는 당시 《부산일보》 마산특파원으로 마산의거를 취재했다. 그때 《부산일보》 편집국을 마산에 옮기다시피 하여(다른 일간지도 거의가 마산에 취재본부를 차렸다) 집중적인 보도를 했다.

자유당 일당 독재에 의하여 공공연히 부정선거를 저질렀던 당시의

참담한 상황을 취재하던 나는 젊은 혈기(당시 28세) 탓인지, 혹은 1세기에 한번 있을까 말까한 민주주의 역사상 세계적인 사건이란 의미에서인지, 아니면 그 부정선거가 너무나 악랄한 탓이었던지 나는 시위군중과 마찬가지로 흥분하여 규탄의 열熱을 좀처럼 삭이지 못하고 있었다. 시위대의 한 명인지 취재기자인지 분간을 못할 정도로 격분해 있었다. 나중에서야 '이래서는 안된다' 는 냉정을 되찾아 취재에 임하긴 했지만 그 열기는 쉽게 가라앉지 않았다.

의거의 발원지인 오동동에서 아침 9시부터 불종거리, 남성동, 부림시장 입구, 북마산, 자산동, 시청이 있던 중앙동 등 정신없이 뛰어다니며 현장을 답사해서 그대로 지면에 옮겼다.

당시 중앙동에 있던 《부산일보》 마산지사와 마산중부경찰서 옆에 있던 송포여관을 취재본부로 삼고 수시로 지시를 받아가며 취재에 열중했다. 그 다음 날인가. 송포여관에서 본사 취재진과 같이 아침을 드는 자리에서 편집국장님께서 "이 기자, 그날(3 · 15)의 현장을 시리즈로 엮어라."는 벼락 지시를 내렸다.

나는 아침상의 그릇을 방바닥에 내려놓고 대신 원고지를 밥상에 차려 그날의 목격기를 써 내려갔다. 아마 3 · 15 연재물로서는 내가 제일 먼저라고 기억된다. 어쨌든 3 · 15는 나의 기자생활에 대표적인 그리고 영원히 잊을 수 없는 너무나도 가슴 아픈 큰 사건이었다. 그러면서 이런 민주 의거를 취재한 행운아라는 느낌을, 그리고 자랑스러움을 못내 안으로 잠재우면서 살아왔다.

그로부터 33년의 세월이 흐른 1993년 초 내가 창원상공회의소 상근부회장으로 재직하고 있을 당시 고교 후배이며 의거 부상자였던 시인 변승기 씨가 내 사무실로 찾아왔다. 방문 목적은 3 · 15의거기념사업회를 만들자는 제의였다. 가뜩이나 3 · 15의거에 대한 민간 수준의 후속 조치가 없어 찜찜했던 나의 생각을 정곡으로 찌른 듯한 이 발언에 나는 흠칫 반기며 그의 주장에 귀를 기울였다.

그는 설명을 끝내고 나더러 창립준비위원장을 맡아달라고 했다. 나는 준비위원에 흔쾌히 참여하겠지만 직장에 매인 몸이라 장長 자리를 맡기는 곤란하다고 사양했다. 그로부터 며칠 뒤 연락이 왔는데 창립준비위원회의 첫 모임을 강삼재 의원 사무실(양덕동)에서 연다고 했다.

그날 참석해 보니 이양수(부상자) 씨, 강주성 씨, 변승기 씨, 안홍준 씨 등 낯익은 얼굴들이 보였다. 강삼재 전 의원이 배후에서 이 모임을 주선한 것으로 파악되었다. 당시 나의 입장에선 강 의원의 '당연하다. 늦었지만 어쩔 수 없는 일이 아닌가' 라는 마음을 느꼈으며, 한편으로 고마운 생각까지 일었다.

이 나라 민주역사에 가장 중요하게, 가장 크게 기록되어야 할 3 · 15의거기념사업 하나 챙기지 못한 나를 비롯한 모든 분들에겐 얼굴을 들지 못할 부끄러움이었다. 군사정권을 비롯한 역대 정권들의 경원과 무관심 속에서 방치되다시피 했지만 이 고장에 사는 우리 모두의 책임은 없었던 것인지 자문해 볼 문제였다.

이날(강 의원 사무실에서의 모임) 나의 고사에도 불구하고 주선한 분들의 각본대로 내가 창립준비위원장에 뽑혔다. 너무 분에 넘치는 자리여서 예의상 사양을 했지만 한편으론 아주 영광스럽기도 했다. 그리하여 나는 그해 3월 창립총회에서 초대회장으로 추대되어 더없는 영광을 내 가문에 남겼다.

유 · 무능은 차치하고 민주성지에서 숨쉬고 사는 한 사람으로서 어찌 가문의 자랑이 아닐쏘냐. 우리는 그달 3월 15일 오전 마산종합운동

제34주년 3·15의거 기념일 행사에서
기념사를 하고 있는 모습

실내체육관에서 처음으로 민民이 주최가 된 3 · 15의거기념식을 성대히 열 수가 있었다.

당시의 주역들은 물론 시민, 학생, 각계 지도층 인사들이 총망라한 가운데 기념식을 성대히 거행하였다. 나는 이날 유일하게 한복을 입고 대회사의 첫머리에서 '의거 영령들의 명복을 빌고 이 민간 주도의 기념식을 의거 영령들에게 바친다'고 두 손을 모았다. 이날 행사장의 추모의 정과 그 열기를 일흔일곱이 된 지금도 잊지 못하고 있다. 여러 사업 추진의 기초를 마련하면서 1년 6개월 뒤에 나는 3 · 15의거기념사업회 회장직을 사임했다.

나를 아끼는 분들은 힘들더라도 임기를 채우라고 만류하기도 했지만 나의 처지가 이 일을 감내하기가 어려웠다. 직장에 매인 몸이라는 사정을 비롯해 장長으로서의 채비를 하나도 갖추지 못한 것이 사임의 이유였다. 내심, 품위 유지를 위한 뒷받침과 교통편의쯤은 장長으로서의 기본이 아닐까?

어떻든 사업회에 관계된 분들과 관심 있는 분들께는 참 미안한 일이었다. 이렇다 할 실적 하나 없이 떠나려니 내 마음이 편할 리는 없었다. 다만 지금도 아쉽게 생각하는 것은 3 · 15기념행사를 거시적인 추모내용과 함께 온 시민의 깊은 관심과 참여 아래 거행하지 못한 점이다.

3 · 15기념행사가 온 시민의 행사로 몇날 며칠을 온 시가 추모와 자랑스러운 감동과 감격의 날로 뒤덮여야 한다는 것이 변함없는 나의 바람이다. 온 시가가 감격의 물결로 흐를 때 시민의 자긍심과 이 나라 민주주의의 기반은 더욱 다져지는 것이다.

시와 도와 정부가 스스로 적극적으로 마산3 · 15의거의 의미를 더 높일 줄 알았다면 정치가 이렇게 퇴보하고 썩지 않았을 것이며, 관官이 주인이 아닌 민民이 주인인 나라로 정착, 발전되지 않았을까라는 생각에 미친다. 이제라도 마산 시민은 누구라도 깊은 관심으로 자랑스러운 시민으로서의 자존심을 키워 나가야 하지 않을까. 우리 모두의 기대를 모으자고 강조하고 싶다.

사랑하는 나의 아들들, 며느리들, 손자들아!

우리가 개인적으로 아무리 어려운 살림을 하더라도 공개념, 공동체 의식, 공동선, 봉사, 사랑, 이바지, 감사, 배려란 말을 마음 한구석에 언제나 간직하자. 특히 의분義憤에 떨 줄 모르고 그 행동이 없으면 시민으로서의 자격 상실이다. 그리고 우리 가족은 순국선열의 후손들을 존경하고 마음 따뜻이 그분들을 대하여야 한다.

나는 3 · 15의거 49주년 기념행사장에서 나의 사상정립에 영향을 주신 백범 김구金九 선생님의 손자이신 김영 보훈처장(백범 선생님의 둘째 아드님이신 김신金信 장군님의 자제)을 뵙고 손 한번 잡은 것이 얼마나 영광스러웠던지 눈에 이슬이 맺혔었다. 정말 손을 씻고 싶지 않은 심정이었다.

아들들아!

1년에 한두 번쯤은 각각의 가족들과 더불어 3 · 15의거 영령들을 모신 국립묘지를 참배하는 것이 의무라고 일러두고 싶다. 그리고 아이들의 혼사가 있을 때에는 결혼식 전후, 반드시 3 · 15묘지를 참배하기 바란다. 손자들의 결혼식이 있을 쯤에는 내가 이승에 없겠지만 우리 가문의 전통으로 삼길 간곡히 부탁한다.

의義를 알면 반드시 희생만 있는 것이 아니고 모든 어려움을 극복하는 힘이 되어준다는 것을 명심하길 거듭 바란다.

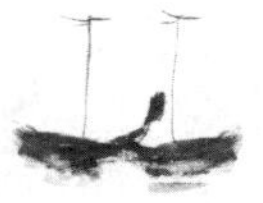

공헌활동 참여

다른 사람들의 행복을 돌볼수록 우리의 행복감도 그만큼 커진다.
—달라이 라마(티베트 라마교 법왕)

다른 사람들에게 최대로 좋은 생각을 안겨주는 사람이 바로 가장 위대한 사람이다.
—사무엘 버틀러(영국의 시인)

행복한 사람이 되는 길은 다른 사람들을 행복한 사람으로 만드는 것이다.
—랄프 잉거솔

나는 언론인 출신이기 때문에 정당이나 사회단체에 가입하는 것을 꺼려 왔다. 어느 해 선거 때 정당에서 경남도당 선거 중책을 맡아 달라고 여 · 야에서 요청이 왔지만 거절했다. 선거 때만 되면 간혹 있는 일로 사람을 난처하게 만든다.

한 번은 지방자치단체장에 출마한 어느 분의 집요한 부탁에 그만 승낙했다가 큰 오점을 남겼다. 또 한 번은 평소 친한 어느 교수의 부탁으로 시민단체(?) 고문을 승낙했다. 그 단체의 임원 명단이 발표되자 가까운 분들이 놀라 전화로 어떻게 된 것이냐며 항의 조의 질문을 해왔다.

제대로 답도 못하고 알아보았더니 우파를 대변하는 단체라는 것이다.

나는 즉시 그 교수에게 연락하여 없던 것으로 해달라고 하여 간신히 벗어날 수 있었다. 심사숙고하지 못한 경솔을 크게 뉘우쳤다. 그런데 꼭 내가 들어가야 할 자리가 생기면 거절하지 않는다. 그 한 예가 향토 출신 독립투사이신 허당 명도석 선생님의 기념사업회이다.

내가 지방 언론사 대표로 있을 때 그분의 장손인 명인호(사업가) 씨가 찾아와 기념사업회 설립 의향을 밝히며 내 반응을 살폈다. 나는 만시지탄의 느낌이 없지 않고 그것도 우리 같은 처지의 사람들이 진작 서둘러야 하는데 부끄럽다고 내 민망한 마음을 전했다.

"자— 우리 서둘러서 추진합시다. 여기에는 언론인이며 향토사학자인 홍중조 선생이 중추적 역할을 해야 한다."라고 추천했다. 이후 명인호 씨와 홍중조 선생의 바쁜 걸음으로 기념사업회 위원이 구성되고 그 사업에 돌입하게 되었다. 위원은 존경받는 각계의 대표로 위원장은 스스로 독립운동을 하신 정수학 선생님이 추대되었다. 영광스럽게도 나도 위원의 한 사람으로서 끼일 수 있었다.

독립운동가는 국민의 섬김과 받듦을 받고 그 유족들은 정부와 국민의 존경 속에서 행복하게 살아야 한다는 것이 나의 평소의 주장이다. 나라와 겨레가 어려울 때 일신의 모든 것을 희생하여 바치신 그분들을 섬기지 않으면 누가 나라를 위해 몸 바치겠느냐? 그 유족들은 보훈처에서 도움을 주고 있다고는 하나 그분들의 희생에 비해 너무나 빈약한 것이 아니냐고 반문하고 싶다.

많은 유족들이 어렵게 살고 있다고 전해지고 있다. 어떻든 허당 선생님의 경우는 그 장손 명인호 씨의 효성 어린 정성으로 기념사업회의 빛을 보고 있다. 또 위원이신 모든 분들의 열성도 대단하다. 우리는 이

기념사업회를 이끌어 갈 차세대를 물색 중에 있다.

또 하나로 '정의로운 사회를 위한 마산시민연합'의 고문 수락이다. 지금은 국회의원으로 정치 일선에서 뛰고 있지만 당시 산부인과 의사로서 시민운동을 펴고 있던 안홍준 선생이 찾아와(1999년) 이 시민단체의 고문직을 맡아달라고 부탁했다. 정의사회 구현을 위한 단체로 고문에는 박정일 주교님(가톨릭 경남교구청), 지안 큰스님(당시 정법사 주지 스님, 지금은 조계종 승가대학원장), 개신교협의회 대표 목사님, 원불교 경남교구청 대표님, 故 문신 선생님, 경남대학교 조영건 교수님, 이 밖에도 몇 분이 더 계신다.

나는 그 당시 마산 3·15의거기념사업회 회장 자격으로 참여했다. 우리는 한 달에 한 번씩 돌아가면서 저녁식사를 겸한 고문회의를 가졌는데 가톨릭 경남교구청, 정법사, 대표 목사님의 교회, 원불교 경남교구청(상남동), 내 차례일 때는 시청 안의 3·15기념사업회 사무실 등에서 열었다. 문신文信 선생님 댁에서도 회의를 가졌는데 이 고문회의는 그때그때 사회의 중요한 이슈가 있을 때 사무국으로부터 보고를 받고 입장을 밝힌 것으로 기억된다. 이 지역사회에 아주 유익한 활동이었다고 자부한다. 현재는 안홍준 의원의 국회 진출로 그 활동이 잠시 멎었다.

또 하나의 일은 목발 김형윤 선생님 기념사업회 공동대표다. 원 대표는 유원산업(주) 회장 등을 역임하신 최재섭 회장님이신데 주위에서 나를 떠밀어 같이 공동대표로 추대되었다.

김형윤 선생님은 내가 모시고 있었던 사장님(《마산일보》 대표이사)으로 일정 때 항일운동, 아나키스트anarchist, 언론인 생활 등 경남에서 존경받는 어른이셨다. 부끄럽게도 내세울 만한 추모사업 하나 못하고 매년 8월 기일이 되면 그를 따르던 몇 분과 더불어 용마산(산호공원) 정

| 故 김형윤 사장님 추모비 앞에서

상의 추모비 앞에서 간소한 제례를 지내드리는 정도이다.

이때가 되면 서울에 사는 따님 가족이 찾아와 같이 고인을 기린다. 몇 년 전부터는 경남신문사에서 해마다 추모비 앞에서 추모행사를 갖는다. 우리 모임은 모임대로 해마다 추모의 날을 가질 것이다.

● 1981년 6월에는 평화통일정책자문회의 위원으로 위촉(대통령)되어 통일공부를 하기도 했다.

● 1982년 3월엔 범민족올림픽추진위원으로 위촉되어 감격의 순간을 갖기도 했다.

● 1984년 6월 21일 마산교도소 독지방문 방문위원으로 위촉(법무부장관)되어 86년 6월 21일까지 교도소의 요청이 있을 때마다 교화 강의를 했다. 나 자신도 출중出衆치 못한 주제에 무슨 교화냐고 사양했지만 봉사라는 의미가 더 강하다는 권유에 나름대로 열심히 노력했다. 남에게 강의한다는 것은 나 자신에 대한 공부요, 돌이켜봄이다.

● 1990년엔 경상남도체육회 부회장의 한 사람으로 추대되어 체육

회에 관한 중요성을 알게 되었다.

● 2001년 마산성호초등학교 총동창회 회장으로서 마산성호개교 100주년기념행사 추진위원장으로서 또 기념행사 대회장으로서 미력하나마 심부름할 수 있어서 아주 감격스러웠다.

● 또 하나의 감격은 2006년인가 정법사가 운영하는 마산대자유치원(이사장 호암 지태 큰스님) 80주년 기념사업추진위원장과 행사의 대회장을 맡은 일이다. 능력이 없어 큰 이바지함은 없었지만 이 유치원 졸업자로서 나름대로의 성의를 다한 것은 나에게 오랫동안 기념될 것이다.

● 1998년 10월에 도산 안창호 선생 기념사업회에서 '도산 안창호 선생 탄신 120주년 기념행사위원회 행사위원' 으로 추대되었다는 위촉장을 받고 영광스러운 마음을 가누지 못했다.

● 그밖에도 여러 기관 단체의 고문, 행사위원 혹은 위원장으로 위촉받은 일이 있으나 그 활동은 미미해 내세울 것이 없다.

사랑하는 나의 아들들아!

내가 앞에서 열거한 것들은 자랑에서가 아니라 나라와 사회를 위해 봉사할 기회가 생기면 성심껏 이바지해야 된다는 의미에서이다. 나는 내 능력이 미치지 못하면 사양했고 설사 승낙했더라도 힘이 달리면 중도에서 물러났다. 자리를 준다고 덜렁 받아놓고 여건이 안되어 임기를 남겨놓고 중간에서 물러난 못난이 경험이 있다. 뼈아픈 일이었다.

아끼는 내 자식들, 손자들!

생업에 전념하면서도 우리 사회를 위한 일에 기회가 주어진다면 이바지함을 책무責務로 여길 것이다. 단 여건이나 능력이 미치지 못하면

책임 자리는 기어코 사양할 것이다. 그렇지만 내 힘으로 할 수 있는 봉사는 아름다운 것이고 행복이다. 봉사 없는 인생은 반 조각 인생으로 아무런 의미가 없다. 봉사만은 여유에서 오는 것이 아니고 내 정성이 가름한다. 부디 명심해서 봉사의 순간 순간을 값지게 쌓아라.

친목 모임

행복한 삶이란 즐겁게 사는 것이 기본이며, 살기 위해서는 배워야 하고 일해야 하고 사회와 관계를 가져야 하며 이 세 가지는 꼭 하지 않으면 안된다. —스마나 시라 스님(스리랑카)

우리의 사교社交마당에서 빼놓을 수 없는 것이 친목 모임이다. 친한 사람들끼리(친구, 이웃, 직장, 취미, 친족, 학교 동문 또는 동기생) 한 달에 한 번 혹은 두 달에 한 번씩 정기 모임을 갖고 친목을 도모하며 상부상조에 힘쓴다.

회원의 경사慶事나 궂은일에는 전 회원이 참여하여 기쁨과 슬픔을 나눈다. 사회의 어느 계층이든 한두 군데 이상의 모임에 가입하고 있고 너무 많아 줄이는 분도 요즘은 더러 있다. 시간 관계도 있지만 회비의 부담 때문에 아쉽지만 회會를 떠나기도 한다. 사람들의 관찰에 따라 다르겠지만 나는 이 친목 모임을 바람직하다고 보고 있다. 물론 도를 넘는 모임은 삼가해야 한다.

● 여선회與善會

나는 여선회與善會란 모임의 회원 중의 한 사람이다. 10여 년 된 이 모임은 초등학교 교장선생님 출신 세 분(원래 네 분이었는데 한 분은 작고하였음), 중등학교 교장선생님 역임하신 두 분, 도교육위원회의 장을 지내신 한 분, 고위 지방행정직 출신 한 분, 건축사 및 대학강사 한분, 언론사 주필을 지내신 한 분, 지방건설회사 부회장 등 중소기업의 요직을 지내신 한 분, 문화원 부원장이신 여성지도자 한 분, 이렇게 열 분 속에 내가 끼어 있다. 모두가 해당 분야뿐 아니라 사회에서 존경받는 분들이다.

공직의 한 분은 청렴공무원으로 이름이 나 있는 분이다. 이 모임은 회명會名 그대로 우리 사회에 도움이 되는 일을 찾아서 하자는 슬로건slogan을 갖고 있다. 거의가 여유가 없으면서도 회의 목적 수행을 위해 비싼(?) 회비를 내고 있다.

매월 한 번씩 저녁에 모이는데 건강, 사회 이슈, 교육, 공동선共同善, 유머 등 갖가지 화제로 유익한 시간을 보낸다. 가급적 어둡거나 무거운 얘길랑 피하고 웃음의 분위기를 만든다. 보람된 일을 하자는 제의가 있으면 토의 끝에 실천에 옮긴다. 나도 이 모임에서 많은 것을 배워 인생길에 참고한다.

옛 성현의 말씀에 "봉생마중蓬生麻中 불부이직不扶而直"이라 했듯이 쑥이 삼밭에서 크면 누가 도와주지 않아도 곧게 자란다. 매회 시간마다 사람 사는 법을 배운다. 때문에 나는 회원님들께 늘 감사하고 있다.

● 석류회石榴會

내가 일찍부터 따르고 있는 고위 공직 출신 H씨를 중심으로 초등교장 출신 한 분, 지방언론사 이사 출신 한 분, 상공단체 사무국장 출신 한 분, 지적공사 간부 출신 한 분, 대학교수 한 분, 시의원을 지내신 한 분, 나까지 8명인데 호형호제하는 사이로 매달 점심 때 모여 정담을 나누고 있다. 이따금씩 먼 길 여행도 한다. 상부상조 정신이 철저하고 예의가 우리를 지탱해 주고 있다. 역시 고마운 모임이다.

● 오동동 울타리회

오동동 울타리회 회원들과 야유회 |

내가 상남2동에 살 때 만들어진 친목 모임이다. 전에 오동동에 살았기 때문에 이 모임의 창립 멤버가 될 수 있었는데, 역시 나이에 따라 형, 아우하면서 정을 나누었다. 일년에 두번 정도 부부 동반으로 1박 2일 여행을 하기도 했으며 총회 때도 부인들이 동행했다. 부부가 같이 모일 때에는 부인들 위하는데 신경을 많이 썼다. 20여 명으로 30년 역사를 지녔는데 고인이 된 분들, 이사 간 분들, 창립회원들의 노쇠老衰 등으로 2008년 초에 해산되었다. 지금도 가끔 더 정겨웠던 회원들로부터 전화 안부가 오거나 점심을 같이할 때가 있어 지난 시간들을 아쉬워한다.

● 불종회

불종거리 이름을 딴 모임이다. 이 고장 출신들로 이른바 '의리의 사나이들' 모임으로 정情이 남다르고 선후배 의식이 철저했다. 고인이 되셨지만 칠원종고의 서무과장이었던 김헌수 군이 어느 날 나를 찾아와서 이 친목 모임의 고문을 맡아 달라고 하여 흔쾌히 승낙했다. 당시 김 군은 불종회 사무실도 만들어 회원들 간의 유대를 더욱 공고히 했다. 나는 이 모임에 두서너 번 참석하여 격려했는데 이들은 깍듯이 선배로 대접하여 내가 몸둘 바를 몰랐었다.

이들은 봉사활동에도 나서고 모범적인 모임으로 발전시키겠다고 김헌수 초대회장은 그 포부를 밝히기도 했다. 김 군이 와병 중일 때 내가 소식을 듣고 북마산파출소 앞 자택을 찾았을 때 "아이구 형님 어떻게 알고 오셨습니까?"라고 말하며 반겼다.

그 얼마 후 김 군은 세상을 떠났다(故 김헌수 군의 명복일 빈다). 나는 이 인연으로 이들 회원들의 자제 분들 결혼식 주례를 다섯 번이나 맡았었다. 요즘의 동정動靜은 모르고 있으나 불종거리에서 간혹 이들 회원을 만나면 그렇게 반가울 수가 없다. 이 의리의 사나이들 다 행복할 것이다.

● 초등학교(마산성호) 동기생 중 마음이 있어 모임이 된 **3 · 9친목회**가 있다. 39회 졸업생들인데 고인이 되거나 와병 중인 친구들을 빼고는 7명에 불과하다. 여자 친구도 두 명이 있어 모임을 부드럽게 만들고 있으며 그중에 한 친구는 맛있는 음식을 만들어 와 전원을 즐겁게 해주고 있다. 정말 만만해 허물없는 소리로 좌중이 웃음보를 터뜨리기 일쑤다. 우리는 보다 더 천진난만하기를 바란다.

● 나는 **용마고 27회** 모임에도 참가하고 있다. 매월 30여 명 모이지만 70대 후반이 대부분이며 80에 입문한 친구도 있다. 모임은 건강에 관한 얘기들에 관심이 집중되며 서로 도움되는 건강정보들이 자연스레 교환된다. 때로는 우리들 노년의 격을 높이는 지혜로운 시간이 흐른다. 무엇보다 중요한 것은 한 달에 한 번씩의 이 만남이 우정을 두텁게 하며 모교에 대한 높은 긍지를 보여 주고 있다는 점이다. 이 모임을 이끄는 회장이 다달이 우리들에게 도움되는 절실한 새소식들을 전해주어 한층 분위기를 돋운다.

나는 이 밖에도 몇 개의 친목 모임에 들었으나 마지막 현직(언론사)에서 물러날 때 섭섭했지만 정리하고 탈회했다. 물론 경제적인 이유도 컸지만 수술 이후 밤에 나가는 것이 자연 꺼려졌다.

사랑하는 내 아들들!

자네들도 어떤 성격의 것이든 한두 개 이상의 친목 모임에 가입하고 있는 줄 안다. 한 달에 한 번씩이라도 친한 사람들끼리 만나서 터놓고 얘기하면서 서로 격려하며 도움말 주고받는다는 것은 삶에 있어 하나의 지혜이다. 생활에 필요한 좋은 정보라든지 의사소통은 스트레스 해소와 우정을 쌓는데 좋은 첩경이 될 수도 있다.

단 주의할 점도 없지 않다. 어느 모임이든 어느 좌석이든 혼자서 떠든다든지 말을 독점하는 것은 절대적으로 피해야 한다. 먼저 남의 말을 경청할 줄 알고 그 다음 내 소견을 간단명료하게 표현하는 것이 정도正道이다. 남의 말을 중간에서 가로채거나 쉼없이 늘어놓는 것은 예의에 어긋나도 보통 정도가 아니다.

남을 지루하게, 하품이 나오도록, 눈꺼풀이 무겁도록 만드는 것은 스스로 피하도록 유도하는 것이다. 또 무언거사는 좌석을 싱겁게 만들고 좋은 분위기 조성에 방해가 된다. 결례가 되지 않는 범위 내에서 자기 소신을 밝히고 좌석의 명랑화에 이바지해야 한다. 어떤 경우에도 너무 준비 없이 모임에 나가는 것은 멤버십을 포기하는 것과 같다.

삶의 질을 향상시키는 고급정보라든지 웃음거리 제공은 참 좋은 자세가 아닐까? 나는 데데한 데가 있어 지나치게 입을 다문 예가 많아 마치고 나면 후회하곤 했다. 모두가 공감할 좋은 소리를 내는 것은 그 모임을 위해서나 자신의 정신 건강을 위해서도 아주 유익하다는 것을 일러둔다. 나같이 무미건조한 사람이 되지 마라.

네·번·째·이·야·기 4

정상복 화백 작품전시장에서 여러 인사들과 함께
경남장애인단체총연합회 발전위원회 창립총회에서
고문 수락인사를 하고 있다.

못 잊는 인연, 감사하는 인연

> 지금 나는 세상사의 모든 애착을 버리고 가장 낮은 자세가 될 때 마음이 아주 비워지는 공空 상태일 때 가장 편안해진다. 또 지난날의 원한이나 증오가 하나 둘씩 잊혀지고 좋았던 일, 고마웠던 일만 기억에 새로워지고 있다. 한마디로 "모든 것은 은혜였습니다."일 뿐이다.
>
> —정의채 천주교 몬시뇰(교황 명예고위성직자)

나는 내 직업 탓인지, 혹은 사람 욕심이 많아서인지, 많은 분들을 만날 수 있었고, 사귈 수 있었다. 목표를 정해 저 사람과 꼭 사귀어야 한다는 경우는 거의 없고 그저 만났으니 연분을 깊게 해야 한다는 생각이 진한 것 같다.

물론 내가 공들인 분은 있고 상대가 공들여 가까이 다가온 분도 있다. 어떻든 나는 연緣을 중요시하는 것만은 틀림없다. 때문에 기쁨도 행복도 얻고, 반면 상처도 골병도 들었다. 마음을 상하게 해서는 안되겠다는 노력도 컸지만 마음에 들지 않는 일도 생겨(저질러) 서로가 마음 아파한 적도 부지기수이다.

그 만남들은 항상 희로애락을 동반한 그 삶 자체이면서 나에게 많은 가르침을 주었다. 부지불식간에 그 영향하는 바가 미치어 나의 세로世路에 참고서가 되어 주었다. 그래서 '만남' 이란 묘한 이치를 낳는다. 스승이 되어주는 분, 멘토가 되어주는 분, 모범이 되는 분, 우정을 심어주는 분, 사랑을 배우게 하는 분, 진리 앞에 고뇌하게 하는 분, 무식을 가슴 아프게 하는 분, 따르게 하는 분, 경계하게 만드는 분, 닮고 싶지 않은 분, 젊지만 나보다 천근만근의 무게를 가진 분 등 만나는 이마다 교훈을 준다.

사람마다 장단長短이 없지 않지만 상대에게 주는 이미지는 좋은 영향은 살이 되고 뼈가 되고, 나쁜 영향은 고개를 살래살래 흔들게 한다. 이 각양각색이 나쁜 의미든, 좋은 의미든 모두가 교훈이다.

인생(사람)은 이 교훈을 먹고 자란다. 독불장군은 없다. 누구든 영향받지 않고서는 살아갈 수가 없다. '조지 버튼 애덤스' 같은 분은 "자수성가한 사람이더라도 사실은 혼자 힘으로 성공한 것은 아니다. 다른 수천 명의 도움이 있었기에 그 자리에 설 수 있는 것이다. 작은 친절을 베풀어준 사람, 한마디 격려의 말을 건네준 사람… 모두가 우리 개인의 성격과 사고방식의 형성에, 그리고 성공으로 나아가는 길에 기여하였다."고 가르치고 있다. 나 같은 배경 없는 외돌톨이의 경우는 이 만남들이 한없이 은혜스럽고 신작로를 걷는 길이다. 그래서 '좋은 인연' 형성과 유지 발전에 나름대로 안간힘을 썼다 할 것이다. 상대의 의향意向에 따라 내 태도도 결정되지만 내 일방적인 관심 기울임이 거의 주류를 이루고 있음을 나이 들어 확인할 수가 있었다. 어떻든 다음 분들은 참 고마운 분들이다.

● 고 김수환 추기경님

성직자 앞에 서면 나 자신이 슬퍼진다. 할 말이 많은 것 같았는데 그 앞에 서면 말이 나오지 않고 어눌해진다. 고해성사나 참회할 일이 너무 많은 탓인지 모르겠다. 나는 고인이 되신 김수환 추기경을 단 한 번도 직접 뵌 적이 없다. 그런데도 그분이 좋아 존경해 왔다. 신문에 보도되는 그분의 말씀, 그분의 동정動靜 하나하나에 관심이 쏠리고 감동을 받았다.

특히 고인이 되신 후 전해진 '고맙습니다, 사랑하세요' 란 마지막 말씀은 나를 울리기까지 했다. TV에서 그분의 장례식 전부를 전해줄 때에는 옆의 아내에게 민망할 정도로 눈물이 연방 흘러내렸다. 내 설움이 많아서일까. 그분을 너무 숭배한 탓일까. 한창 눈물을 흘리고 나니 속이 좀 가벼워진 것 같았다. 얄궂게도 추기경님의 비보悲報가 내 마음의 먼지를 터는 어떤 카타르시스 작용을 유도했을까. 그분은 나의 온 전신에 영향을 주셨고 오래 오래 그분을 숭모崇慕하게 될 것이다. 김수환 추기경님은 늘 우리와 함께하실 것이다.

● 요산 지안志安 큰스님

지안 큰스님을 처음 뵈온 것은 초대 3·15기념사업회장 때 안홍준님(지금은 국회의원)이 주축이 된 '정의로운 사회를 위한 마창馬昌시민연합' 고문으로 있을 때 같은 고문이셨기 때문이다. 근엄하면서도 환한 웃음으로 대해 주셨다. 대덕 스님 특유의 가지런함과 수행의 향기를 물씬 물씬 풍겨주는 고승高僧이시다.

학승學僧으로 널리 알려진 스님은 마산 정법사 주지스님, 통도사 반야암 주지스님, 현재는 조계종 종립 승가대학원장으로 스님들 교육에 매진하고 있으며 한편으로는 재가 불자들을 위하여 반야불교학당, 반야경전교실을 개설하여 활동하고 계신다.

나는 스님이 보내주시는 〈반야회보〉를 통해 스님의 법문을 공부하고 있으며 나의 어질러진 정신자세를 바로잡으려 애쓰고 있다. 몇 번의 전화 통화에서 스님의 덕음德音이 울려 올 때 법당의 향기香氣를 느낀다. 그리고 스님의 그 자비스런 표정을 대한다. 덜 죄짓고 바르게 살아야지 하는 마음이 솟아오르지만 늘 순간이다. 내 자신이 참 우습다. 지난여름에는 손수 서명하신 저서 '초발심자경문'인 《처음처럼》을 보내주셔서 너무 감사해서 전화 인사를 드렸더니 반야암에서 하룻밤 지내고 가라시는 말씀이 계셨다. 이 속물은 그런 영광도 입지 못하고 아까운 여름 시간을 떠내려 보냈다.

"큰스님, 배우겠습니다. 감사합니다."

● 호암 지태 스님

호암 지태 스님은 마산 중앙포교당 정법사 주지 스님으로 마창馬昌불교연합회 이사장, 회장 자리를 번갈아 맡으신 이 지역 불교계의 지도자이시다. 부처님 가르치심을 더 크게, 더 넓게 전하시기(포교) 위해 정법사 불사(확장, 증축)를 몇 년에 걸쳐 추진하고 계신다. 이 불사에 스님은 건강이 걱정되도록(다른 사람들이 보기에) 심혈을 기울이고 있다.

언론사 사장 시절, 스님을 뵙고 그때부터 스님을 따르기 시작하여 지금껏 가르침을 받고 있다. 올곧은 성격에 주장이 강한, 카리스마가 넘치는 스님은 나의 대자유치원 창립 80주년기념추진위원회 위원장직과 경남불교신도회 회장직을 여러 면에서 도와 주시면서 지도를 해주셨다. 또 내가 수술 후 집에서 요양하고 있을 때 병문안을 해주시면서 격려해 나의 투병의지를 강하게 만들어 주셨다.

어느 날 스님 방에서 못난 인생을 눈물로 참회했을 때 스님은 자비로운 음성으로 '인생은 다 그러하니 여생에 희망을 잃지 말고 살아라.' 고 다독거려 주셨다. 나는 이때 '새 삶' 을 얻은 듯 '나머지 인생을 보람있게 살아야겠다' 는 마음다짐을 했다. 그 고마우신 뜻을 언제나 거울 삼아 살아야 할텐데 이 속기俗氣를 어찌하랴.

"스님 감사합니다. 저 불사가 스님의 계획하시는 대로 성공적으로 이뤄지시길 빕니다."

● **원정 스님(창원 성주사 주지 스님)**

언제 뵈어도 그 잔잔한 미소가 나의 심금을 울려준다. 미리 방문 연락 드리면 반갑게 맞아주시고 나올 때에는 절 마당까지 내려오셔서 보내 주신다. 얼마나 인정이 깊으신지 뵈올 때마다 안절부절못하게 하신다.

뵈온 지 햇수는 길지만 언제나 변함없으신 사랑을 주신다. 불교신도회에 관한 일로 상의를 드리면 나 이상으로 걱정하시면서 도움말씀을 주신다. 마창불교연합회 이사장, 회장직을 역시 번갈아 맡으시면서 경남불교신도회 일의 막히고 어려운 점을 손수 풀어 주신다. 때문에 우리들(불교신도회)은 걸핏하면 스님에게 쫓아가서 의논드리고 답을 얻어온다. 내 두 손을 꼭 잡아주시면서 "잘될 겁니다. 힘을 내세요."라고 격려해 주신다.

그 훨씬 전에 내가 시민불교문화상을 받았을 때 뒤에 들은 얘기로는 스님께서 심사위원회에 추천하신 것이라고 어느 분이 귀띔해 주었다. 한번은 성지순례(인도)를 갔다오시면서 '부처님 말씀' 을 담은 귀한 액

틀을 선물하여 내 방에 잘 간직하고 있다.

조용하고 부드럽지만 옳은 뜻은 굽히지 않고 관철시키는 강한 내면을 읽을 수 있어 나는 더욱 존경하는 마음으로 모시고 있다. 마창불교연합은 이러한 지도로 그 빛을 발한다.

"스님, 고맙습니다. 또 뵙고 또 배우겠습니다."

● 장경진 교구장님(전 원불교 경남교구장)

언론사(경남도민일보) 사장 시절 신문사가 주최하는 행사에 초청인사로서 거의 빠지지 않고 참석해 주신 것이 나와의 각별한 인연이 된 것 같다. 나 또한 장 교구장님께서 보내주신 원불교 행사 초청에 열심히 참석했다. 언제나 경건한 마음으로 뵙는 나를 포근한 웃음으로 긴장을 풀어 주셨다. 반면 일에 임하시면 불도저같이 밀어붙이는 여걸의 진면목을 여과 없이 과시하는 스타일임을 열외자에게도 느끼게 한다.

경남교구청 본관 건물과 그 부속건물, 노인요양시설 등 방대한 공사를 거의 계획대로 추진한 사례가 이를 증명하고 있다고 준공식장에서 찬사(책임과 추진력에 대한)가 쏟아졌었다. 우리 마산의 또 하나의 자랑스러운 종교 시설로 시민 생활에 크게 영향을 끼칠 것이다.

나 개인에게도 여러 면에서 교훈을 주셨다. 식사를 같이할 때나 누추한 본인의 집에 병문안을 오셨을 때 등, 겸손이 묻은 자애스런 말씀으로 격려해 주셔서 용기를 얻곤 했었다. 임기가 끝나고 소임을 내어 놓으시는, 즉 현역에서 물러나 익산으로 가시기 전 두 번에 걸쳐 나와 점심을 같이해 주셨는데 너무 서운해 안절부절못하던 나의 모습이 지금도 눈에 선하다. 귀한 선물까지 주셨다. 지금은 은퇴하신 분들과 같이 지내신다고 하는데 새해 연하장을 주고받으면서 그분의 성실과 활달한 모습을 떠올리곤 했다.

"교구장님, 감사합니다. 행복한 여생을 보내시라고 기도하고 있습니다."

● 김석좌 신부님(고성군 마암면 신리 예수의 작은마을)

김 신부님을 뵙게 된 것은 (주)동환산업의 고동환 회장님의 소개에 의한 것이었다. 깊숙한 산골에 있는 시설에서 장애인 등 어려운 분들을 돌보고 계신다. 농사와 축산은 물론, 시간을 쪼개어 지역사회 일도 거들어 주시는 등 항상 바쁘시다. 몇 번 고성에 가서 찾아뵈었는데 갈 때마다 산골 일로 바쁘신 것 같았다. 연로하신 자당께서 아드님(신부님)의 뒷바라지를 해주시고 계신다고 했다.

신부님은 아는 분들이 곤경에 처했을 때 할 수 있는 모든 능력을 동원해 도와 주시는 것을 나는 몇 번이나 봤다. 내가 창원 청소년연수원 이사장직을 맡고 있을 때 어려운 고비마다 도와주시고 격려해 주셨다. 신부님은 결코 어정쩡하지 않고 되면 된다, 안 되면 안 된다고 확실하게 말씀하시는 분이다. 나에게도 그분의 결단력을 배우게 했다. 겉으로 보기엔 좀 쌀쌀해 보이지만 장애우 등 복지시설에 수용 중인 분들을 돕는 그의 정성을 보면 가슴이 따뜻한 분이시다.

내가 경상대병원에서 수술을 받고 입원하고 있는데 어떻게 아셨는지 몇 분과 함께 오셔서 위문해 주셨고, 그 후에도 정을 보내시곤 하여 잊지 못하게 하고 있다. 언젠가 마암면 입구 넝쿨횟집에서 초밥을 들며 그 맛에 취한 내 표정을 보면서 나눈 정겨운 대화는 오래도록 잊지 못할 것이다. 이분은 이날 자당에게 드릴 초밥을 별도로 주문하셨다.

"신부님, 늘 어려운 이들의 빛이 되소서."

● 백남해 신부님

젊은 혈기와 넘치는 정의감으로 시민운동에 앞장서고 있지만 어려운 환경의 사람들을 돕는 것이 더 돋보인다. 마산시 장애인복지관 운영 책임을 맡아 그들의 생활을 돕는 활동은 정말 헌신적이었다.

어느 날 오후 내가 이 복지관을 찾았을 때 장애인들의 어묵 만드는 일을 같이 거들고 있었다. 장애인들의 정성이 담긴 질 좋은 어묵이기에 나도 얼마간 사서 돌아온 적이 있다. 그 후 진해시복지관 운영을 맡아 열성을 다하고 있다. 간혹 홍중조 선생, 김영만 회장과 임경란 여사 부부 등과 같이 반주를 겸한 저녁을 들면서 환담을 나눈다.

신이 아닌 이상 성직에도 스트레스가 있을 것 같고 때로는 약주로 그 고됨을 달래시는 것 아닌가 짐작을 하지만 정확한 것을 나는 모른다. 나는 백남해 신부님뿐 아니라 전 가톨릭여성회관 관장이자 3 · 15기념사업회 이사이신 조현순 님 덕택으로 정순구 신부님(산호성당에 계실 때), 김용백 신부님과 같이 술자리를 여러 번 가졌지만 그때마다 기분 전환이 되는 밝은 표정들을 읽을 수 있었다.

정순구 신부님은 은퇴 후 타계하셨고, 김용백 신부님은 마산 월영성당에 계신다고 들었다. 나는 신부님들을 모실 때마다 유력한 배경을 얻은 것같이 어깨에 힘이 들어갔다. 그 다음 날 아침에는 부끄러워하면서….

"백남해 신부님, 그 길은 고되지만 어려운 분들에게 희망과 용기를 주시는 것입니다. 하느님의 은총이 늘 같이하시길…."

● 서점용 아저씨

군에서 제대하고 결혼까지 했는데 직업이 없어 방황하고 있을 때 안타까이 여기신 아버님께서 평소 호형호제(아버님이 손위)하는 서점용 아저씨에게 내 취직을 부탁하셨다. 청년단체 부회장 등 사회단체에서 청년운동을 오랫동안 하셨던 이 아저씨(나는 그렇게 불렀다)는 비록 낙선하셨지만 국회의원에도 출마하신 경력을 가지신 분으로 만년에는 지방에서 발행되는 K일보 마산지사장에 발령되기도 하셨다.

나는 이분의 영향으로 지방언론계에 발을 딛게 되었으며 K일보 기자 생활도 잠깐 했다. 이 지방에서 널리 알려진 이분은 명성과는 달리 돈을 몰라 한평생 셋방에서 어렵게 살다가 가셨다. 천성이 어질고 청렴한 생활 그대로 막걸리를 즐기시는 소탈한 분이셨다. 인정이 두텁기로도 각별해 남의 어려움을 내 어려움처럼 여겨 늘 도우려고 애쓰신 분으로 주위에 좋은 영향을 미쳤다.

돈 때문에 그렇게 불편을 겪으면서도 언제나 웃는 얼굴로 나를 격려해 주셨다. '일을 열심히 하면 결과가 있을 것이다.' 라는 말씀과 함께…. 지금 계셨으면 막걸리 한 잔이라도 대접해 올릴 것을. 명복을 빕니다.

● 노현섭 선생님

이 글을 쓰는 지금도 노 선생님을 존경한다. 내가 일선 기자 시절 노동조합 담당을 해 선생님이 계신 노동조합 사무실을 자주 출입하고, 만나뵙게 되어 선생님의 여러 모습을 엿볼 수가 있었다.

전국 부두노동조합 위원장으로서, 마산 노동자들의 지도자로서, 노동자들의 권익 대변과 그들의 복지만을 위해 사시는 것 같았다. 노동자들의 취학 못한 청소년 자녀들을 위해 고등공민학교까지 세워 솔선수범해서 교단에 서기까지 하셨다. 노사 협상에서는 조합원들의 복지 향상을 위해 항상 강하게 밀고 나가는 투사형이었다. 평소에는 온화한 성품으로 누구와도 다정하게 지내셨으며 약주도 즐겨 호방함을 엿보여 주셨다.

일제 치하에서 드물게 대학을 나와 해방 후에는 교편 생활까지 했으나 결국엔 노동자 세계에 뛰어들어 그들의 지도자가 되셨다. 때문에 가정 형편은 어려웠고, 사모님을 생활 전선에 나서게 하는 등 가장으로선 점수를 얻지 못했다. 혁신계의 진보적인 인사라 하여 죄없이 투옥되는 등 선생님의 인생 역정은 문자 그대로 파란곡절의 연속이었다.

옥중 생활 중 가석방되어 조인규 전 마산시 부시장, 이정진 전 마산시 간부 등 친한 분들과 노 선생님을 위로하는 술자리를 같이했을 때에는 늘 나를 불러 동석케 했으며 나중에 오동동 댁까지 모시는 것은 나의 몫이었다.

선생님은 나를 참 아껴 주셨다. 시대를 잘못 만나 한 지사志士가 뜻을 펴지 못하고 가셨고 당대의 엘리트 조인규 선생, 이정진 선생, 양재항 선생 등 모두 다 돌아가셨다.

"선생님, 그립습니다. 부디 명복을 누리소서."

● 조인규 부시장님

"어-, 순명이 술 한잔 하자."

나는 공무원이 아니었지만 그의 지성知性에 이끌리어 그를 존경하며 따랐다. 마산시청에 출입할 때 조 부시장님은 통술집에서 만날 때마다 내 이름(그때 부른 이름이 이순명이었다)을 부르며 동석을 권하기도 했다.

그 당시 마산시청 유능 공무원들의 존경을 한몸에 받던 조 부시장님은 술좌석에서도 가끔 수준 높은 이론으로 분위기를 이끌었으며, 한편 특유의 너털웃음으로 다른 이를 편안하게 만들었다. 나는 그의 포용력, 인내심, 사교력, 독서 등에 감동을 받았고, 따뜻한 정도 느낄 수 있었다.

그가 와병 중일 때 댁으로 병문안 간 나를 향해 "내 곧 일어날 터이니 그때 술 한잔 하자."라고 애주가의 면모를 과시하며 웃음을 지었는데 그 며칠 뒤 운명하셨다.

만년에 다른 길(타의에 의한 정당생활, 건설회사 대표 등)의 후유증으로 고생을 하셔서 마음이 아팠다. 이젠 명복으로 편안하게 계실 것이다.

● 구봉회具鳳會 선생님

외과의사셨던 구봉회 선생님은 그의 계씨 창회昌會 씨가 내가 신문사 사회부장으로 있을 때 기자로 입사, 내부에 배치됨으로써 전보다 더 가깝게 지냈다.

언제나 깔끔한 차림으로 만나는 이마다 좋은 기분을 안겨준 구 선생님은 가끔 나와 남성동 파출소 옆 통술집에서 가볍게 잔을 들곤 했는데 한 번도 남의 말을 하는 것을 들어본 적이 없으며 고운 말로 고운 시간을 보냈다. 환자들은 심심찮게 찾아오곤 했으나 여윳돈을 못 가진 모범되신 분이라는 소문을 사기도 했다.

이분이 세상을 버렸을 때 화도 나고 안쓰러워 경남신문 기획실장으로 있을 때 〈왜 착한 사람이 먼저 죽나〉라는 제목의 칼럼을 쓴 바 있다. 그 당시 이 글로 인해 "너무 충격적이어서 약간의 파문이 일고 있다."고 전해준 이가 더러 있었다. 내가 생각해도 너무 직설적이어서 스스로 비판을 한 바 있다. 세상은 좋고 나쁘고 가릴 것 없이 그곳(저승)만은 누구나 피할 수가 없는데 사람의 욕심은 '좋은 분은 좀 더 오래 살았으면…' 하는 기대가 있는 것 같다.

'고운 분은 더 고운 명복을 누리시지 않을까.'

● 손성수 시장님

기업가, 야당(마산) 대표, 마산시장을 역임하신 분이다. 나와 이분과는 직접적인 인연은 없었다. 다만 마산 3 · 15의거가 일어났을 때 오동동의 그 댁이 민주당 사무실이었고 3 · 15의거의 발원지였기 때문에 이 어른을 존경하고 이 나라 야당사와 민주주의 투쟁사에 길이 빛날 분이라고 받들어 온 것이다.

그때 어느 야당 인사의 말씀처럼 '야당 오래한 사람치고 가산을 지킬 수 있는 사람은 없다.' 고 한 것처럼 이 어른께서도 가세가 기울어져 만년에 불편한 생활을 하신 것 같다.

이분이 와병 중이라는 소식을 듣고 전 고려모직 옆 해안길의 사택을 찾아 병문안 갔을 때 누우신 채로 환하게 웃으시면서 이 의외의 방문객에게 오히려 열심히 하라는 격려의 말씀을 주셨다.

"산천은 의구依舊하되 인걸은 간데없다."

● 이진순 선생님

선생님은 마산 언론계의 대부이셨다. 부산에서 발행된 《자유민보》 마산지사장으로서 활약하시다가 《자유민보》 본사 편집국장으로 취임하셔서 그 실력을 발휘하셨다. 몇년 후 다시 이 고장으로 되돌아오셔서 자유민보에 얼마 동안 관계하셨다.

그 당시 마산에서 활동한 언론인치고 이분을 존경하지 않은 이가 없었고, 지도자로서 후진을 양성하는데 크게 이바지하셨다. 나도 이분을 따라다니며 언론인의 자세, 사명을 배웠고 어떤 의미에선 스승처럼 모셨다. 파이프 담배를 즐기신 멋쟁이 언론인으로 술도 좋아하셔서 자주 드시곤 했는데 폭음을 하지 않으셨다.

저녁이 되면 김일규 님, 이필만 님, 김명태 님, 박기항 님, 서동필 님 등과 자주 술자리를 같이하셨으며 거나하게 취하시면 웃음 한바탕을 이루었고 정의로운 말씀으로 일관하셨다. 예를 갖추지 못한 후배에게는 기회를 봐 야단을 치셨다. 그런데도 아무도 선생님을 멀리하거나 미워하지 않았다.

언론인으로서의 사명에만 치우쳐 가장家長으로서는 후한 점수를 얻을 수 없었다. 때문에 사모님의 고생이 크셨다. 선생님은 미술에도 상당한 수준을 보였으며 미술가들을 비롯한 예술인들도 이분을 좋아하셨다. 만년엔 오히려 문화예술인들과 거의 시간을 보내셨으며 소품전도 열어 주목을 받기도 했다.

마산종합문화제 4회 때엔 중요한 역할을 하셨으며 《오늘의 마산馬山》이란 저서도 남겼었다. 나에게는 늘 맏형님과 같은 정과 격려를 주셔서 잊지 못하고 있다.

"선생님은 저승에서도 김일규 님, 최운 화백님, 이필만 님 등과 같이 이승에서와 같은 저녁을 만끽하고 계시겠지요."

● 황칠규 의원님

민주당(마산) 투사요, 마산시의회 의원으로서 그의 활약은 대단하셨다. 정남규 선생, 정경도 선생, 강경술 선생 등과 더불어 마산3·15의거의 불을 지피신 분 중의 한 분이다. 3·15 때 검거되어 고문을 당하시기도 했다. 야당으로서의 그의 의회(마산시의회) 발언은 항상 인기를 달고 다녔다.

내가 상남동에 살 때 황 의원님은 옆 동네 산호동에 사셨는데 우리 집 앞을 지나치실 때마다 나를 찾아 격려하곤 하셨다. 유달리 나를 좋아하셔서 잘 따랐고 댁에도 이따금씩 찾아뵙기도 했다. 투사형이면서 마음은 부드러워 한잔 하시면 "어 – 이군, 오늘 한잔 했네. 나하고 한잔 하세." 하시면서 호방한 웃음을 터뜨렸다.

일정한 수입원이 없으니까 만년에는 세간을 둘 곳이 없을 정도로 좁은 셋방에서 내외분이 고생을 하셨다. 한 번씩 찾아뵈면 그렇게 반길 수가 없었고 위안을 드리면 '그래 그래, 고맙네….' 라고 잠시 시름을 잊으시곤 했다. 운명하셨다는 비보를 듣고 출상 때까지 빈소에서 시간을 좀 보냈지만 쓸쓸하였다. 정승의 말이 아니고 정승이 죽은 탓일까? 아 – 하고 슬픈 신음만 토할 뿐이로다.

"부디 편히 계시옵소서."

● 한태일 회장님

내가 기자로 일선에서 뛸 때 어느 해 마산상공회의소를 출입처로 맡았다. 이제 고인이 되셨지만 그 당시 상공회의소 회장(고려모직 주식회사 대표이사)으로 계셨다.

그 당시 경남 도내의 최고 관심사는 부산에 있는 경남도청 이전 문제였다. 진주에서는 '도청 환원' 운동을 맹렬히 전개하고 있었고, 마산은 상공회의소를 중심으로 '도청 마산 유치' 운동을 범시민운동 차원에서 전개했었다. 나도 자연히 열을 올려 마산유치운동을 취재하여 보도했다. 그때 이분의 헌신적인 공헌과 영향력을 크게 가진 리더십을 엿볼 수가 있었다. 협상력도 부드러우면서 끈덕지게 밀고 나가는 저력을 보여주셨다. 말쑥한 차림의 호남형으로 당대의 신사로 회자되었으며, 상공업계는 물론 지역사회 발전에도 뚜렷한 족적을 남겼다고 본다. 음악과 그 감상에 남다른 취미를 가졌으며 피아노는 직접 연주까지 한 것으로 전해 들었다.

인생의 대선배님으로 여러 가지를 교훈한 바 있으며 나 같은 것에도 눈길을 주시는 등 사람을 이끄는 힘이 있었다. 때문에 나는 이분을 존경했고, 그 품격을 지금도 그림 그리듯 사모한다. 시대에 따라 정당생활, 정치인, 국회의원까지 역임하셨지만 쓰라린 경험도 많았었다. 만년에 여의치 않은 서울 생활에서도 그 품위는 유지되었다고 전해 들었다.

"명복을 빕니다."

● 정말수 선생님

나는 정말수 님을 언제나 선생님이라고 불렀다. 민주당 등 오랜 야당생활로 형편이 어려우신데도 조금도 기죽지 않고 언제나 당당하게 나가시는 모습을 보고 '소신에 찬 분' 이라고 여겼다.

쓴소리를 잘해 미움도 샀으나 자신의 잣대(보편타당성)에 어긋난 사람을 보면 무슨 말을 해도 해야 되는 성격을 만년에까지 그대로 유지하고 있었다. 산불감시원으로 한 10년쯤 일했을 것이다. 그 임금을 받는 날은 기세등등하여 평소 좋아하는 분들을 찾아 점심, 혹은 저녁을 대접하면서 그 특유의 너털웃음을 쉴 줄 몰랐다.

가정보다 주위를 좋아하신 것 같아 가족으로부터는 눈총을 많이 받지 않았나 생각이 든다. 산불감시원으로 있을 때 산에서 좋은 약재를 캐 술을 담가 가까운 분들께 선물하시곤 했다. 정작 선생님께서는 술을 한 모금도 못하셨다.

만년에도 용돈이 생기면 친한 분들을 찾아 나서 어깨를 편다. 한 가지 특이한 점은 연세가 높으신데도 책을 멀리하지 않았었다는 주위의 귀띔이다. 마산 삼성병원 입원 중에 병문안 갔을 때에도 병상 머리에 책이 보였다.

"허허, 이 사장 왔소? 그래, 별고 없고? 난 잘 있소. 나가거든 만납시다."

이것이 내가 마지막 그분을 뵌 장면이다.

"이제 고생 마시고 부디 편안한 명복을 누리십시오."

● 맹인균 선생님

'물장사로 자식을 대학까지 보낸다' 는 함경도 북청 출신으로 마산시 공무원, 정당 사무국장, 수출자유지역 입주업체 임원 등을 역임하면서 많은 이들로부터 존경을 받았다. 내가 마산시청 담당기자로 출입할 때 세무과 징수계장으로서 당시의 징수문제에 대한 시의회에서의 답변이 일개 징수계장으로서 얼마나 당당하고 논리정연하였던지 방청석에서도 혀를 내둘렀다.

내가 이분으로부터 사랑을 받게 된 것은 같은 함경도 출신으로 별세하신 고일용 님과 홍사인 선생 덕분이었다. 나는 위 세 분과 방역사업을 하시는 박대주 사장과 함께 자주 만나 술자리를 함께했다. 맹 선생님은 언제나 정갈한 차림에 술을 드셔도 흐트러짐이 없이 카랑카랑한 목소리로 좌석을 리드하였다. 나 같은 사람에게는 언제나 유익한 말씀을 해주시어 나의 자세는 언제나 조심스러웠다. 후배들을 사랑하는 마음이 지극하셔서 먼저 고인이 된 고일룡 님과 자주 다니던 선술집에서 그의 기일을 맞아 잊지 않고 우리 몇이서 잔을 들며 추모하는 시간을 갖게 해주셨다.

댁에서는 특히 달밤에 이따금씩 기타를 치며(상당한 수준이라고 함) 타향살이 외로움을 달래며 노래도 불렀다고 그를 아는 분에게서 들었다. 달빛 속에 어린 향수와 추억에 잠겨 마침내 붓을 잡아 옛시를 읊기도 했다고 한다.

명필로서 소문난, 그러면서도 겸손하신 선생님은 해가 바뀌면 꼭 손수 쓰신 격려의 말씀(연하장)을 나에게 보내 주시곤 하여 어떤 해의 것은 액자로 만들어 내 책상 위에 올려놓기도 했다. 만년엔 그랜드 골프를 즐기시곤 했는데 내가 자주 뵙지 못해 참 죄송했다.

"영원한 로맨티시스트 선생님의 명복을 빕니다."

● 김성립 선생님

야당(민주당)의 열성 당원이면서 조선일보 마산지사장을 오래 맡아 이 지역 언론계에서 영향력을 미치시곤 했었다. 유행에 앞장서는, 멋을 아는 노신사였다.

명주환, 권차구 두 분 선생님과 친분이 두터워 그 행동 통일이 언제나 주목을 끌었다. 후배들을 사랑하는 마음 또한 깊어 존경을 받았으며 특히 나에게는 각별한 정을 주셨다. 만년에 산호동의 자택으로 병문안 갔을 때 내 손을 꼭 잡고 "이군, 자네는 성공할 것이네. 열심히 살게."라고 격려해 주셨다.

별세 후 상당한 시간이 지난 후 이분의 독자 며느님으로부터 "앞으로 어려운 일이 있을 때에는 이순명(순항) 군을 찾아 의논하라."고 유언처럼 말씀하셨다는 것을 들었다고 나에게 전해준 분이 있었다. 그러나 그분의 자제는 회사의 직장 생활에서 열심히 살았고 그 며느님도 봉사 활동에 열심히 참가하는 등 모범적이어서 나에게 자문을 구할 일이 없었다. 혹 길에서 나를 만나면 반갑게 대해주어 오히려 내가 고맙기도 했다. 이제 선생님은 명복을 받고 잘 계실 것으로 믿는다.

● 명주환 선생님

이 고장에서 이름난 독립운동가 명도석 선생님의 자제분(장남)으로 한때 지방 언론계(H일보)에 잠시 몸을 담았었다. 이 때문에 내가 이분을 뵙게 되었고 몇 개월간 같은 소속사에서 일을 거들어 드렸다. 무슨 직업상 종사(언론계)가 아니라 잘 지내는 분들과 어울려 신문지사장을 맡은 것으로 알고 있다.

인연은 언론계 탓이었지만 그 후 이분은 나를 아꼈었다. 찻집에서나 어디서든 나를 만나면 격려해 주시고 용기를 북돋아 주셨다. 고려모직 회사(주) 사장도 역임하신 이분은 유달리 이 고장 마산을 사랑했고 마산의 자존심을 언제나 대변하는 터줏대감이었다. 이런 점이 항상 나를 감동케 했고 그분의 그 애향심을 뒤따르게 했다. 아마 지금도 저승에서 김성립 선생님 등과 같이 의젓한 몸가짐으로 소담笑談을 나누고 계실 것이다.

"명복을 빕니다."

● 안윤봉 선생님

예술(미술, 음악 등), 정치(정당인), 언론(서울신문, 경남신문), 예술문화단체(마산) 대표 등 실로 여러 분야에서 다양한 활동으로 공적을 남기신 분이다. '천재적인 두뇌의 소유자' 라는 평판이 있었다. 개인 부담을 크게 안고 마산종합문화제를 개최한 점 등은 뒤따를 분이 쉽지 않을 것이다. 소장한 레코드, 미술작품, 장서 등은 두고두고 화제가 될 것이다. 자유당에서의 정치 역정이 회자되기도 한 이분은 진보적인 사상가로서도 기구한 길을 걸었다.

내가 경남신문 국장으로 있을 때 서울신문 총무국장을 거쳐 우리 신문사의 기획실장으로 왔다. 그전부터도 잘 아는 사이였지만 같은 신문사에 근무하게 되니까 거의 저녁마다 술자리를 같이하는 친분으로 발전했다. 무슨 일이든 일단 맡으면 그 기획이 기발하였고 열정적인 추진력을 보여주었다. 때문에 신문사에서도 어려운 문제에 부딪치면 이분의 두뇌를 빌렸다.

직장의 근무는 연령의 한계가 있으니까 이분도 퇴임하여 어려운 길을 걸었다. 내가 먼저 나와 다른 직장에 가버렸고 그 뒤에 이분도 나왔지만 생활에 보탬이 되는 일을 찾지 못했다. 나를 많이 챙겨주고 밀어주셨지만 때론 나의 부족으로 말미암아 그분의 강한 주장에 따르지 않아 소원한 관계가 된 적도 있었다.

어느 날 갑자기 사모님으로부터 연락이 왔다. 안 선생님이 D병원 중환자실에 입원 중이시란다. 급하게 달려가 보니 의식불명 상태였고 산소호흡기로 가쁜 숨을 몰아쉬고 있었다. "안 선생님…." 하고 불러도 대답이 없으셨다. 슬픈 마음으로 발길을 돌렸고 그 며칠 뒤 운명하셨다.

당시 댁이 창원이어서 부리나케 달려가 문상, 명복을 빌었다. 사람의 일생은 누구나 공과功過가 다 있지만 이 고장의 문화 예술 향상을 위한 그의 공헌은 큰 빛으로 기록되어야 할 것이다. 그 좋아하시는 약주, 저승에서는 어떠하신지….

"명복을 빕니다."

● **강신률 선생님**

선생님이 나에게 관심을 가져주신 것은 내가 언론사 대표로 있을 때 원로 예술인들을 모신 후였다. 이광주 사장님의 도움으로 원로 예술인들을 모시고 저녁을 같이한 자리에서 선생님은 노래도 부르시고 즐겁게 노셨다. 좌석의 최고 연장자이신데도 오히려 더 정열적이었다.

참석하신 선생님들이 모두 노래를 불렀고 끝자락에선 나에게도 지명이 떨어져 현인 씨의 '비 내리는 고모령' 이라는 노래를 불렀다. 그 뒤부터 선생님께서는 자주 나에게 전화를 주시면서 비 내리는 고모령 노래를 한 번 더 듣고 싶다고 하시면서 당신께서 스스로 가사를 읊으셨다.

그 뒤 별도로 내가 동서화랑 대표이신 송인식 선생님, 사진작가 김관수 교수님, 시인 오하룡 선생님이 자리를 같이하신 가운데 서너 차례 모셨다. 또 오하룡 선생님이 자리를 마련한 자리에서도 선생님을 뵈었는데 그때마다 '비 내리는 고모령' 을 불러보라고 재촉하셨다. 노래를 잘 못하는 사람으로서 쑥스럽기도 하여 피할 도리만 생각했는데 어쩔 수 없이 부를 때도 있고 또 전화 통화에서 노래를 부르라고 하여 송수화기에 대고 들려드린 적이 있다. 돌아가시기 얼마 전에는 더 재촉하시기도 했다.

어느 날 선생님을 모시는 날을 잡아 송인식 선생님, 김관수 교수님과 같이 일주일 후에 모시기로 했는데 별안간에 김 교수님이 '선생님이 운명하셨다' 는 비보를 전해 주었다. 얼마나 마음이 안되었는지 이를 표현할 수가 없었다. 진작 한 번 더 모셔야 했는데 나의 불찰로 그만 그 기회를 놓친 것이다. 생전 선생님께서는 전화 통화를 통해 많은 것을 깨우쳐 주셔서 그 어지신 웃음 띤 얼굴이 못내 그리워진다.

문학의 경지도 가지신 이 뛰어난 사진 예술가는 우리들 후진들에게 오래오래 기억되고 숭배를 받을 것이다.

"선생님, 지금 조용히 비 내리는 고모령을 부릅니다. 부디 명복을 누리소서."

● 권복용 선생님

우연한 기회에 선생님을 뵙게 되어 사랑을 많이 받았다. 한때 홍중조 님과 더불어 선생님의 부름을 받아 점심을 자주 하며 인생의 선배님으로서 여러 가지 교훈적인 것을 일러 주셨다.

권 선생님은 서울에서 고교 시절을 보내고 복싱 선수로서 이름을 날렸다고 다른 분을 통해 들었다. 또 민족의 지도자 여운형 선생님 밑에서 일을 도와 큰바다에서 활약한 이력 탓인지 통이 크셨고 언제나 자신에 찬 실천가였다. 미식가로서도 주위에 알려진 선생님께서는 만년에도 담백한 음식을 찾아다녔다고 들었다. 우리(홍중조 님과)를 만나면 늘 따스한 말씀으로 "의지를 강하게 키워가라"고 격려해 주셔서 지금도 가끔 생각이 난다.

자신이 스포츠맨이었던 탓인지 자제분들 중에 씨름선수를 거친 씨름감독, 레슬링 선수를 지내고 경남체육회 사무국장과 상근부회장을 맡아 경남체육의 발전에 획기적인 공훈을 세우고 있는 분이(권영민) 있다.

"고인이 되신 선생님께서는 저승에서도 대단한 기상氣像을 유지하실 것으로 믿으며 명복을 빕니다."

● 김태룡 국장님

매일신문 논설위원, 국제신문 논설위원, 부산일보 논설위원, 총무국장, 전무를 역임하신 분을 내가 굳이 국장님이라고 부르는 것은 경남매일신문 논설위원 겸 편집국장 재직시에 내가 그 밑에서 취재부장으로 일했기 때문이다. 참 과묵하고 일밖에 모르시는 분이었다. 도대체 취미를 엿볼 수가 없었으니 편집국 직원 모두가 항상 긴장했다. 일을 정말 열심히 시키고 지도하셨다.

어떤 때에는 일에 지쳐 밉기까지 했는데도 반면 많은 것을 배울 수가 있었다. 한때 나와는 의사가 안 맞아 갈등이 생기기도 했으나 훗날 영원히 잊을 수 없는 관계를 맺었었다.

한때 부산일보 사장설도 돌았으나 아깝게도 전무로서 명예스럽게 퇴임하셨다. 나는 이분이 부산일보에 계실 때 가끔 찾아뵙고 어려운 일을 상의 드리며 지도를 받았다. 내가 경남매일신문 사장이 된 후에도 한 달에 한 번 정도 부산에 달려가 뵙고, 경영상의 여러 가지 문제를 상담을 통해 배웠다. 이런 나에게 김 국장님이 '쓰러졌다'는 어느 날의 급보는 나를 정신없게 만들었다.

부산의 댁을 방문했을 때 국장님은 몸을 움직이기가 퍽 불편했다. 사모님의 정성으로 어느 정도 건강을 회복하여 안심하고 있었는데 얼마 후 유명을 달리하셨다는 비보를 듣고 망연자실할 수밖에 없었다. 장지가 진북면 선영이어서 달려가니 당시의 송 부산일보 사장을 비롯한 몇 분의 언론계 인사를 포함해 많은 조문객들이 고인을 기리고 있었다. 나도 머리 숙여 명복을 빌었지만 너무 아까운 분이라는 생각이 들어 분하기까지 했다. 이젠 두손 모아 합장하면서 "이승에서 일만 하신 국장님, 부디 편히 계시옵소서."라고 빌 수밖에 없습니다.

● **정민용 사장님**

내가 마산상공회의소에 근무하고 있을 때 어느 날 느닷없이 정 사장님이 뵙고 싶었다. 나하고는 아무런 인연도, 관계도 없었던, 단지 같은 지역에서 가끔 뵐 수 있는(상공회의소 회원업체 임원이니까) 그런 분이었다.

유원산업주식회사 전무(?)로 계실 때가 아닌가 여겨진다. 나의 초청으로 오동동 통술집 골목 어느 음식점에서 자리를 같이했다. 대뜸 나는 "절 좀 가르쳐 주십시오. 사회생활 하는데 어떻게 하면 좋겠습니까? 사람의 길을 가르쳐 주시기 바랍니다." 하고 애원했다. 스승처럼 모시고 싶은 심정이었다. 멀리서 뵈어도 늘 점잖고 위엄이 있으시며 조금도 흐트러짐이 없어 사표가 되실 분이라고 은근히 마음속으로 존경해 왔다.

직장 생활이란 늘 밝지만은 않으니 갈등과 반목, 의기소침할 때가 비일비재하다. 워낙 부족하고 뒤떨어져 있어 덕망 있는 분의 가르침을 받는 일이 나에게는 절실했다. 아니 절박했을 것이다. 교편생활의 경력도 쌓으신 분이어서 우리 같은 처지의 사람들을 잘 지도해 주실 것으로 믿었다. 나의 당돌한 이 같은 요청에 아니나 다를까 겸손해 하시면서 "아무것도 가르쳐 줄 것이 없다."고 하시면서 "힘을 내시오. 용기를 잊지 마십시오. 희망을 갖고 살아야 합니다. 긍정적인 생각으로 살아가면 자신의 목적을 달성할 수 있습니다. 서로 잘 되기를 노력해 봅시다."의 요지로 격려해 주셨다.

그후 유원산업 사장, 부산 대선소주 사장, 영남정비공업사 창업 · 대표 등을 역임하시면서 창원상공회의소 부회장, 경남한일친선협회 회장을 맡아 사회에 공헌하시기도 했다.

그때부터 인연이 되어 지금껏 나를 염려해 주시고 있다. 최재섭 회장님과 같이 점심을 하실 때도 있고, 전 창원대학교의 박동백 교수님, 역시 창원대학교의 하종근 명예교수님 등 넷이서 간혹 만나 음식을 들며 한담을 나누고 있다. 이따금씩 내가 전화를 올리기도 하고 사장님께서도 전화를 주셔서 만남의 약속을 하기도 한다. 나는 지금도 이분 앞에 선 매우 조심스러운 나의 모습을 발견하곤 한다. 참으로 고매하신 분으로 나의 영원한 스승이시다.

"더 건강하시고 더 행복한 여생이시기를 두 손 모아 빕니다."

● 이광주 회장님

내가 마산상공회의소 근무할 마지막 해에 회장님으로 선출되셨는데 미처 1년도 모시지 못하고 내가 딴 직장으로 옮겼다. 이분의 주장은 대체로 논리적이며 강한 이미지를 풍겼다. 결재가 까다로운 듯하면서도 직원의 설명이 끝나면 미루지 않았다.

이분과는 상공회의소 재직 때보다 다른 직장에 있을 때 더 가까워졌다. 내 직장 운영에 대한 의논과 자문에도 잘 응해 주셨고 자신의 경험담도 들려주시면서 도와주셨다. 내가 감명받은 것은 우리 지역의 원로 예술인들을 모셔서 위안을 드리자고 제의했을 때 선뜻 들어주신 점이다. 이에 이 회장님과 나는 10여 명의 이 고장 원로 예술인들을 모셔서 만찬과 함께 즐거운 시간을 마련해 드렸다. 작고하신 강신률 선생님과 김대환 선생님은 가끔 이때의 일을 기억해 주셨다. 우리 고장 문화 예술 향상을 위해 공헌하신 선생님들(예술인들)은 시민의 존경과 함께 마땅히 예우를 받아야 한다고 나는 주장하는 쪽이다.

이광주 회장님은 개성이 강하고 강직한 면이 있는가 하면 여린 면도 숨길 수 없는 분이다. 건강 관리를 잘하셔서 장수할 것이다.

● 이성근 회장님

역시 내가 마산상공회의소 근무할 때 부회장을 맡고 있었다. 고교 동기이면서도 직장에선 윗분으로 모셨다. 내가 어려운 고비를 만날 때마다 자문에 응해주고 문제를 풀어주기도 했다. 그러면서 "용기를 잃지 말라."고 통술집에서 자주 자리를 만들어 주었다. 한때는 저녁마다 이 분과 같이 통술집에서 어울렸다.

사실 이분의 격려가 없었다면 나는 직장을 그만둘 위험선까지 이르른 때도 있었다. 지금도 한달에 한 번 있는 동기 모임에서 만나지만 파할 때쯤 가끔 나를 챙겨준다. 내가 수술 후 술을 안 마시니 저녁시간에 이분과 어울리지 못하고 있는데, 요즘은 술의 양을 줄이고 노래방을 즐겨 찾는다고 한다. 술 마실 때 이분의 18번이 '나그네 설움' 인데 동시에 내 18번이기도 하여 내가 선수先手를 빼앗기곤 했다. 요즘 들으니 노래 솜씨도, 노래 수도 상당히 늘었다고 하는데 괜히 샘이 난다. 하는 사업도 번창하여 늘 행복하시길 빈다.

● 송인식 선생님

80후반을 넘겼어도 노익장을 과시하고 있다. 빨간 셔츠, 빨간 양말에 멋있게 기르신 흰빛 수염, 그러면서 웃음(폭소) 운동을 펴고 계신 선생님은 동서화랑 경영을 통해 동서미술상 제정 등 예술(미술) 진흥에 이바지하고 계신다.

내가 선생님을 첫번째 뵌 것은 마산일보 기자였을 때인데 우리 신문사 업무국장으로 계셨다. 그때보다 훨씬 세월이 지난, 내가 언론사 대표로 있을 때 나를 많이 격려해 주셨다. 가끔 내 사무실에 들러 그림도 기증해 주시는 한편 그림의 위치 선정까지 해주시는 등 정 넘친 관심을 보여주셨다. 그 후 내가 또 다른 언론사 대표로 있을 때에도 같은 사랑을 주셨다. 늘 맏형님 같은 지도를 해주셨기 때문에 지금껏 존경하며 따르고 있다. 아마 멋쟁이 장수를 기록하실 것 같아 많은 후배들의 기대를 풀어주실 것이다.

"동서화랑미술상 발전과 더불어 젊으신 마음을 한껏 구가하시길 빕니다."

● 김인규 전 마산시장님

내가 집에서 쉬고 있을 때의 어느 날, 김인규 님이 만나자고 연락이 왔다. 만난 자리에서 대뜸 "마산시장 선거에 입후보하고 싶으니 선거대책위원장을 맡아달라"고 부탁했다. 나는 선거도 잘 모르고 정치엔 관심이 없다고 하면서 거절했는데 그 뒤 몇 번의 만남과 집요한 권유로 그만 승낙하고 말았다. 격格에 안 맞는 장長 자리를 맡아서 매우 어색했는데 다행히 당선이 되어서 한시름을 놓을 수가 있었다.

그 뒤론 별 만날 일도 없었는데 불행히도 영어의 몸이 되어 가슴 아팠다. 몇 차례 면회도 가고 병보석 뒤에도 두서너 번 만나 위로했다. 무엇보다도 걱정스러웠던 것은 이분의 병세가 악화되어 예측할 수 없는 상황의 거듭됨에 있었다. 형기刑期를 마치지 못한 불안에서 오는 스트레스의 누적 등이 병세를 더 악화시킨 것으로 보였다.

다행히 사면이 되어 완전 풀려나 건강도 많이 회복된 것처럼 보였다. 얼마간 소식이 깜깜했는데 김해 장유에서 마산 중리로 이사를 왔으며 그 후 또다시 몸이 약해져 수술을 받는 등 불편을 겪고 있다고 한다. 이분은 사면 후 나와 만나 "나머지 인생은 좋은 일도 해서 보람 있게 살고 싶다."는 고뇌의 희망을 피력해 주었다. 건강이 회복되어 이바지할 길을 찾아 보람을 창조하기를 바라고 싶다.

● 손춘수 회장님

공무원, 한일합섬 간부, 평통平統 마산시 회장, 평통 경남부의장 등 요직을 역임하면서 그 이름이 널리 알려진 명사이시다. 월남성당의 신자회 모임의 회장도 맡으셨던 독실한 가톨릭 신자로 따르는 분들이 많다.

내가 마산상공회의소 근무 때 이분은 우리 상의에서 제일 큰 영향력을 가진 회원업체인 한일합섬의 총무부장이었다. 상공회의소 회비 징수 또는 업무 협의차 가면 언제나 반갑게 맞이해 주고 우리의 일을 도와주셨다. 그래서 나는 우리 업무의 어려움이 있을 때마다 이분에게 부탁하여 해결하곤 했다.

또 내 개인에게도 관심을 가져주어서 내가 맡은 일에 대한 조언도 많이 해주셨다. 내가 평통(마산시위원회) 위원이 된 것도 이분의 추천에서 비롯되었고 무엇보다도 인상 깊었던 것은 나도 모르는 사이 '마산시민이 드리는 상'에 추천해 주셨다는 점이다. 어느 심사위원이 나에게 전화를 걸어 수상자로 결정되었다고 귀띔을 해주어 도대체 누가 추천했으며 추천자료는 누가 썼는가 몹시 궁금했다. 그분에게 '나는 수상자가 될 아무런 공로가 없다.'고 사양했는데 그 뒤 안 사실론 손춘수 회장님이 추천했다는 것이다. 하지만 나는 이날까지 이분에게 어떤 고마운 정도 전하지 못해 늘 빚진 입장이다.

"그만 받아. 아무 소리 말고…." 하신 말씀이 지금도 귀에 쟁쟁하다. 요즘은 그랜드골프로 건강을 돌보신다고 들었다.

"고맙습니다. 늘 하느님의 은총을 받으소서…."

● 김재윤 교수님

언론인이자 사진작가로 활동하셨던 고 김일규 님의 소개로 알게 되었고, 역시 고인이 되신 세운암의 주지셨던 이세혁 스님과 홍중조 님(언론인, 향토사학자)으로 인해 더 가까워져 한달에 두서너 번은 만나뵙고 점심 혹은 저녁을 같이하고 있다.

거제 출신으로 마산진일기계고등학교 교장, 경남대 교수로 오랫동안 재직하시다가 퇴임, 지역사회 개발 등을 목적으로 한 연구원을 설립하여 일하시기도 했다. 지금은 독도를 지키는 모임(부산)의 대표로 활약중이다. 기개氣槪가 대단하신 분으로 불의엔 과감히 도전하며 자존심을 상하면 가차 없이 호기豪氣를 터뜨린다.

반면 한번 믿으면 끝까지 사귀며 정을 주신다. 신의가 짙어 따르는 분 역시 같은 성향이며 이해를 따지지 않고 일방적으로 주시는 분이다. 내가 자주 뵈면서 느꼈는데, 여린 면도 깊어 남의 아픔을 보고선 못 견디는 성품이다. 나는 어쩐지 이분에게 끌려 자주 전화를 드리고 점심, 저녁을 같이 들곤 하는데 그때마다 힘을 얻고 정을 받는다.

대화 중 자신의 머리를 쓰다듬으면서 주먹을 불끈 쥘 때에는 나도 고조되어 휘말려든다. 그래서 이분이 더 좋고 존경스럽다. 나보다 세 살 위이시지만 건강은 나보다 앞선다.

"늘 건강하셔서 마음 고생 많은 주위에 힘 샘솟게 하소서…."

● 김선수 교수님

창원상공회의소 상근부회장으로 봉직하고 있던 어느 날 찾아오셨다. 그전에도 인사는 하고 지내는 정도였지만 이렇게 갑자기 방문을 받고는 반갑고 어리벙벙했다. 경남대 50주년 기념사업에 따른 모금운동에 발벗고 나선 것이다. 이분의 대학(경남대) 사랑하는 마음이 보통이 아니셨다.

나를 찾은 것은 '요즘의 업체 사정'과 창원의 경기가 어떤지를 알기 위한 것이었다. 경남대 동문을 위주로 대학 발전에 관심 있는 분들의 협력을 바라고 있었다. 이것이 실마리가 되어 보다 가까운 사이로 발전했다.

우리는 종종 점심을 같이하면서 한담閑談을 나누곤 했는데 언제나 나에게 도움 말씀을 주셨다. 특히 노인생활문제, 교양 쌓기, 건강문제 등 많은 유익한 정보를 나에게 주시곤 했다. 이따금씩 주목받는 책을 사 주신다든지, 내 병세에 따른 병원 안내, 정신건강에 필수적인 마음 다스리기 등 도움 말씀을 많이 주셨다.

한 번은 내 몸 약한 것을 걱정하셔서 사모님과 같이 손수 운전하여 합천까지 가서 유명 한약방을 찾게 해주셨다. 그 한약방에서 지은 약으로 효험을 보았다. 김 교수님은 인생 행로에 대한 자신의 경험, 어떻게 품위 있고 가치지향적인 삶을 영위할 것인가에 대한 자신의 지식과 견해를 들려주신다.

김 교수님과 나는 '가원장학회' 이사로 같이 참여하면서 만날 기회를 더 얻고 있다. 우리는 이렇다 할 별 이유도 없이 만남이 드문드문해져 격조隔阻해졌는데 아래인 내 무성의 탓이 아닌가 여겨져 반성하고 있다. 그러나 우리는 영원할 것이다.

"부디 건강하셔서 오래오래 좋은 말씀 들려주시길 바랍니다."

● 이종상 교수님

이 교수님과의 교유는 40여 년이 넘었다. 내가 경남신문사에 있을 때 칼럼을 쓰시던 필진의 한 분으로 언론과의 인연을 맺은 이 교수님은 지금까지 신문에 기고하고 있다.

이우태(경남대 전 교수) 교수와 우리 둘은 가끔 어울려 한 잔씩을 했다. 어떤 때에는 고인이 되신 이문우 교수(창원전문대학장)도 합석해 환담歡談을 나누기도 했다. 대학 강의와 함께 글쓰기도 좋아하신 이 교수님은 그때 그때의 사회 이슈에 대한 의견도 나누며 토론을 즐겼다.

정의감, 바른 예절에 대한 관심이 유달리 깊은 이 교수님은 빗나간 사회 현상에 대해선 질타와 함께 분노를 감추지 못했다. 또 시국에 대한 걱정도 많이 하는 편이다. '사회의 흐름이 이렇게 되어서는 안되는데….' 하면서 토론을 통해 예리한 지적을 해 각성을 촉구한다. 때문에 나는 이분을 통해 바른생활에 대한 자세를 가다듬기도 하는데 모범에선 늘 낙제생이다.

책을 내실 때마다 꼭 챙겨서 주시며 지금 미국에 있는 둘째 아드님의 결혼 주례까지 나에게 맡겼다. 술자리도 숱하게 가졌으며 내가 수술하기 전에는 고인이 되신 정자봉 교수님, 곽철 교수님 등과 함께 꼭 노래방을 찾는다. 레퍼토리도 다양해 나 같은 사람을 단연코 압도한다. 부인을 먼저 보내신 이 교수님은 어지간한 자리가 아니면 술자리도 애써 피하고 옷매무새도 단단히 죈다. 요즘은 한 달에 두세 번 김재윤 교수님과 함께 셋이서 점심 혹은 저녁을 들며 정을 나눈다.

"이젠 틈새도 좀 주십시오. 산행으로 닦은 건강, 식지 않는 학문연구, 행운이 늘 함께하소서."

● 박동백 교수님

역사학자이신 교수님은 내가 창원상공회의소 상근부회장으로 있을 때 상의商議 자문위원 중의 한 분으로 만남을 자주 갖다 보니 가까워졌다.

박 교수님은 창원문화원의 박물관 교육 운영으로 수천 명의 수강생을 낸 공로자이다. 전국적으로도 유명해진 이 박물관 교육에는 저명한 교수님을 비롯해 각계 유명 인사들을 강사로 초청, 수강생이 줄을 잇게 하고 있다.

역사 탐방 역시 인기를 끌고 있다. 문화원을 이렇게 돕던 교수님은 현재 직접 문화원장으로 취임하여 활약을 보여주고 있다. 나와의 업무 관계는 '창원의 종' 세우기를 비롯해 문화, 역사 관계에 대해 많은 자문에 응해 창원상의를 도왔다. 그때 우리는 창원에서 존경받고 있는 정민용 회장님(전 한일친선협회 경남회장, 창원상의 부회장 등 역임), 하종근 창원대 교수님과 같이 자주 만나 점심, 저녁을 하며 친목을 도모했다. 내가 창원상의를 떠난 후 뜸했던 관계가 작년 연말에 만나 다시 되돌리는 사이로 만들었다. 정민용 회장님 덕분이었다.

"나에게 마산 창원의 역사에 관한 많은 것을 가르쳐 주신 교수님, 더 바쁘신 활동, 더 많은 공헌을 남기시기를… 단, 건강을 전제로 하소서."

● 하종근 교수님

어떤 인연으로 만나 사이가 깊어졌는지 확실히 기억할 수는 없으나 참 잊을 수 없는 분이다.

어느 날, 그가 사는 마을 입구에서 멀지 않은 이국적인 분위기의 레스토랑에서 우리는 술잔을 나눴다. 그가 마산 완월동에서 북면 월백리로 이사 간 것은 알지만 가보질 못해 겸사겸사 북면을 간 것이다. 우리 둘은 시간 가는 줄도 모르고 얼근해지도록 마시고 그가 사는 마을로 갔다.

그의 집은 그가 설계한 아담한 2층 집으로 무엇보다 넓은 뜰을 장만하여 잘 가꾸어 놓은 것이 탐이 났다. 잔디를 입힌 뜰 한쪽에 자리한 식탁에서 우리는 또 맥주잔을 기울였다. 속으론 그의 부인에게 미안했지만 부인 역시 반갑게 맞이해 주셔서 나의 염치는 무디어졌었다. 우리 둘은 어스레한 달빛을 등불 삼아 넘친 맥주잔을 욕심껏 들었다. 그래도 체면은 있어 정적靜寂이 놀래지 않도록 조용조용, 담소를 나누며 깊숙한 산골 마을의 야심夜深에 취해 갔다. 우리끼린 제법 오묘한 자연의 이치에 마음을 달랬다. 낭만의 만끽이 별것인가.

우연이란 참 묘한 것이어서 하 교수님이 경남도민일보 창간준비위원장에 추대되시고 내가 엉뚱하게도 초대 사장(대표이사) 자리에 앉게 되었다. 그 후 하 교수님은 평이사로 신문사와 나의 일을 적극적으로 도와 주셨다. 회사의 존폐 여부가 달린 큰 어려움을 겪고 있을 때 그는 바른 방향으로 잡아 주시고 이사직을 떠났다. 나도 회사가 어느 정도 풍향을 잡았을 때 대표이사직을 후임자에게 물려주고 떠났다. 내가 창원상공회의소에 있을 때에도 자문위원으로 많은 것을 도와주시고 박동백 교수님과 함께 자주 자리를 같이했다. 내 막내놈 결혼 때에는 주례를 맡으셨고, 내 책 《호랑이 눈썹을 달고 세상을 보자》 출판기념회 때에는 서평을 해주시는 등 나에게 정을 주셨다.

앞에 나서기를 싫어하고 어떻게 겸손하신지, 정말 그 진실성에 내 머리가 숙여졌다. 언젠가 하 교수님이 책을 내셨다고 하면서 나에게 제일 먼저 책을 주신다고 했다. 나는 그저 예사롭게 출판기념회를 하자고 했는데 완강히 거절해 내가 무안했다. 내가 책 발간을 신문사에 알렸다고 해서 좋지 않은 인상을 가지신 것 같았다. 우리는 제법 오랜 시간 연락을 서로 하지 못하고 있다가 정민용 회장님의 주선으로 다시 모여 그동안 미루어 온 정을 확인했다. 물론 이날에는 박동백 교수님도 자리를 같이해 환담을 나누고 시간이 허용하는 대로 만나기로 했다.

"참 고마운 우리 하 교수님 댁에서의 그 밤, 그 정취情趣가 그립습니다. 더욱더 행복한 시간을…."

● 임동명 선생님

마산성지여중과 마산성지여고의 배드민턴을 전국 최고 수준으로 끌어올려 국가대표로 선발된 선수도 많으며, 동시에 한국 배드민턴의 대부격으로 존경을 받고 있는 분이다. 내가 일선 기자로 뛰고 있을 때 체육 취재 관계로 알게 되어 오늘에까지 두터운 정을 나누고 있다.

성지여중 교장선생님으로 정년퇴임하는 명예스런 식전에서 유일하게 내가 축하의 말씀을 드렸고 큰 아드님의 결혼에선 내가 주례를 설 정도로 우리의 인연은 깊다. 독실한 가톨릭 신자로서 월남성당 신도회장도 지내셨고 내외분의 신심이 보통이 아닌 것 같다.

한국배드민턴학생회 회장을 맡으신 것을 비롯해 지금까지 경남배드민턴 임원으로 바쁘신 시간을 보내고 있다. 나와는 한 달에 한 번 이상씩 만나 주영만 님(전 회사 중역)과 함께 점심 혹은 저녁을 들면서 친밀감을 쌓아가고 있다.

체육인으로서의 자존심, 곧은 성격 탓으로 남에게 신세 지는 것을 꺼리고 언제나 남의 부담을 덜어주고 있다. 부인께서 정성 들여 담근 매실 장아찌를 몇 번이나 보내 이젠 내가 즐기는 반찬이 되었다. 그리고 노년에 내가 외로울까 싶어 지역에서의 배드민턴 행사가 있을 때마다 초청을 해주셔서 고마운데, 내가 매번 참석을 못해 미안하게 여기고 있다. 나에게 늘 고마운 분, 행복하시라고 기도를 빠뜨리지 않고 있다.

● 허종성 원장님

KBS에 계실 때부터 인연이 시작되어 마산문화방송을 거쳐 경남매일신문에 오셨을 때 가깝게 뵐 수가 있었다. 3년 넘게 한 직장에서 같이 있으면서 사회적 경험과 경영에 미숙한 나를 도와서 부담을 덜어 주셨다. 어려운 고비 때마다 의논을 드리면 가까운 길을 제시해 주셨고 부담스러워하지 않았다. 짜증날 만한 일에도 언제나 부드러운 표정으로 조용히 말씀하셨고 화내는 모습을 보지 못했다. 주어진 임무에 대해선 얼마나 열심히 일하시는지 나의 본보기가 되었다.

마산문화원 원장이 되신 후에도 역시 그 부지런함은 변하지 않았다. 행사가 있을 때마다 초청을 해주셨고 개인적으로 늘 격려해 주심을 잊지 않았었다. 회고록을 내셨을 때에는 그 출판기념회에서 첫 번째로 축사를 시켜 외람함에 당황까지 했다.

"나의 불찰로 종종 뵙지는 못하지만 여생을 건강하고 행복하게 보내시리라는 기대의 진지한 내 마음은 변함이 없습니다."

● 권정현 · 정원봉 선생님

창원남고등학교 교장 선생님으로 계실 때 나를 찾아 3학년 졸업생들에게 한 시간 특강을 부탁하셨다. 또 밀양의 어느 고교 교장 선생님으로 계실 때에도 3학년 졸업생들에게 특강을 부탁해 응해 드렸다. 내가 뭐 성공한 사람도 아닌데 선생님은 졸업생들에게 유익할 것이라고 믿으신 모양이다.

이런저런 인연으로 퇴임하신 이후 지금까지 자주 만나 사회의 흐름에 대한 느낌을 주고받고 노년의 보람 있는 삶에 대한 의견을 나눈다. 개신교 장로이시기도 하지만, 궤도에 벗어난 일을 못 보시고 바른생활의 철학이 깊으셔서 언행이 일치하는 분이다. 가까운 분이 상궤常軌를 일탈하면 추상같은 지적과 충고를 하시고 그럴 사이가 못 되면 침묵, 혹은 만남을 피한다.

그런 한편 정도 많으셔서 어려운 사람이 있으면 그냥 못 보고 지나시는 분이며 남몰래 어려운 분들을 돕고 있다. 우리 둘 사이에는 '건전한 가정', '건강한 사회', '종교인의 역할' 등에 대해 허심탄회한 의견이 교환된다. 언제나 모범을 보여 주시고 나의 행로에 대해 따뜻한 격려를 빠뜨리지 않으신다.

권 선생님과 같은 아파트에 살고 계시는 역시 중등 교장 선생님을 지내신 정원봉 선생님과 같이 우리 셋은 한 달에 몇 번은 만나 점심 혹은 저녁을 들면서 정담을 나눈다. 정원봉 선생님은 건강을 비롯한 유익한 생활정보를 수집하셔서 우리들에게 나눠주는 수고를 하고 계신다. 그래서 우리 셋의 만남은 즐거운 것이다.

"권 선생님, 지금 세상은 '인생은 80부터' 라고 합니다. 아직도 활동시간이 많이 남았습니다. 행복하신 시간에 연결됩니다. 59세(실제는 74세)라고 말씀하시면서 젊음(?)을 과시하는 정 선생님은 정말 건강한 행복을 누리시는 분입니다."

● **정운두 사장님**

건설업에 오랫동안 몸담으셨고 퇴임 직전에는 무학건설(주) 사장과 회장님을 역임하셨다. 나하고는 이렇다 할 연유도 없이 그냥 나를 사랑해 주셨고 나 또한 존경했다. 찻집 또는 음식점에서 만나뵐 때마다 '열심히 일하고 열심히 살라' 는 의미의 격려를 주시기 때문에 기쁜 마음을 감추지 못하곤 한다.

언젠가 이분은 나에게 '마산시장이 되어야 한다. 시장에 출마 한번 해보라.' 는 말씀을 하셨다. 나는 자격도 없는 사람이라 죄송스런 표정만 지었을 뿐 이렇다 할 응답을 드리지 못했다. 그런데 이분은 그 당시 나를 만날 때마다 시장市長 말씀을 하셨고 같이 있는 옆 사람들에게도 '저런 사람이 시장이 되어야 한다.' 고 말씀하셔서 나를 민망하게 만들었다. 그렇지만 나는 그 말씀을 들을 때마다 기분이 좋았다. 분수를 모르니 기분이 좋을 수밖에 없지 않은가?

"정 사장님, 요즘 뵐 수가 없네요. 어디 편찮으십니까? 천만에 그럴리 없습니다. 내내 건강하시고 행복을 누리셔야 합니다."

● **김일수 선생님**

한 동네(상남2동) 살면서도 눈인사만 오고 갔을 뿐 가깝게 지내지 않았는데 10여 년 전부터 우연히 거리가 가까워져 지금껏 자주 뵙고 있다. 한쪽 다리가 불편한 장애인이면서도 좋아하는 사람을 생각하는 것은 나보다 두배 세배이시다. 내가 어디가 아프다고 하면 '무슨 약이 좋을 것이다.' '음식을 어떻게 먹어봐라' 는 등 주치의처럼 일러주어 효과를 보곤 한다.

요즘은 조금 뜸해졌지만 우리는 오랜 시간 동안 한 달에 두서너 번 이상씩 만나 점심을 하며 정을 도탑게 했다. 미식가이신 김 선생님은 정갈하고 맛있는 음식점을 두루 섭렵하며 가까운 이의 구미를 돋군다.

연세(지금 83세)가 많이 들기 전까지 전각가篆刻家로서도 이름나 있다. 본인은 늘 겸손하시지만 전각예술로서 늘 구김살 없는 서정을 키워 나가신다. 때문에 그를 한 번 안 사람들은 늘 가까이서 지내고 있다. 특히 나 같은 사람에게는 세파를 헤쳐 나가는 강한 의지력을 쌓도록 영향하고 있다. 설 지난 며칠 만에 홍중조 님과 같이 뵙고 점심을 함께했는데 약간 기력이 떨어지신 것 같아 걱정이 되었다. 마음으로 그 아름다움을 늘 배울 수 있도록 건강한 여생을 보내시길 빕니다.

● 이수오 총장님

나는 이수오 교수님을 늘 총장님(창원대학교 총장 역임)이라고 부른다. 나와는 아무런 관련도 없었지만 어떻게 되어 합포문화동인회 조민규 회장과 함께 더러 만나는 사이가 되어 정겹게 지내고 있다. 시인詩人으로서도 야무진 발판을 다져 나가시면서 저서를 보내 주시곤 하여 책빚을 지고 있다.

우리 셋은 만나면 세상사, 특히 교육에 대한 것을 주 화제로 삼으며 의견들을 나누고 있다. 그는 전문가이고 우리는 상식으로서 대응하고 하니 늘 달리면서 배운다. 그리고 이학박사이신 그는 농촌을 생각하는 마음이 각별하신 것 같다. '잘사는 농촌', '농촌 문화'에 대한 말씀을 나는 귀담아듣는다. 그의 시집 《한내실 이야기》 중 '보릿고개에 서면/ 눈을 뜨고서도 꿈이 떠오른다/ 몸속 깊이 사무치는/ 인동의 세월/ 그 너머로 뵈는 파란 꿈들'(〈농촌 · 8〉)이라는 시는 그의 농촌 관심사를 대변한다.

언젠가 마산상공회의소 사무국장을 역임한 이외율 군이 직접 경작하는 함안군 여항면 내에 있는 어느 산 밑의 밭에서 '저 건너 산 밑의 조그마한 마을이 이수오 총장의 고향'이라고 알려줘서 '참 포근한 곳이구나' 하고 느꼈다.

얼마간 내왕이 없어 소식이 궁금했는데, 내가 자주 들르는 단골 복집(덕성식당)에서 내외분과 우리 부부가 우연히 만나 반가움을 나누기도 했는데 여러 번 이런 만남이 있었다. 학계나 문단에서나 더 많은 공헌을 남길 것으로 기대된다.

"물론 행복하시겠죠?"

● 이강문 국장님(마산MBC 국장 역임)

같은 사주, 같은 사장, 같은 건물에서 방송과 신문사 종사자로 알게 되어 영역은 다르지만 우리는 가깝게 지냈다. 누구에게나 '좋은 분'으로 통하는 이 국장님은 언제나 웃는 얼굴로, 만나는 이를 편안하게 만들어 준다. 부지런하고 일도 열심히 해 마산문화방송의 오늘이 있기까지 그의 업적은 실로 크다고 하지 않을 수 없다. 내가 신문사에서 어려운 일에 부딪칠 때마다 멘토로서의 그의 조언은 나에게 용기를 북돋워 주었다.

한 번은 내가 매우 괴로운 일로 탈기奪氣 상태에 빠져 있을 때 술자리를 마련하여 밤늦도록까지 위로하며 '좌절하지 말고 강한 의지로 대응해 나가라'고 힘을 실어 주셨다. 정말 잊지 못할 고마움이었다. 역시 MBC에 계셨던 변재용 선생님에게와 같이 그 감사하는 나의 마음은 변치 않을 것이다. 지금도 만나면 그 환한 웃음을 그대로 주신다.

"인생의 선배인 이 국장님의 여생이 더욱 행복하시길 빕니다."

● **권을룡 의장님(전 한국노총 경남도의장)**

내가 권을룡 의장님을 알게 된 것은 경남신문사 편집부국장 시절인 것 같다. 지금 기억하기로는 해상운수노조(정확한 명칭은 기억나지 않는다) 경남 대표로 계실 때인 것 같은데, 그때 나에게 노조 조합원들을 대상으로 연수 때 특강을 해달라고 부탁을 해온 것이 만남의 계기가 된 것 같다. 내가 몇 차례 강의랍시고 봉사를 했는데 둘 사이를 가깝게 만들었다.

시간이 한참 지난 뒤 창원 시내에 노동회관이 건립되고 권 의장님이 경남노총 대표로 선출되어 내가 자주 들렀다. 그때는 내가 창원상공회의소 봉직 때인 것 같다. 직장 관계로도 노총 출입이 잦았었다. 그 후 오늘날까지 우리 둘은 자주 만나지는 않지만 이심전심으로 서로를 걱정하고 격려하고 있다.

권 의장님이 소속 노조의 전국 대표로 선출되어 서울에서 근무할 당시에도 나에겐 이따금씩 연락을 주시곤 했다. 노조 활동 한길로 인생을 봉사하고 있는 그의 깔끔한 성격은 나에겐 여러 가지 교훈이 되고 있다.

서울과 부산에서의 임기가 끝나고 지금은 마산노동회관 내에 사무실이 있는 해당 노조에서 활동하고 있는 것 같다. 나에 대한 정이 두터워 간혹 전화를 주시곤 하는데 우리나라 노동운동에 더 많은 공헌을 남길 것으로 믿는다.

"더욱더 행복하시길 빕니다."

● **배한섭 선생님(동진한약방 대표)**

고인이 되신 세운암의 이세혁 스님으로부터 소개를 받아 신세를 많이 졌다. 집이 솔아서 책 간수가 잘 안 되어 걱정하고 있었는데 배 선생님이 이 걱정을 덜어 주셨다. 자신의 한약방 4층 창고 일부를 빌려줄 터이니 쓰라 해서 내가 칸을 질러 서재로 만들었다. 약 7년간 임대료 없이 그냥 혜택을 주셨는데 출입할 때마다 늘 미안한 느낌을 어쩌지 못했다. 여기서 나는 공부도 하고 글을 쓰기도 했는데 언제 만나도 정겹게 대해 주셨으며 그 부인께서도 내 미안함을 '그렇게 여기지 말라'는 자상함으로 대해 주셨다.

4층 내 방에서 내려와 1층의 배 선생님 방에 들르면 이분은 언제나 공부에 열중이셨고 나에게 여러 가지 건강에 도움되는 말씀을 주셨다. 한의서에 파묻혀 찾아오는 손님들에게 늘 건강의 길을 안내하는 배 선생님이 늘 존경스럽다. 내가 이 집에서 나온뒤 지나다 잠깐 들르면 몸에 좋은 약차를 들게 하고 언제나 변함없는 친절 그대로다.

"더 발전하고 더 행복하시길 빕니다."

● 오하룡 시인님(도서출판 경남 대표)

나이는 나보다 아래지만 내가 좋아하고 존경하는 분이다. 우리는 한 달에 두서너 번 정도 만나서 점심을 같이하며 환담을 나눈다. 가끔 수필가인 박충일 선생도 자리를 같이하는데 셋이서 먼저 돈을 내려고 다툼 아닌 다툼을 벌인다. 오 시인님은 일반적인 신간 소개는 물론 자사에서 펴낸 문학서적들을 만날 때마다 주신다. 문학 얘기를 비롯해 세상사에 대해 여러 의견을 나누고 가까운 분들의 동정動靜까지 얘기하다 보면 시간은 쏜살같이 지나가 버린다.

나는 언제나 오 시인님으로부터 배우는 입장이고 또 내가 많이 묻는다. 마음이 여리신 것 같은데도 의지가 강해 옳다고 믿으면 소신을 굽히지 않는다. 예를 들면, 노산 선생과 가고파에 대한 일관된 관심과 신

| 오하룡 시인(중앙)과 박충일 수필가와 함께

뢰 등. 나는 여러 번 이런 그의 모습을 보고 감동을 받았다. 음력 설이나 추석에 우리 집에 들러 주시는 한 분으로 나를 잘 챙겨 주신다. 늘 미안하고 고마운 분으로 그의 문학과 출판업이 더욱 잘 되시길 기도하고 있다.

"올해는 정말 잘되길 빕니다. 뵙지 않으면 내가 더 궁금해집니다."

● 박충일 선생님(수필가)

내 방(경남도민일보 대표이사 사무실)에 전화벨이 울린다. 박충일 선생님이다. "나중에 점심 같이합시다."라고 고맙게 청해 오신다. 직장

사무실이 우리 회사 건물 바로 옆에 있으니까 우리는 서로 생각날 때마다 전화를 건다.

우리 둘은 추창영 선생님이 창립하신 마산수필동인회 창립 멤버로 오랫동안 사귀어 왔다. 마음이 순하신 데다 너무 겸손하셔서 때로는 짜증(?)이 난다. 내 글 쓰는 일(수필 등)에 언제나 용기와 격려를 주신다. 내가 동인지에 원고를 내지 못하면 친절히 마감일을 알려 주시며 은근히 독촉한다. 오하룡 시인과 우리 셋이 만나면 동인지, 수필, 문학, 건강, 취미생활 등을 화제로 삼아 분위기를 즐긴다. 두 분은 전문적인 문인이시고 아마추어인 나는 흉내만 낼 뿐 요점을 귀담아듣는다.

박 선생님은 요즘 신이 난 모양이다. 창원노인복지관에서 붓글씨와 아코디언 등의 악기, 스포츠 등 취미생활에 여념이 없으신 것 같다. 때문에 마산에 자주 못 나오셔서(우리는 가급적 박 선생님의 허용시간에 맞춘다) 만남의 횟수가 그전보다 좀 줄었다. 나는 박 선생님을 뵐 때마다 편안한 마음을 갖고 내가 아는 것에 대해서는 열을 낸다. 우리 만나는 시간이 저녁때이면 셋이서 노래방에도 가는데 박 선생님은 노래도 일품이다.

"언제나 만나고 싶은 분, 언제나 건강하시고, 아코디언 연주 한 번 들려 주시길…."

● 강종열 회장님(한백, 새롬건설 회장)

길가에서 마주치면 그저 인사만 할 정도였는데 조민규 회장 덕분으로 친밀해진 것 같다. 이분이 조 회장과 가까운 탓이다. 조 회장을 통해 연락이 오면 점심 자리를 같이하곤 하는데 경남은행 출신 강돈수 사장도 으레 만난다.

강 회장님은 만날 때마다 말이 적고 예의가 바르며 양질의 경제 정보를 제공해 주어 나에게는 퍽 유익하다. 이분은 사업의 어려운 고비를 만날 때마다 그 고통에서도 헤쳐갈 길을 찾는다고 측근은 귀띔해 준다. 좌절하지 않고 버텨 나가는 그 기상이 주위를 감동케 한다. 동시에 그의 사업상의 큰 소망이 반드시 이뤄질 것을 나는 믿는다. 왜냐고? 순하고 착한 사람들이 성공해야 우리 사회가 건강하게 발전하기 때문이다.

"더욱 분발해서 서민들의 주택 해결에 도움을 주는 사업가가 되길 진심으로 원하며 행운을 빕니다."

● **고동환 회장님(동환산업 주식회사 회장)**

내가 마산상공회의소 부장 시절, 어느 날 회원업체 방문 출장으로 북마산 옛 태양극장 위편에 있는 그의 조그마한 공장을 찾았을 때 작업복 차림의 고 회장님은 현장 직원들과 같이 공장 안에서 일하고 있었다. 물론 사장실이 없는 것은 아니었지만 작업에 임하는 그 열정이 사원들의 감동을 사며 희망의 도화선에 불을 지핀 것이다.

이분을 격려하고 돌아오면서 같이 간 우리 직원에게 "저 젊은 분은 반드시 성공할 것이다."라고 말하니 우리 직원도 "그런 느낌을 받았다."라고 말했다.

그 뒤 사세社勢는 커져 창원으로 이전하여 공장을 크게 확장했다. 나는 이 첫만남이 인연이 되어 오늘날에까지 가깝게 지내고 있다. 고성군 마암면에서 복지시설을 운영하고 있는 김석좌 신부님, 고 회장님의 중학 동기인 심태회 청소년수련원장님(진전면), 이렇게 넷이서 가끔 만나 술 한 잔씩을 하며 정담을 나눈다. 장소는 동환산업의 식당 한구석이거나 고 회장님의 댁이 된다. 술을 모두 많이 들진 않지만 일년에 몇 번씩은 꼭 열리며 내가 술을 제일 많이 마시는 편이었다(물론 수술 뒤에는 마시지 않지만).

솔직히 말해서 내가 어려울 때마다, 내가 어떤 일이 있을 때마다 나를 도와주어 큰 힘이 되었다. 내가 지방언론사 대표로 추대되어 회사주會社株를 좀 사야겠는데 엄두가 나지 않아 고 회장님에게 의논을 했더니 나에게는 과분할 정도로 내 이름으로 주를 사게 해주었다. 내가 평생 잊지 못할 나의 후원자였다. 나는 그를 위해 아무것도 한 것이 없는데 늘 미안하고 고마운 마음밖에는 없다.

그가 불행히도 2009년에 심각한 국면을 만나 엄청난 고생을 하고 있을 때 아무 도움이 되지 못한 나의 무력함을 한탄했다. 내가 할 수 있는 길이라곤 기도 드리는 길밖에 없었다. 아침저녁으로 고 회장님의 일이 잘 수습되고 잘 풀리기를 열심히 기도했다. 누가 뭐라고 하든 나는 그를 좋아하고 그가 잘되기를 지금도 빌고, 내가 숨 쉬고 있는 한 그렇게 할 것이다. 그분의 일이 수습되었을 때 나는 마시지 않던 술을 수술 이후 제법 많이 마셔 취하기까지 해 아내가 놀래곤 하였다.

"몇 년 전에 화재가 났을 때에도 좌절하지 않고 회사를 살려 냈는데 또다시 기업가 정신이 왕성해져 동환산업을 일으켜 세울 것을 간절히 바라면서 기도합니다. 그 특유의 웃음소리가 더욱 자주, 더욱 크게 들리기를 두손 모읍니다."

● 장중유 선생님

내가 좋아하는 홍중조 님, 변재용 님, 한석태 교수와 친분이 두터운 이분은 내가 그의 아드님 결혼 주례를 맡으면서부터 관심 있는 사이로 발전했다. 한 번씩 연락이 오면 위 세 분과 장 선생 그리고 나, 이렇게 다섯이 모여 저녁과 반주를 즐긴다. 좌석을 기탄없이 어울리게 하시느라고 애를 쓰며 이따금씩 재미있는 얘기도 들려 주신다. 자신의 전문 지식과 경험으로 우리들 일상에 도움되는 말씀을 해주신다. 특히 연장자인 나에 대한 예의가 각별하여 미안하고 고마운 생각을 갖게 한다.

"늘 자상하신 그 관심에 감사드리며 소망하시는 대로 행복하소서."

● 한석태 교수님

홍중조 님이 지극히 챙기는 분으로, 그래서 나도 알게 되어 정분을 나누고 있다. 한편으로는 그의 맏형 한석우 씨가 나와 같이 경남매일신문사에 근무, 내가 그를 좋아했기 때문에 그의 계씨(한석태)에 대한 나의 관심이 커져가고 있는지도 모르겠다. 문창문화연구소 대표, 경남대 교수, 국회의원 출마, 지역신문 대표 등을 역임했다. 홍중조 님에 의해 가끔 만나 점심시간을 갖기도 하는데 계획한 일이 제대로 안 풀려 고생도 많이 했지만 용역 주문에 필요한 사료들을 많이 수집하고 있다고 했다. 성품이 온화한 분으로 언젠가는 빛을 볼 것이다.

"나는 그렇게 기대해 봅니다."

● 전의홍 시인

이분은 나와 같이 경남신문에 오래 근무했다. 나중엔 진주 경남일보로 옮겨 일하던 중 저 악명의 군사정권에 의한 언론 통폐합으로 경남일보가 통한의 정간을 맞게 되어 전의홍 시인도 쉬게 되었다. 같은 회사 직원이지만 나와는 각별한 사이로 서로를 위하는 마음이 남달랐다.

시조시인으로, 또 국문학의 실력자로 주위의 존경을 받고 있다. 오하룡 시인과 각별한 사이로 진해로 이사를 오신 후 몇 차례 만나 지난 시간들의 재미있는 일들을 돌이켜 보기도 하며 옛정에 다시 불을 붙였다. 현재는 경남도민일보에서 칼럼위원으로 그 유명한 촌평寸評(바튼소리)으로 여전한 실력을 과시하고 있다.

좀 지난 시간에 오하룡 시인과 같이 만난 자리에서 근엄한 표정으로 내 호를 지었다고 하면서 전하는데 '풍강楓岡' 이었다. 단풍나무 풍자에 산등성이 강자였다. 너무나 고맙고 귀한 자리여서 내가 어쩔 줄을 몰랐다. '호 턱' 이랍시고 저녁을 낸 것 같다. 이 호에 애정이 감을 어쩔 수가 없다. 요즘 몸이 좀 불편해서 마산 나오기가 불편하다고 하는데 회복이 되면 우리 셋은 다시 자주 만나 즐거운 시간을 가질 것이다.

"문학인으로서, 언론인으로서, 더 큰 역할과 공헌을 할 수 있도록 건강이 뒷받침되기를 빕니다."

● **김영만 회장님(희망연대 명예회장)**

시민운동가로 널리 알려져 있다. 김주열열사추모회 회장(기념사업)으로서 전북 남원에서도 김 회장을 아는 분이 많다. 시민운동의 대상이 되면 어느 곳, 어느 때에도 가림 없이 달려가 열성을 다한다. 해당 시민단체를 이끌어가기 위해 필사의 노력을 경주한다.

내가 김 회장을 잘 알게 된 것은 경남도민일보 대표이사를 맡고서부터이다. 여러분이 소개를 해 주었는데 특히 홍중조 주필이 이분에 대한 배려하는 마음이 깊다. 1년에 몇 번씩은 백남해 신부님, 홍중조 주필, 임경란 여사 부부와 만나 저녁을 들며 가벼운 이야기들로 시간을 보낸다.

김 회장은 시민운동에 전력투구하여 가사를 돌볼 시간이 짧아 부인께서 헌신적인 노력을 기울인다고 듣고 있다. 이분이 나를 생각하는 마음이 참 고맙다. 나이 든 내가 혹시 외롭게 지내지 않을까 여겨 가끔 전화로 안부를 묻고 건강을 걱정해 준다. 나도 가끔 농담 삼아 "이젠 부인 고생 그만시키고 가업家業을 이끌어 가라."고 일러주면 머리를 쓱쓱 문지르며 싱긋 웃고 만다. 바른 사회를 위한 이분의 열정은 좀처럼 식지 않을 듯하다.

같이 거드는 임경란 여사 역시 그 활동이 대단했는데 공부를 더해야 된다고 필리핀에서 영어 공부를 1년가량 하고 귀국, 창원대학에서 석사 과정을 마치고 박사 과정에 들어갔다고 한다. 사업을 하는 임 여사의 부군도 같이 공부를 하고 있다. 내외분의 면학열이 가히 놀랍다. 이 부부도 나를 부모처럼 그렇게 여겨 늘 고맙게 생각하고 있다.

"김영만 회장, 임경란 여사 부부 모두 참 행복을 누리시도록…."

● 고성배 회장님

한국차문화운동연합회 회장님이시다. 차문화운동을 위해 태어난 사람처럼 이 일에 그의 인생을 바치다시피 하고 있다. 해마다(올해엔 11번째) 다향축전을 마산에서 열고 있다. 전국대회로 '차음식요리 경연대회', '전국들차 경연대회', '어린이 차예절 경연대회'를 열어 차에 대한 일반인의 인식을 새롭게 하고 있다. 이 차경연대회 '시연'을 국회에서도 열어 국회의원들로부터 격려를 받기도 했다.

'무에서 유를 창조'하는 이분은 어떤 난관이 있더라도 한번 계획 세운 일은 우직스럽게도 밀고 나가는 형이다. 이 지역 다문화가족을 위한 행사도 해마다 열어 이들로부터 찬사와 존경을 받고 있다. 하동에서의 행사 때부터 나를 이 연합회 고문으로 추대하여 지금껏 내가 관심 갖도록 하고 있다. 차문화에 대해 아는 것이 없는 나는 이분 덕택으로 '차의

2009년 전국茶경연대회

한국茶문화운동협의회 주최로 전국茶경연대회가 열렸다.
나는 茶禮에서 종헌관을 맡았고
국제로비스트로 유명한 박동선 선생과
진주산업대 김기원 교수 등이 함께했다.

유래', '삶과 차의 관계', '차의 인류에의 공헌' 등에 관한 것을 배우고 있다. 한 가지 행사를 위해 서울로, 정부 관계부처로, 차문화의 지도자 방문, 경남도청, 마산시청, 언론사 등 부지런히 뛴다.

그 열성이 대단하여 지원과 성원이 계속 늘고 있다. 나는 이분의 활약에 정말 놀라고 있다. 혹시 하찮은 소리가 들려도 '대의를 위해' 하는 소신으로 굽히지 않는다. 이분의 활동 성과 이면에는 눈물겨운 점도 없지 않지만 이를 슬기롭게 넘긴다. 나는 그래서 이분을 좋아한다.

"더욱 분발해서 더욱 발전하시길 빕니다."

● 이군자 여사님

오동동에서 이군자 씨 하면 모두 자원봉사자를 떠올린다. 어려운 분들을 돕는데도 언제나 앞장서고 있다. 마산여성의용소방대장을 비롯해 여성단체 임원을 역임하면서 지역사회 발전에 이바지하는 등 여성운동가로 활동 중이다.

이분을 보면 우리 사회에 봉사를 위해 태어나신 것 같은 느낌을 받는다. 내가 오동동과 상남2동에 살 때 주윗분들은 "이 여사님은 언제나 수수한 차림에 생활도 아주 검소하며, 봉사라면 신나게 뛰는 분이다."라고 말하고 있었다. 나도 만날 때마다 이분을 격려하고 있는데 "뭐 대단한 것 없습니다. 내 능력껏 합니다."라고 겸손해 했다.

어느 날 만났을 때 정색을 하며 "마산시장에 입후보하면 틀림없을 것이다. 마산을 잘 아니 일도 잘할 것이다."라고 넌지시 내 표정을 살피지 않는가. 우스갯소리로 넘겼지만 그 관심엔 고마웠다. 나만 아는 이기적인 사회에 이런 봉사에 열심인 분들이 청정한 향기를 뿜는다.

"그 헌신적인 봉사에 큰 박수를 보냅니다."

● **김종식 사장님**

오동동 이웃에서 선배, 후배 하며 지낸 사이이다. 내가 마흔에 타의로 직장에서 나와 망설이고 있을 때 "선배님, 그러지 말고 조그마한 가게라도 열어 운영해 보십시오." 하면서 음식점 영업을 권했다. 그리고 그 가게를 열 수 있도록 도와 주었다. 무엇 하나 제대로 아는 것이 없어 그 가게는 오래 가지 못했지만 나의 잊지 못할 인연이 되고 있다.

그에 앞서 내가 직장의 국장으로 근무하고 있을 때, 내 아이가 다니는 N중학교의 총동창회 회장을 맡고 있던 김 사장은 나를 이 학교 육성회 회장을 맡기는데 일조한 것으로 안다. '나는 직장의 대표도 아니요, 육성회 회장을 맡을 어떤 여건도 갖추지 못한 사람' 이라고 완강히 사양했지만 그분들의 시나리오대로 떠밀려 회장이 되었다. 참말로 여건이 안되는 사람이 학교의 육성회장직을 맡는다는 것은 여간한 고역이 아니요, 매우 무모한 짓이었다. 김 사장은 이러한 처지의 나를 격려하느라고 교장 선생님과의 술자리를 자주 벌여 가벼운 기분을 갖게 했다.

이런 연분은 계속되어 내가 3 · 15의거기념사업회 초대회장을 맡았을 때 김 사장은 자신과 가까운 라이온즈클럽 경남지구 총재이신 박차룡 사장님이 5천만 원의 거금을 성금으로 내는 데 일조를 했다. 비록 내가 박 사장님을 찾아뵙고 부탁은 드렸지만 이렇게 큰돈이 갹출될 줄은 미처 몰랐다. 박 사장님의 쾌거에 대해 지금껏 나는 감사를 드리고 있다.

"박 사장님과 김 사장님. 감사합니다. 두 분 꼭 행복한 여생을 보내시길 빕니다."

● **백한기 회장님**

마산 3 · 15의거기념사업회 회장을 맡고 계신다. 그전에는 마산용마고등학교 총동창회 회장을 지냈다. 나하고는 별 인연이 없었을 때 3 · 15 일로 짧은 시간이지만 가깝게 되었다고 나는 생각하고 있다. 3 · 15에 관한 중요한 일이 있을 때마다 초대회장이라고 상의를 해와 자연스레 정이 생겼다. 너무 의욕적이어서 항상 주위의 시선을 끌었다.

50주년 기념사업을 알차고 방대하게 이끌어 50주년의 의미를 손색없이 살렸다. 더욱 국가기념일 제정 추진에 있어 백 회장은 그의 남은 생을 걸다시피 헌신하여 목적을 달성했다. 이 추진 과정에 여러 애로사항이 겹쳐, 진전은 물론 의욕 상실의 고비를 몇 번이나 만났으나 초지일관 밀고 나가 주위를 놀라게 했다. 어느 날 내가 격려 전화를 걸었을 때 그는 서러운 듯 울먹여 내 가슴을 찡하게 만들었다.

국가기념일 지정과 함께 50주년 기념행사가 열렸을 때 그는 경과보고에 앞서 참석한 모든 분을 향해 큰절을 올려 그의 의지를 나타내어 주었다. 우리 모두는 박수 갈채로 그를 격려해 주었는데 영원히 잊지 못할 분이다. "더욱더 정진, 행복하시길…."

*이 난은 순서 없이 내 생각 떠오르는 대로 적었을 뿐이다. 내 가족은 그렇게 알고 존경의 마음을 가져야 할 것이다.

또 좋은 인연

우리들은 살아가면서 우리 주변에 항상 존재하는 고귀한 각자의 가치를 지닌 그 많은 존재들을 망각하거나 또는 너무 하찮게 여기면서 일상성에 빠져 무감각하게 매몰되어 오지는 않았는지 되돌아볼 일이다.

—만당 스님(대한불교 조계종 기획국장)

사랑하는 사람을 백명 가진 자에겐 백 가지 괴로움이 따른다.
사랑하는 사람을 갖지 않는 사람에게는 괴로움이 없다.

—우다나

우리가 사는 데는 일가친척 외 이웃이나 공조직, 사조직 등 어느 모임에나 가입해 친목 도모와 그 이상의 역할을 맡는 것이 어떤 도리道理처럼 되어 있다.

이것은 생계와 무관하여 취미생활 또는 공헌하고 싶은 욕구의 본능에서 비롯된 것이 아닌가 여겨진다. 사회구성원 간의 이런 매개체(클럽)가 없다면 얼마나 삭막하고 숨이 막히겠는가? 우리는 이 모임을 통해 직업 밖에서도 자아실현, 내 목소리, 이상 구현을 추구한다. 스트레스 해소는 물론, 어떤 공통분모를 형성해 '목표의 향상' 에 이바지하게 된다. 문제는 각자의 시나름(흥과 기분)에 달려 있지만 대부분의 경우 그 역할에 대한 소명의식이 쌓이게 된다고 나는 믿고 있다. 그래서 어떤 모임은 부럽고, 그 '부러운 모임' 은 여기저기서 생겨나 자연스런 경연競演에 이르면 개인의 삶이나 사회에 아주 유익할 것으로 생각된다.

나는 이런 모임을 통해 인생을 많이 배운다. '사람 모습' 을 본다. '앗' 하고 놀래며 반성도 하고 감동과 감탄도 한다. 내가 얼마나 연약한 존재인가를 돌이켜보게 한다. 그러면서 기분도 좋고 보람을 느낀다.

사랑하는 내 아들들, 며느리들에게 '좋은 인생' 을 위해 '좋은 모임' 을 부러워하고, 좋은 모임의 회원이 되어 그 목적에 이바지하는 것은 '인생의 필수' 라고 권하고 싶다. 역량이 된다면 그런 좋은 모임을 주선하거나 만들 수도 있다. 둘도 좋고 셋도 좋다. 마음 맞고 뜻이 같으면 숫자가 문제이랴.

'향기 나는 인생' 은 이렇게 시작된다. 무슨 거창한 조직(모임)의 명예가 아니더라도 좋다. 진실로 '산 보람' 을 느낀다면 주저할 필요가 있겠는가.

여선회 회원님들

이 모임은 회원 간에 정을 주고받으며 어려운 분을 돕자는 데 뜻을 같이하여 모였다. 열두 분으로 출발하여 두 분은 작고하시고 현재 열 분으로 매달 초하루에 모인다.

● 공우열 선생님

교육계에서 존경받는 분으로 교장 선생님에서 명예스럽게 퇴임, 삼락회(전직 초 · 중등학교 원로 선생님들의 모임) 회장님 등을 역임하셨다. 이 모임의 좌장座長 어른으로서 모임을 지도하고 계신다. 모일 때마다 덕담으로 후배들에게 행로를 가르치신다.

내 모교 성호초등학교에서도 교장 선생님으로 계셨던 선생님은 높은 경륜으로 저 같은 사람에겐 항상 긴장한 자세를 갖추게 한다. 술이 몇 순배 돌아도 자세 하나 흐트러지지 않고 기품이 유지되며 때로는 분위기를 부드럽게 해주시기 위해 웃음보를 터뜨리게 하는 경험담을 펴시기도 한다.

이 모임의 이름도 선생님께서 지어 주셨다. 특히 나는 선생님이 계시는 아파트에 같이 살고 있기 때문에 개인적으로도 많은 것을 배운다. 여든 후반을 막 넘기셨는데 건강은 이상 없이 유지되고 있어 우리 회원들은 모두 기뻐하고 있다. 검소한, 고운 마음, 그 여생이 편할 것이다.

● 이광년 선생님

역시 교장 선생님을 역임하신 존경받는 교육계의 원로이시다. 우리 모임이 성실하게 운영되도록 잘 지켜 주신다. 연세가 높으신데도 모임에 빠짐없이 나오시고 우리들 손아래 회원들을 격려해 주신다. 회원들 모두 선생님을 존경하고 건강하시기를 빌고 있다.

● 윤종태 선생님

중등 교편 생활로 공헌하시다가 교단에서 물러나 경남교육위원, 교남교육위원회 의장님을 역임하셨다. 회사 2개를 경영하는 기업인으로서도 그 활약이 대단하셨는데 이젠 자제분들께 맡기시고 경영지도만 하고 계신 것 같다. 취미로 연날리기에 재미를 붙여 이름 있는 연날리기 대회에 출전하여 주목받는 선수이기도 하다. 여든을 곧 눈앞에 두었는데 재치 있는 농담으로 좌중을 웃음바다로 만든다. 회원들은 유쾌한 기분이 들게 하는 그 말씀 때문에 모임 날짜가 기다려지기도 한다. 말씀이 안 계실 때에는 회원들이 재촉하기도 한다. 아무튼 스스로도 엔돌핀을 많이 내셔서 더욱 건강하시기를 빈다.

● 김동권 선생님

우리 모임 교장 선생님을 역임하신 분 가운데 제일 젊은 교장 선생님 출신이다. 내가 수술하기 전에는 둘이서 가끔 어울려 술도 마시고 노래방도 가고 하여 만만한 사이가 되었다.

모임에서는 선배 교장 선생님들에 대한 예의가 보통이 아니며 술잔을 들면서도 말씀을 아낀다. 모임의 행사에는 빠짐없이 나오며 회원들을 잘 모시고 잘 챙겨 고마운 느낌을 들게 하고 있다. 오늘 우리 교육에 대한 걱정을 많이 하시고, 바르고 믿음직스러운 교육 지향에 대한 고견을 내시기도 한다. 좋은 분의 인생행로에는 언제나 좋은 결과가 있을 것으로 믿는다.

● 최규선 국장님

우리 모임의 취지에 맞는 분으로 추천되어 우리가 모셔 존경의 뜻을 전하는 시간을 마련했는데 이분이 우리의 뜻이 좋다고 회원으로 가입했다. 청렴하고 일 많이 하는 공무원으로 널리 알려진 이분은 정년퇴임 후에도 그런 자세를 잃지 않아 그 모범적인 생활에 여전히 존경을 받고 있다. 마산시청 총무국장과 퇴임 후 경남공무원 전직 모임의 사무총장을 역임했다.

● 권정현 · 정원봉 교장 선생님

입회하신 지는 늦었지만 열심히 참석하고 정성을 기울이고 있다(다른 항에서 기록되고 있음).

● 정성자 여사님

우리 모임의 홍일점. 가끔 모임에 참석하여 열성을 보여주고 있다. 마산문화원 부원장, 평통 정책자문위원, 기타 여성단체 등에서 적극적인 활동과 함께 공헌을 하고 있다. 언제나 수수한 차림으로 사치와는 거리가 멀지만 남몰래 어려운 분을 돕는 데는 주저하지 않는다. 봉사활동에는 밤낮없이 뛰며 주위에서는 늘 바쁜 분으로 통하고 있는데 내가 이따금씩 "쉬엄 쉬엄 하시라."고 농을 걸면 "뭐 하는 것 없습니다."라고 겸손해 한다. 자원봉사를 생활화한 이분은 늘 신의 축복을 받으실 것이다.

● 홍중조 주필님

이 모임의 창립 멤버로 출발 시부터 총무를 맡아 헌신하고 있다. 언론사 논설실장, 주필 등을 역임한 이분은 향토 사학자로서 독보적인 경지를 개척하고 있으며 청탁 원고 쓰기 등 바쁜 나날을 보내고 있다.

● 노치웅 고문님

경남에너지(주)에서 오랫동안 근무, 이사로서 퇴임한 후 조경사업과 개성공단에 공장을 갖고 있는 중견 건설회사의 상임고문, 부회장으로 봉직하다 퇴임했다.

현재는 3 · 15의거기념사업회 감사와 유네스코 경남위원회 부위원장으로 활약하고 있다. 우리 모임의 막내로 모든 회원들로부터 사랑을 받고 있다. 이 모임을 이어갈 주도적 역할이 기대되고 있다.

● 고 홍순약 선생님

이 모임의 창립을 이끌어 주시고 "모임이 좋아 그 날짜가 기다려진다."고 말씀하실 정도로 모임을 키워 나갔다. 한평생을 교육계에 몸 바치신 분으로 교장 선생님과 함안교육장을 역임하셨다.

정년퇴임 후에도 원로 선생님들의 모임인 '삼락회'(경남) 사무총장을 맡아 별세하실 때까지 공헌하셨다. 마산 사랑이 지극하신 선생님은 우리 모임의 발전을 위해 많은 도움 말씀을 주셨다. 모임 때마다 선배이신 공우열 교장 선생님에 대한 예의가 너무 바르셔서 감탄을 자아내게 하였다.

별세하셨다는 갑작스런 비보에 우리 회원들은 비탄에 빠져 잠시 멍했다. 가랑비가 내린 영결식장에서의 공우열 선생님의 애통스런 표정은 지금도 잊지 못하고 있다.

"부디 명복을 누리시길 전 회원들과 함께 빕니다."

● 고 김정수 의원님(건축사)

초등학교 교원, 경남건축사회 회장, 창신대학 강사, 경남도의회 의원 등을 역임하셨다. 흔히 그를 부를 때 '김 의원님'이라고 하는 분이 많아서 우리도 "김 의원님" 하고 부른다. 이분은 마산의 도시계획, 마산의 미래, 복지도시로서 지향해야 할 점 등을 전문가답게 분석하여 설명해 준다. 그 비판도 예리하여 나같이 모르는 사람에게는 큰 공부가 된다. 연구 끝에 지적도 하고 시정을 건의도 했는데 반영이 제대로 되지 않는다고 안타까워하기도 했다.

그는 마산의 복지도시 건설을 위해 많은 노력을 했다고 우리는 믿고 있다. 우리 모임의 목적을 위해서도 늘 앞장섰던 이분은 신병으로 제법 많은 시간의 투병에도 어쩌지 못하고 눈을 감았다. 마지막 모임에 참석했을 때 우리 회원들은 한결같이 '자신감을 가지라' 고 그를 격려했다. 입술 웃음이 독특한 그를 지금 이 시간에도 나는 애통한 마음으로 추모한다.

경남불교신도회

2007년 11월 초에 준비 단계를 거쳐 12월 초에 창립총회를 갖고 발족되었다. 나는 이 총회에서 회장으로 선출되어 회를 운영해 나가게 되었다. 나는 준비 과정에서 존경하는 스님들과 이 신도회를 만든 핵심 인사들로부터 '회장을 맡아 달라' 는 부탁을 받고 여건이 하나도 갖추어지지 않은 나로서는 맡기가 어렵다고 완강히 사양했으나 당시의 여러 사정으로 부득불 맡게 되었다. 분에 넘친 영광이었으나 내심 태산 같은 걱정을 놓을 수가 없었다. 초심 불교신자로서 부끄럽기까지 했다. 다행히 마창불교연합회 회장님이신 성주사의 원정 스님과 이사장이신 정법사의 지태 스님의 성원과 지도를 받게 되었음이 나에게 큰 힘이 되었다.

수석 상임부회장이신 김상헌 님(당시 정법사 신도회장), 상임부회장 정옥배 여사(당시 밀양 표충사 신도회장) · 김태종 님(성주사 신도회

| 경남불교신도회 창립총회(당시 조계종 총무원장이신 지관스님 참석 법문(2008) |

장) · 박만택 님(진주 연화사 신도회장) · 안승택 님(경남공무원 불자회장), 부회장 강모택 님(창녕 관용사 신도회장, 경남도의회 의원) · 윤봉현 님(전 마산시의회 의장, 경남대 강사) · 이재희 님(전 경남도의회 의원, 고성), 감사 김종명 님(당시 경남도청 공무원 불자회장) 등 임원들이 물심양면으로 도와 주셨다. 특히 지역이 가까운 정법사의 김상헌 님, 밀양 표충사의 정옥배 여사, 성주사의 김태종 님 등은 늘 나의 의논 상대자였으며 많은 시간을 할애해 나와 같이 움직였다.

우리 신도회 사무총장을 맡은 최종식(정법사 신도회 부회장) 님은 무보수인데도 헌신적으로 노력, 아니 신도회 업무 전반을 거의 도맡아 운영해 나갔다. 최 총장은 생업에 지장을 받아가면서까지 이 일을 도와 언제나 나의 부담이 되었다. 그런데 불평, 불만의 소리 한마디 못 들었는데 아마 부처님을 믿는 마음이 너무 깊은 탓이 아닌가 여겨져 주위를 감동케 했다.

또한 경남불교신도회 이사이신 권순학 님(불교신문 서부경남 지사장, 성주사), 박질록 님(성주사), 이상록 님(성주사), 김수덕 님(정법사), 김석준 님(정법사), 김성진 님(당시 정법사 사무장) 등은 직장 일에 쫓기면서도 회의 때마다, 행사 때마다 발벗고 나서서 일을 추진, 원만한 결과를 가져오게 했다. 사실은 최 총장을 비롯한 이분들이 아니었으면 경남불교신도회는 그 운영이 어려웠을 것이다.

나는 내 임기를 마쳤지만 지금도 이분들께 감사하는 마음을 갖고 있다. 아울러 우리 신도회를 격려해 주신 통도사 주지 아산 정우 큰스님과 해인사 주지셨던 향응 큰스님(조계종 교육원장스님), 쌍계사 주시셨던 원담 큰스님에게 삼배 합장 감사드린다.

마산성호초등학교 개교 100주년 기념사업회

내가 성호초등학교 4대 총동창회장을 맡고 있을 때 개교 100주년을 맞이하게 되었다. 이 기념사업회 회장을 맡은 나는 부회장인 이석주 교수(경남대, 정년퇴임)와 더불어 집행부를 이끌어 나갔다. 사무총장은 조호제 님(운수업, 총동창회장 역임)이 맡으셨다.

기념사업 추진에 무엇보다 중요한 것은 경비 마련이었다. 나와 이 교수, 조호제 님, 그밖의 임원들은 동창생을 상대로 모금운동에 앞장섰고 정말 할 수 있는 모든 노력을 기울였다. 기념일 날짜는 사정없이 다가오고 예산은 제대로 잡히지 않아 곤혹스럽기 짝이 없었다. 당초 수립된 예산 계획보다 사업을 줄이고 확보된 예산 범위 내에서 일을 추진했다. 거대한 기념비 건립, 100년사 발간 등, 큰몫은 빠뜨리지 않고 격을 맞추어 나갔다.

이 과정에서 이석주 교수와 조호제 사무총장의 역할은 거의 헌신적이었고, 김성열 총무, 최원조, 이춘원, 이제원 님 등 기수별 회장들과 전상국 님 등 기수별 총무들의 기여도 실로 컸었다. 여든이 넘은 대선배님 몇 분과 김경갑 선배님의 성원도 잊을 수가 없다. 기념행사를 차질없이 진행, 마친 뒤 우리는 서로에게 감사하며 모교의 발전을 빌었다. 지금도 가끔 조호제, 이춘원, 이제원 님 등을 만나면 그때의 일을 화제로 꽃을 피운다.

'정말 우리 성호 영원히 발전하길 두 손 모은다.'

노치웅과 그 일행

내가 '노치웅과 그 일행'이라고 부르는 분들은 직장 퇴임 후에도 경남대 총동창회 사무총장 등 여러 문화단체에서 봉사하고 있는 노치웅 님, 김형춘 교수(창원전문대), 이상용 박사(경남연극진흥회 회장), 최광주 회장(광득종합건설주식회사 회장), 김동구 변호사 등을 일컫는다.

이 다섯 분은 각자의 분야에서 주목받는 실력을 쌓아 발휘하고 있다. 나보다 나이가 적은 이분들과 인연을 맺게 된 것은 리더인 노치웅 님 덕분이다. 내가 존경하고 따르던 그리고 사랑받아 온 우리나라 노동운동의 선구자요, 진보 진영의 선두주자이던 고 노현섭 선생님의 둘째 아드님인 노치웅 님이 나를 자기들의 모임 때마다 초청한 것이다.

이들은 의형제로 서로가 아끼며 부인들끼리도 친하게 지내고 있다. 이들 사이에 나이가 더한 내가 어울리지 않을 것 같았는데 금세 정이 들고 이들 역시 언제나 내색 없이 정답게 대해 지금까지 그 사이가 이어지고 있다. 내가 술 마실 때에는 허물없이 대하고 노래방에서 즐기기도 했다. 노치웅 님의 친화력과 리더십이 이 모임을 잘 이끌고 있다.

● 김형춘 교수

독실한 불교신자로 교수, 고교 교장, 다시 교수로 학생들로부터도 존경받는 문학박사이다. 숱한 논문, 몇 권의 저서로서도 인정받는 실력가인데 내가 특히 김 교수를 좋아하는 것은 모시고 있는 자당에 대한 효심이 지극한 때문이다. 부인도 초등학교 교장이신 이 부부는 어머님 모심에 그렇게 자상할 수가 없다. 화낼 줄 모르고 남의 말 안하기도 모범이다.

● 이상용 박사

이 모임의 셋째인 이 박사(문학박사)는 경남연극진흥회 회장이며 '극단 마산'의 대표이다. 2005년 모나코 세계연극총회에 참석하여 2007년 7월의 세계연극총회와 세계연극제를 초청하는데 성공, 한국 마산과 창원에서 이 두 세계행사를 예정대로 치렀다. 혼자 사비로 참석, 이 큰 세계행사를 초청하는 모험을 감행한 것이다. 그래서 주위에서 '겁

없는 사내' 라고 불려진 것이다. 측근들은 그의 간 큰 행동에 어안이 벙벙해 혀를 내둘렀다. 이 두 행사를 서울도 아닌 지방에서 치르는데 그 어려움이야말로 실로 눈물겨웠다.

또 2008년 인천에서 열린 전국연극경연대회에서 그가 대표로 있는 '극단 마산' 이 대통령상을 수상하는 영광을 입었다. 말보다 행동으로 먼저 보여주는 우직스런 성품이 장점이다.

● 최광주 회장

사업(종합건설)하면서 대학 강의, 새마을운동단체장(경남) 등 바쁜 나날을 보내더니 전국전기기술인연합회 회장으로 선출되어 정말 촌음을 아껴 써야 하는 더 바쁜 몸이 되었다.

이 모임(노치웅과 그 일행)을 위해 그의 희사도 잦다(다른 항에서 이 외에 관한 것도 기록되고 있지만 남모르게 어려운 분들도 돕고 있다.

● 김동구 변호사

이 모임의 막내다. 창원에 변호사 사무실이 있다. 변호사로서 열심히 뛰고 있어 주목받고 있었는데, 더 공부해야 된다고 하면서 미국으로 건너가 1년 넘게 해당 연구기관에서 공부하고 돌아왔다. 세계적인 안목을 가진 법조인으로서의 폭넓은 연구, 실력을 다듬기 위해 유학의 길에 나섰다고 주위분들이 말해 주었다.

학구적인 그 자세가 변함이 없는데도, 이들 의형제들끼리 모이면 신나게 놀 줄도 아는 전연 새로운 모습을 보여주기도 한다. 회계사로서 활동하고 있는 부인과 더불어 남을 돕는 일도 서슴지 않고 있다. 그의 장래에 더 큰 기대를 모으고 있다.

金, 李, 辛과 더불어

이렇다 할 명칭도 없다. 그저 한 달에 한 번씩 모여 점심을 같이한다. 지난 4년 동안 나는 늘 초청받는 입장이어서 고맙기도 하지만 부담스럽다. 어쩌다가 몰래 내가 당번 노릇을 하면 이들은 야단이다.

우리 넷은 점심 시간을 통해 생활에 관한 것, 시국에 관한 것, 사회의 흐름에 대한 각자의 생각들을 말하며 즐거운 시간을 보낸다. 무슨 의견의 일치란 없지만 자녀와 손자들에 대한 도움말들을 주고받는 것은 아주 값진 일이다. 또 건강에 관한 좋은 정보도 이들의 친밀을 한층 돋운다. 알 듯 모를 듯 이런 정의 흐름이 삶을 윤택케 한다.

● 김종배 회장

금융기관에서 정년퇴임하고 3 · 15기념사업회 부회장으로 있다가 회장으로 선출되어 임기 동안 많은 활동을 통해 업적을 남겼다. 3 · 15 의거에 앞장선 것이 무슨 큰 죄 지은 양 군사정권에 의해 쫓겨다녀, 대학 학업에도 방해받고 취업도 안 되는 불운을 겪어 그 한恨이 많았다. 그런데도 그런 내색 없이 친구 좋아하고 어질어 그 인간미에 좋은 평을 받고 있다. 이 모임을 주도하는 좌장 격이다.

● 이상수 동장

마산시청 공무원으로 동장으로 정년퇴임하였기 때문에 모두 '이 동장' 이라고 부르고 있다. 앞의 김종배 회장과는 고교 동기로 사이가 각별한데 이 동장 부부는 내가 주례(다른 항에서 기록되고 있음)를 서 나와의 사이에는 시간이 길다. 부부 모두 손주 돌보아 준다고 열심인데 가정사에 관한 참고 이야기를 많이 한다.

● 신용보 사장

유일하게 사업하는 분으로 셋 중 가장 바쁘다. 앞의 두 분은 용마고 출신인데 신 사장은 마산고馬山高 출신으로 출신교 구별 없이 잘도 지내고 있다. 나와는 같은 아파트에 살아 자주 만날 수가 있었을 뿐, 어떤 동기도 없었는데 나를 언제나 정답게 대해 주어 고마웠다.

그런 그가 다른 아파트로 이사를 해 퍽 섭섭했는데 앞의 두 분과 친한 사이로 나도 이 만남에 끼이게 되어 다시 그 정이 흐르게 되었다. 사업가여서 그런지 검소한 편이며 과시적인 면이 없다. 하지만 우리 넷 만남에서는 언제나 여유롭다. 세 분이 돌아가면서 담당을 하는데 서로를 위하는 그 정성들이 퍽 아름답다. 기독교에 입문하여 열심인데 '교회에 다니는 것이 즐겁다' 고 했다. 신앙이 그의 마음도 여유롭게 하는가 보다.

● 박수철 국장과 이점호 국장

박 국장과 이 국장은 친한 친구 사이이다. 박 국장은 경남불교협의회(경남불교를 지도하는 스님들의 모임)와 마창불교연합회 사무국장으로 일하고 있다. 이 국장은 경남신문 편집국장 출신으로 고인이 되신 법정스님이 창립하신 '맑고 향기롭게' 경남지부 본부장을 거쳐 지금은 이 모임의 부회장으로 활동하고 있다.

내가 박 국장을 알게 된 것은 불교행사에 초청되어 참석하고부터인데 꽤 오랜 시간이 지났다. 너무 말이 없고 일에만 몰두하는 것 같아 한 번씩 만나 술을 하거나 저녁을 들면서 그를 격려했는데 지금은 그 인연이 깊어졌다. 내가 경남불교신도회장을 맡고서부터 행사장 등에서 만나면 '우리 경남불교신도회에도 적극적인 관심을 가져달라' 라고 재촉하기도 하는데 그때마다 좋은 반응을 보이기도 한다. 둘이 앉으면 불교계의 흐름 같은 것을 알려주어 나에게 도움을 주는데 그의 직책에 대한 고뇌도 엿보였다.

박국장을 통해 이점호 국장과도 인연을 맺었는데 '맑고 향기롭게' 활동, 봉사에 관한 소식들을 알려주곤 한다. 이 국장은 또 언론계 나의 후배이기도 해서 더 관심 있는 사이로 발전하고 있는데 민속문화운동(?)에도 한몫을 하고 있다고 한다. 법정스님 입적하신 후 만난 이 국장은 "우리 경남에서 '맑고 향기롭게' 운동을 더 활발히 전개해야 될 사명의식을 크게 느꼈다."고 하면서 숙연한 표정을 지었다. 어떻든 박 국장과 이 국장의 불교인으로서의 헌신이 예사롭지 않게 빛나 보인다.

이 밖에도 나는 많은 분들로부터 인생을 배웠다. 사람은 한 면만 보고 평하지 말고 그분의 여러 면을 보면 내가 모자람을 알 수 있다. 인생은 서로 얽혀서 사는 것이다. 알게 모르게 서로 영향한다. 그 영향이 진하면 잊지 못하도록 마음속에 그 명단이 작성된다.

● 고 백선기 선생님

공무원, 기업인으로서 열심히 산 분으로 정이 깊고 어지신 분이었다. 마산산업인간친회에서 인연이 되었다. 마산 3 · 15기념사업회 백한기 회장의 백씨이다.

● **송명호 선생님**

전 마산시 부시장, 신문 지사장하실 때.

● **박종대 교수님**

경남신문 부사장, 경남대 교수 역임, 작고하셨다.

● **안재용 박사님**

순안산부인과 원장님, 적십자 경남지사 부지사장 등 역임.

● **김대환 선생님**

원로화가

● **옥찬 선생님**

부산일보 마산지사장, 마산일보 전무 역임, 작고하셨다.

● **조용근 회장님**

경찰공무원 출신, 경남경우회 임원 등을 역임

● **김의준 님**

역시 경찰공무원 출신으로 내가 형님이라고 부르고 있다. 와병 중이어서 걱정이다.

● **고승하 선생님**

작곡가로서 여고 음악교사, 민예총 경남회장, 노래봉사로 유명한

'철부지' 선생님들의 대표, 내 졸작 시에 곡을 주셨다.

● **정영희 여사님**

디자이너, 여성단체장 등을 역임하면서 사랑과 봉사에 앞장서 존경받고 있다. 최근에 수필가로 등단하셨다.

● **조용식 회장님**

오동동상인연합회 회장, 재래시장, 상가의 번영을 위해 바쁜 시간을 보내고 있다. 마산 사랑이 지극한 것이 나를 감동시켰다.

● **박성원 님**

내 모교인 성호초등학교 후배로서 시의원을 지냈고, 무슨 일이든 열성적이다.

● **한재출 국장님**

전 경남도민일보 국장, 나에게 지금까지 열성을 보여주고 있다.

● **김광석 사장님**

진해에서 사업을 하며 오래 전부터 나에게 관심을 보여주고 있다.

● **이양수 회장님**

3 · 15의거부상자회 회장, 나와는 오래 전부터 정분을 나누고 있다. 동기모임에서도 나와는 각별하다.

● 한경득 님

시의원을 역임하고, 이양수 님과 같이 우리는 오랜 시간 우정을 나누고 있다.

● 이대경 님

마산수협조합장을 역임, 나하고는 호형호제로서 지냈는데 먼저 가셨다.

● 최인길 과장님

마산의료원 원무과장, 내가 3 · 15기념사업회 회장일 때 총무과장을 지냈는데 그 인연으로 지금까지 정이 변치 않고 있다.

● 내가 머문 마산상공회의소와 창원상공회의소, 지역 언론사에도 내가 잊지 못할 분들이 몇 분, 열심히 일하고 있다.

● 나는 정치를 모르기 때문에 정치인과는 별 교유가 없다. 다만 내가 아끼고 내게 관심을 가져주는 네 분의 시의원과 한 분의 도의원과 시간을 어느 정도 가졌다. 이것을 쓰고 있는 시기가 선거철이어서 이분들이 당선되기만을 기도할 뿐 이름을 쓰지 못하고 있다.

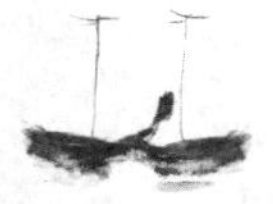

형과 아우의 인연

많은 빚을 졌습니다. 내가 세상을 위해서 한 일보다는 받은 것이 더 많구나. 앞으로 남은 생애 동안 이것을 기억하고 은혜 갚는 일에 좀 더 노력해야 되겠구나 하고 생각하게 됐습니다.(2008년 8월 하안거 해제)

—법정스님(무소유無所有 교훈 주신 큰스님, 입적)

나이가 들수록 후회가 많아지는 것이 인생인가. 내 지나온 세월을 돌이켜보니 단순한 생각, 나 홀로의 선입견, 고쳐야 될 습관, 어리석은 판단 등이 지배적이다.

말하자면 부족한 '오류투성이 인생'이었다. 예를 들면 내가 남에게 해코지하지 않으면 된다는 사고방식, 이렇게 사는 것이 옳은 줄로 믿고 있었다. 농담으로 '영 아니올시다'이다. 살아가자면 남에게 해코지도 하지 말아야 하며 남으로부터 해코지를 당했을 때 방어능력도 있어야 하는 것이다. 가까워지려면 관심도 있어야 하고, 정(사랑)도 먼저 주어야 하고, 협력자가 되어 주어야 하고 나에게 소홀한 점이 없는지 살펴보아야 한다. 지나치지 않은 자기 관리가 중요한 것이다.

내가 해코지하지 않는 이상 상대의 생각 따위엔 관심이 없어도 무방하다는 생각은 위험천만하고 삶을 헤쳐 나가기가 힘들어진다. '사람은 사회적 동물이다' 라고 했듯이 자기 혼자만의 무관심이나 고고함에 빠져서는 살아갈 수가 없다. 이런 어리석음 탓에 내 인생은 오점 투성이였던 것이다.

그런데 어느 해 어느 날 회오리바람처럼 내 인생을 강타하고 격렬한 충격을 주며 '주위를 살피라' 는 스스로의 명령이 떨어졌다. 해코지 않는 것이 문제가 아니라 '좋은 관심' '좋은 인연' 을 예사로 여긴 것이 문제였다는 각성이었다. 그래서 될 수 있는 대로 가깝게 지내려고 애쓰며 주윗분에 관심을 기울이기 시작했다.

여기에서 자연적으로 호형호제呼兄呼弟가 이루어졌다. 형 아우 하면서 지내는 사이가 쉽지만은 않지만 어느새 끈끈한 정이 연줄이 되어가는 것을 느낄 수가 있었다. 가식이거나 이해타산이 전제가 되었을 때에는 아무런 의미도 없고 오히려 괴로울 뿐이다. 특히 나 같은 경우에는 위로 형이 안 계시니 이 형, 아우라고 부름은 어떻게 그렇게 자랑스럽고 든든한지 모르겠다.

나는 친가에도, 처가에도, 외가에도, 이종, 고종, 진외가陳外家에서도 형뻘 되는 분이 한 분도 안 계신다(외사촌 형님이 한분 계셨지만 6·25전쟁에서 전사하셨다). 그래서 좀처럼 일가붙이 아닌 남들에게 '형님' 이란 소리가 제대로 나오지 않았다. 형님이 계시면 철부지 짓도 하고 의논도 하며 형제애를 키우는 그런 보람도 있으련만 그렇지 못하니 친구들의 형님이 늘 부러웠다. 그래서 감상에 젖어 쉽게 형님이라고 불렀다가 스스로의 경솔을 탓하기도 했지만 그런 관계는 내가 생각해도 형식적이고, 내가 진정 좋아서 형님이라고 부르는 분은 존경의 마음을 늘 담는다.

내가 아우라고 부르는 분도 마찬가지이다. 그런 분들을 위해선 나는 기도를 빠뜨리지 않는다. 그분들이 건강하고 그 가족과 더불어 언제나 행복하기를 빈다. 이런 기도는 '내가 참 행복하고나' 하는 기쁨에 젖는다.

내가 형님이라고 모신 분들

● 이필숙, 한중식, 장희운 제님

세 분은 80세를 넘긴 분으로 내가 '오동동울타리회' 회원으로 있을 때 같은 회원으로 나이 드신 분들이다. 오동동에 사신 세 분 중 이필숙 님은 작고하시고 두 분은 아직 오동동에 살고 계신다.

이필숙 님은 오동동 동장을 끝으로 공무원 생활을 마감하신 분이다. 근엄하시면서도 자상한 면이 있는 이분은 혹시 회원들 중 실수가 있으면 조용한 충고로 반성하게 한다. 늘 회원들의 존경을 받으면서 품위를 잃지 않으셨는데 신병으로 별세했다.

한중식 님은 술을 좋아하신 한량閑良으로 자주 우리들 회원들과 술자리에 어울리면서 술값은 혼자 도맡다시피 하여 좌석의 분위기를 이끌었다. 오동동 새마을금고 이사장을 역임하시는 등 동네 일일랑 늘 솔선수범하여 다른 이들의 모범이 되셨다. 지금은 지병으로 술은 일체 끊고 가벼운 운동, 걷기 등으로 건강관리를 하고 있다.

장희운 님은 혈혈단신으로 고군분투한 인생이었으나 부인과 함께 동네 식당을 열어 맛깔스런 음식으로 소문이 널리 퍼져 손님들은 줄을 이어 나름대로 생활기반을 다지셨다. 술을 워낙 좋아하셔서 건강 문제가 걱정이 되었으나 산 오르기를 좋아하셔서 전국의 명산을 두루 섭렵했다. 그래서 건강이 유지되었으나 몇년 전부터 건강에 적신호가 켜져 술을 끊고 조용히 지내신다. 사람을 좋아하여 남 대접하기를 즐겼고 언제나 겸손해 자신을 한없이 낮추셨다. 정이 많고 순진스러워 사람들이 따랐다.

● 강주열 님

40여 년 전 조민규, 서익수, 이우태, 정재권(작고), 김원구 님 등 십여 명이 친목 모임을 만들었는데 그때 회원으로서 최고 연장자였다. 우리 모두는 이분을 형님으로 모셨는데 지금까지도 우리들은 그 예를 갖추고 있다. 물론 이 모임은 여러 사정으로 해산되었다.

한때 특수기관 요원으로 근무하셨는데 많은 분들로부터 존경과 신뢰를 받았다. 겸손하면서 신의를 잃지 않아 기억하는 분이 많고 창원으로 이사하신 뒤에도 찾는 이가 심심찮다. 그분이 믿는 종교에 너무 신심이 깊어 그 영향으로 건강을 유지하고 계시지 않나 하는 생각이 든다. 세상을 바르게 사시고자 하는 그의 의지는 깊다.

● 김일규 님(작고)

'큰 사진기(카메라)를 들고 다니는 기자' 하면 50대 이후의 마산시민은 거의 아실 거다. 사건, 행사, 크고 작음 없이 그의 발길이 닿지 않은 곳이 없고 카메라의 섬광은 번뜩였다. 그는 "내가 기자이기 때문에 먼 훗날을 위해 이 기록(사진)을 담아 두어야 한다."고 역사성을 강조하셨다.

그분은 '엮는다' 라는 말을 즐겨 썼다. 해마다 엮어진 이 기록들은 '가두 전시회' 라는 이름으로 시민들에게 선보였다. 이 가두 전시회를 통해 많은 시민들은 사건, 사고, 행사, 인물, 자연풍경, 예술전시 등을 일목요연하게 알 수가 있었다.

당시에는 탐탁지 않게 여기는 분들고 있었으나 시간이 갈수록 그가 별세하고 난 뒤 이 기록들은 값지게 평가되고 그 가치는 도드라졌다. 내가 알기로는 지난 시간의 기록들이 필요한 사람들은 고 김일규 님의 자택을 찾아 그분의 장남(김태화 군)과 만나 찾고자 하는 자료들을 구해 가기도 한다고 듣고 있다.

언젠가 동서화랑의 송인식 선생님이 김일규 님의 기록사진전 초청장 한 장을 보여 주어서 깜짝 놀랐다. 참으로 몇십 년 만에 대하는 기록물이어서 너무 반갑고 이를 보관하고 계신 송 선생님에게 마음속으로 한없는 고마움을 느꼈다.

그때 일간지 기자 생활을 한 많은 분들은 김일규 님을 모두 형님이라고 불렀고 유독 나와는 가까워 사랑과 지도를 많이 받았다. 내가 일선에서 물러나와 구멍가게를 한답시고 고생하고 있을 때 이 형님은 나를 취직시키기 위해 애도 많이 쓰셨다. 내가 이상두 형(당시 마산상공회의소 사무국장)의 추천으로 마산상공회의소 부장으로 취직이 되었을 때에도 이 형님의 역할이 크게 작용했었다.

내가 현역(기자)에 있을 때 우리 둘은 술좌석을 자주 가졌는데 얼근하게 취하시면 "야, 순명(나의 전 이름). 너는 바른 기자 생활을 해야 돼. 올바르게 살아라."라고 늘 충고해 주셨다. 내가 옆길로 가지 않도록 늘 주위를 환기시켜 주시는 것을 잊지 않으셨다.

만년에 신병으로 도립마산의료원에 입원했을 때 위독하신 순간을 제외하고선 나를 뚫어지게 쳐다보시며 내 한쪽 손을 꼭 잡으셨다. 급기야 그분이 가셨을 때 나는 가까운 분들과 의논하여 고인의 댁 앞에서 장례식을 치러 우리의 슬픔 속에 고히 가시게 했다. 나는 지금까지 1년에 두 번(설, 명절 전야) 고인의 댁을 찾아 유족들을 위문하고 있다. 참으로 고마운 나의 형님이다. 아침마다 기도할 때 형님의 명복을 비는 것으로서 고인의 생전 사랑에 조금이라도 보답하고 싶은 마음이다.

● 이필만 님

나의 20대 후반의 기자 생활 시절 선배기자로서, 후배들로부터 가장 존경받는 분이었다. 부산에서 발간되는 일간日刊 J일보의 마산 특파원이었다. 일선 기자들(마산에서의)의 리더로서 후배들을 극진히 챙기시고 어려운 일도 솔선수범해 따르는 후배들이 많았다.

술자리에선 언제나 후배들을 격려하며 호주머니를 털곤 하셔서 넉넉지 않았는데도 그 호기豪氣를 버리지 못했다. 그때만 해도 지금(삭막함)과 달리 기자들 세계에선 선후배 사이에 서로 챙겨 술잔을 나누며 호방함을 떨치는 것을 큰 낙으로 삼았다. 가정보다 동료, 선후배를 먼저 생각하는 좀 모순된 흐름이, 그런 낭만(?)을 즐기게 했다.

나는 이 형님의 사랑도 많이 받았고 많은 것을 배웠다. 이 형님이 신병으로 불귀의 객이 되었을 때 나는 몇 분의 선배님들과 같이 그의 고향 함안까지 장례차에 동행하여 고인의 가시는 길을 지켜보았다.

"참 좋은 형님, 명복을 빕니다."

● **박재석 님**

군軍 경험담으로 날 새는 줄 모르는 이분은 경향신문 마산지사장으로서 신문 생활에 뛰어드셨다. 보통 지사장(경영자)과 기자와의 사이는 구분이 지어져 같이 있는 시간이 많지 않았는데 이분은 친화력이 있어 일선 기자와의 세계에도 넘나들었다. 어떤 술자리에서 형, 동생이 되어 오늘날까지도 계속되고 있다.

마산문화원 원장으로 있을 때 문화원 내의 노인대학 강사로 위촉되어 내가 자주 문화원을 드나들었다. 당시 노인대학 학장은 지금 무학여고의 서익수 이사장이 맡고 있어 나는 더욱 열심히 봉사했어야 했다. 팔순을 넘긴 지금도 가끔 길에서 뵈옵는데 몸은 약해지셨지만 기백은 아직 살아 있다는 느낌을 받는다.

"행복한 여생을 빕니다."

● **고일룡 님**

정말 이렇게 마음씨 고운 분이 있을까? 고향이 이북(원산)으로 월남, 군에 입대 제대, 마산 재향군인회 사무국 간부, 일선 기자생활 10여 년(?), 경남매일신문사 총무국장, 마산수출자유지역입주기업협회 총무부장 등을 역임하신 족적이 뚜렷한 분이다. 누구에게나 늘 잔잔한 미소의 좋은 인상을 주시는 말씀이 적은 조용한 분이다.

술을 너무 좋아하셔서(안주를 드시지 않는다. 안주 드시라는 나와 말다툼도 있었다) 병을 얻기까지 했는데 남이 술값 내기를 좀처럼 허용하지 않는 분이다. 호주머니가 가벼운데도 남 돕기에 주저하지 않는다. 술 드시면 그 기개가 보통이 아니신데 어릴 때의 엄한 교육 탓인지 실수라곤 없었다. 독서를 즐겨 책도 많이 읽으셨다.

일가 친척이 없는 남한에서의 그 외로운 생활이야 이루 말할 수가 있겠는가. 어쩌면 술을 즐기시는 것은 외로움을 벗 삼는, 아니 극복하시려는 마음의 발로가 아닐까 싶다. 나와는 특히 가까워 보살펴 주심이 대단하셨는데 40년 가까이 단 한 번도 형님이라고 부르는 나에게 낮춘 말씀을 아니 하셨다.

마산의료원 장례식장에서 형님을 보내 드렸는데 가까운 우리들의 슬픔은 가누지 못할 정도였다. 이젠 그렇게도 그리워하셨던 고향 하늘에도 가시면서 명복을 누리고 계실 것이다.

● 진수목 님

마산 체육계의 거목이시다. 용마고의 선배이신 이분은 내가 부산일보 기자 시절 만나 뵈었다. 이분의 공직 근무처에 출입하면서 알게 되어 지금까지 내가 형님으로 모시고 있는 분 중의 한 분이다. 축구 선수로서 너무나 널리 알려진 이분은 그 당시 유독 나에게 정을 많이 주셨다. 공적인 입장을 떠나 사적으로 모교의 후배라서 그런지 여러 면에서 잘 보살펴 주셨기 때문에 나도 무척 따랐다.

공직에서 나오신 후 한전에 입사, 마산에서 근무하고 계실 때 후배들 돌보시기에 소문난 분이다. 또 나중엔 노조위원장(마산)으로 선출되어 그의 온화한 성격 그대로 매사를 무리 없이 처리하여 존경과 인기를 그대로 유지했었다고 들었다. 뿐만 아니고 마산 체육계가 시끄러울때 본인의 고사에도 마산체육회 사무국장으로 추대되어 어려운 시간을 보내며 정상화시키는데 기여했다.

이 형님은 매사에 너무 사양하고, 너무 겸손하며 인정이 많으신 것이 대하는 이들을 오히려 조심스럽게까지 한다. 나는 이 형님을 뵐 때마다 저 장점들을 배워야지 하면서도 덜 차서 쉽게 되지 않는다. 세상은 큰소리치는 사람의 것이 아니라 이렇게 남에게 감동을 주는 분들이 움직이는 것이다.

"팔순이 넘은 형님이 더 젊은 인생을 구가하시길 빕니다."

● 김성길 님

마산상고(용마고) 야구 선수로 유명했던 이분은 경남체육계의 원로로서 후배들의 존경을 받고 있다. 팔순 중반이신 데도 건강을 과시하며 언제나 깔끔한 정장차림으로 생활전선(보험업)에서 뛰고 있다. 워낙 겸손하고 순한 분이어서 누구나 가까이 하고 싶어한다.

하지만 말씀이 적으셔서 조심스럽기까지 하는데 즐기시는 약주 몇 잔이면 그만 기분 좋은 분위기를 만들어 좌석의 흥미를 돋우신다. 술은 좋아하시지만 기분 좋은 정도로, 절대로 과음은 하시지 않으며 지나친 권주勸酒는 싫어하신다. 나에게는 언제나 아량을 베푸셔서 내가 버거운 일을 만나면 거들어 주신다. 오랜 시간 변함 없이 아우로서 여기시는 고마운 분이다. 장수의 홈런을 날리시기를….

● 이종률 님

두주불사斗酒不辭의 이분은 언제나 활기가 넘쳐흘렀었다. 세월은 감당하기 힘드신지 요즘은 주량도 줄고 건강도 전과 같지 않아 주위의 걱정을 사기도 하시지만 한방에 취미가 있어 나름대로의 건강 관리를 잘 하고 계신다. 이따금씩 한의사인 아드님에게 자문을 구하기도 하며 주윗분들께 건강관리에 도움을 주고 계신다.

팔순이신데 음식집에서 만나 뵈면 밥값 먼저 내기를 서두르시는 등

후배들을 극진히 돌보신다. 주류협회 상무(마산), 마산문화원 사무국장 등을 역임하시면서 고향 마산 사랑의 마음이 보통이 아니시다. 내가 어렵고 외로울 때 격려와 용기를 불어넣어 주시며 특히 어머님의 별세 때에는 장지까지 오셔서 위로와 장례에 관한 도움 말씀을 주셨다.

"잊지 못할 형님, 오래오래 건강을 누리시길 빕니다."

● 황태조 님

경남도내 조장행정 기관에서 근무한 분은 아마 이분을 모르시는 분은 안 계실 것이다. 일밖에 모르시는, 문자 그대로의 공복公僕으로서 관계官界 안팎의 존경을 받는 분이다. 내가 이분을 알고 난 뒤 댁을 찾은 일이 있는데 장군동 하천 옆 허름한 집으로 '마산시에서 주목받는 분이 이렇게 사시나' 하는 안타까움이 앞섰었다. 창원공단이 조성될 때 이분이 경남도 창원출장소장으로 발탁이 되셨다. 그 허허벌판을 쓸모 있게 다듬는데 그의 아이디어, 지혜, 근면함이 쏟아졌다.

어느 날 출장소장실을 찾은 나에게 "이 형, 돈 있으면 여기 땅 얼마를 사 놓으세요." 하고 권했는데 돈이 없어 엄두도 못 냈을 뿐 아니라 이 황무지에 대한 나의 이재理財의 눈은 제로였다. 그 당시 이 땅들을 못 팔아 고충이 이만저만 아니었는데 그때 억지 권유로 얼마를 산 분들은 후에 재미를 보았다는 소문도 있었다. 뒤에 들은 얘기지만 어느 감사기관에서 이분에 대한 뒷조사(이 땅들을 사서 재미를 보았을 것이라는)를 했는데 단 한 평도 사들인 것이 없어 그 조사담당자들도 놀랐다고 한다.

일꾼으로 소문이 난 이분은 도에 발령나 근무하다 삼천포시장, 창원군수, 창녕군수직 등을 역임하셨다. 공직(창녕군수) 퇴임하기 20일 전일까, 마산 불종거리에서 이분을 우연히 만나 뵈었는데, 퇴임 후의 구상들을 말씀하셨다. 직업이 각각 다른 사람끼리의 모임을 만들어 친목 도모와 지역사회에 유익한 일들을 모색해 보았으면 하는 희망을 말씀하셔서 합포문화동인회 회장이신 조민규 씨와 함께 의논하여 지금의 한벗클럽을 만들었다. 이분은 초대 회장으로서 이 클럽의 기반을 닦으셨다(나는 수술 후 이 클럽을 나가지 못했다). 얼마 후 이분은 지적공사 경남지사장으로 취임하셔서 3년간 공헌한 바 있다.

이때 이분을 중심으로 모임 것이 석류회이다. 일명 형제 모임이라고도 하는데 황태조 님을 맏형으로, 그 다음이 나, 다음이 정재은 전 교장, 성태우 전 경남신문 이사, 이외율 전 마산상공회의소 사무국장, 윤하용 전 지적공사 경남지사 총무부장(보험업 종사 중 별세), 김형춘 창원전문대 교수, 김종대 전 시의원 순서로 호형호제하고 있다. 매달 한 번씩 모임을 가졌을 때에는 이분이 아우들에게 세상살이에 대한 도움이 되는 말씀을 주신다. 우리들은 늘 경건한 자세로 형님의 말씀을 듣고 받는다. 나와는 더욱 각별한 사이로, 형님의 운전으로 둘이서, 혹은 부부간 넷이서 먼 곳까지 여행을 하며 즐긴다. 단 한 가지 내가 운전을 못하기 때문에 손위 형님이나 그 형수님에게 운전을 맡기고 있어 늘 미안한 마음을 어쩌지 못하고 있다.

형님과 나는 이따금씩 모임과는 별도로 점심 자리를 갖는데 그때마다 어떻게 마음이 평안한지 늘 감사하는 마음이다.

"부디 여생이 더 건강하고 행복하시길 빕니다."

● 김연희 여사(김연희조산원 대표)

내가 형수님이라고 부른다. 적십자 경남지사 여성봉사단체 대표, 여성단체협의회 회장(경남) 등을 역임하신 경남 여성계의 원로 지도자이시다. 이젠 연세가 많지만 봉사활동엔 남 못지않은 이력을 가지신 분이다.

작고하신 부군과 의형제를 맺은 조민규 님(합포문화동인회 회장)의 소개로 알게 되어 서익수 님, 이우태 님과 함께 그 부군을 형님으로 모셨으니까 자연 그 부인에게도 같은 예의를 갖추었어야 했다. 우리들에겐 늘 자상하게 대해 주셔서 정이 싹텄으며 봉사활동에서도 배울 점이 많았다.

깨끗하고 정직하게 살아야 한다는 것이 생활 모토motto로 성실을 다하고 있는 모습이다. 내 수술 뒤 집까지 오셔서 위로해 주셨는가 하면 이따금씩 전화로 걱정해 주신다. 나도 자주는 아니지만 찾아뵙고 문안을 드린다.

"노익장이시길 빕니다."

● 이종규 님

초등학교 선배이신 이분은 금융기관(농협, 상호신용금고 등)에서 정년퇴임 시까지 열성을 바치신 분이다. 그전부터도 알지만 우인회愚人會란 모임에서 더 가까워져 형, 동생하고 지내는 사이이다. 겸손과 양보심을 빼고 나면 텅 빌 분이다. 나는 이따금씩 내가 이기적일 때 이분을 떠올리면서 마음을 조절한다. 여생이 행복하실 것이다.

● 김경갑 님

성호와 용마고의 한 해 선배님으로 나에 대한 배려가 깊으신 분이다. 회사 간부와 사업으로 뜻을 이룬 이분은 부인이 합성동에서 운영하는 유치원을 도와주면서 자신의 취미생활에 열심이시다. 내가 성호초등학교 100주년기념사업회 회장으로 동분서주할 때 물심양면으로 이 사업을 도와 주시고 기념식에도 정판영 선배님과 같이 참석해 우리 임원들을 격려해 주셨다.

또 내가 마산대자유치원 80주년기념사업 준비를 위해 뛰고 있을 때 우리 유치원 동문인 부인과 함께 도움을 주었을 뿐 아니라 기념식에도 내외분이 참석하여 격려해 주셨다. 명분 있는 일에는 언제나 관심을 주시는 분으로 뵈올 때마다 건강이 넘치신다. 그 건강이 오래오래 유지되시길 빕니다.

이 밖에도 한 두서너 분을 형님이라고 부르지만 내가 아우 노릇을 제대로 못해 늘 마음 한구석이 무겁다. 모두 다 건강하고 행복한 여생을 보내시길 빕니다.

내가 아우님이라고 부르는 분들

● 조민규 님

합포문화동인회 회장으로서 널리 존경받고 있는 분이다. 우리가 형, 아우 관계로 맺어진 것은 대략 45년쯤 될 성싶다. 내가 서른두 살 때쯤 우리는 한 모임을 만들어 형, 동생으로 부르기로 했다. 서익수 님과 이우태 님도 마찬가지이다. 나와 조민규 님은 그 회원 가운데에서도 유독 서로에 대한 관심이 높았다. 즐거운 일이나 슬픈 일이나 가릴 것 없이 우리는 많은 시간을 같이했다. 초상났을 때 호상을 맡는다거나 아이들 결혼 주례를 맡는 등 두 집 가정에까지 깊숙이 의義가 심어졌다.

한때 정당(마산)의 사무국장을 지낸 그는 적십자 경남지사 사무국장으로 오랜 시일을 사랑과 봉사활동에 자신을 바쳤다. 명예 퇴임 후 기업체에 발탁되어 CEO로서도 활약하는 등 많은 분들의 관심 한가운데에서 있었다. 무엇보다 주목을 받는 것은 합포문화동인회를 통한 문화강좌가 370여 회에 달한다는 점이다. 저명한 대학교수, 문화 예술인, 교육계, 재계인사, 언론계의 유명인사, 여성계의 지도자, 고위공직을 지낸 분 등 각계의 유명 인사들을 초청해 강좌를 열고 있는 것이다. 물론 이를 돕는 지역 각계의 인사들도 많다. 언젠가 비상계엄령이 내려 모든 집회가 허용되지 않는 상황에서도 당국자를 설득해 이 강좌를 예정대로 열은 적이 있다. 이뿐 아니라 별도로 여성강좌, 청소년강좌도 계속 열고 있다.

더욱 우리를 감동케 하는 것은 야간학교를 개설, 운영하여 글 모르는 많은 이들의 눈을 띄어 주고 있다. 또 연말이면 가고파 음악회를 열어 이 고장에 예술의 향기를 더하고 있다. 이 모든 일들이 우연히 되는 것은 아니다. 문화강좌만 해도 행사 뒤 상경上京해서 강사들에게 고마운 인사를 한다. 이런 철저한 사후관리로 이 강좌가 전국에서도 가장 권위 있고 가장 긴 세월 동안 이어져 오고 있는 것이다.

내가 늘 걱정되는 것은 건강 문제다. 닷새가 멀다 하고 서울을 오르내리니 –강사 교섭과 사후관리 때문에– 이분의 건강 문제가 걱정되지 않을 수 없어 "몸도 추스려가면서 일하라"고 주의를 환기시켜 준다. 그런데도 이 아우님은 늘 내 걱정을 하며 시간만 나면 나를 챙긴다. 형, 아우의 입장이 뒤바뀌어 아우가 형을 더 보살피니 내 부담스러움이 무겁다. 더 사랑받으면서 더 건강하길….

● 서익수 님

마산무학여중 · 고를 설립하여 여고 교장으로 봉직하시다 퇴임하여 지금은 동 학원 재단이사장으로 취임, 계속 교육계에 몸담아 이바지하고 있다.

이분을 알게 된 것은 그가 대학생일 때 마산웨슬레고등공민학교를 세워 운영하고 있을 때이다. 부산일보 기자였던 나는 어려운 가정형편으로 중학교 이상을 진학하지 못하고 직장을 얻어 일하면서 배움에 목마른 청소년들을 모아 교육하는 그를 인터뷰했다.

일찍부터 육영사업에 눈을 뜬 이분은 자신도 배우는 처지인 어려운 여건에서도 일생을 교육사업에 몸 바치겠다는 굳은 신념으로 이 공민학교를 꾸려 나간 것이다. 급기야 학교를 세워 오늘과 같은 장족의 발전을 거듭해 왔고 그의 피땀의 결정이 무학여중 · 고이다.

독실한 기독교 신자로서(교회 장로) YMCA 중앙이사장으로 선출되어 분당에 거대한 사회복지시설을 세우는 등 많은 업적을 쌓았다. 봉사단체인 와이즈맨 전국 회장, 기독교방송(창원) 이사 등 교육, 봉사단체를 넘나들면서 그의 신앙대로 사랑과 봉사활동에 매진해 왔다.

이 아우님도 조민규 님과 같이 나와 시간을 같이하는 일이 잦고 나를 보살핀다고 애를 많이 쓰고 있다. 이렇게 아우님들에게 나는 늘 손아래, 위가 뒤바뀌는 몸이 되어 미안한 마음을 갖고 있다. 그의 열정을 보아 더 많은 사회 공헌이 기대된다.

● 이우태 님

경남대학교 경제학 교수로서 해당 학장과 대학원장을 역임한, 경남대학교의 발전에 이바지한 일꾼이다. 그는 교제交際가 넓어 대학 밖에서 더 많은 분들과 친교를 맺고 있다.

내가 이분을 알게 된 것은 조민규, 서익수 님 등과 같은 시기이지만 마산상공회의소 자문위원을 지내셨기 때문에 더 가까워졌다고 할 수 있다. 물론 호형호제로 오늘날까지 변함없이 이어져 오고 있다. 나에게 걱정거리가 생기면 언제나 같이 걱정하며 그 해결을 위해 노력을 아끼지 않았다.

그는 퇴임한 후에도 학교에 도움 되는 일을 하고 있으며 특히 유네스코UNESCO 경남위원회 회장을 맡아 열심히 뛰고 있다. 그런데 자유선진당 이회창 총재와 인연이 닿아 경남도당 위원장을 맡게 되었다. 나도 한때 그의 활약을 보아 정계 진출을 희망한 바 있으나 여건이 맞아떨어지지 않았다. 하지만 지금은 상황이 다르다. 돈 없으면 특히 우리네 정치세계에 있어서는 더할 수 없이 어렵다. 측근들이 걱정하고 있는 것은 바로 이 점이다. 이회창 총재의 권유와 설득으로 도당 위원장을 맡았지만 자금이 뒤따르지 않으니 그의 고생이 이만저만 아니고 앞날의 보장도 보이지 않는다.

조민규 님, 서익수 님, 나 이렇게 우리 넷이 간혹 만나 식사를 같이 하며 서로의 관심사 등을 논의하고 있지만 그때마다 이우태 님은 "정치욕심 같은 것은 없다."고 하면서 "걱정하시지 말라."고 오히려 우리들을 위로한다. 정든 이 아우님의 희망이 고스란히 이뤄졌으면 하는 나의 마음이 두손을 맞잡게 한다.

● 홍중조 님

이분과의 나의 인연은 너무 깊고 오랜 시간이 흘렀다. 시작은 아련하지만 내가 가는 곳에 이분이, 이분이 가는 곳에 내가 있을 정도로 그 시간의 탑은 높게 쌓여 있다. 궂은일이나 좋은 일이나 가릴 것 없이 형제처럼 상의하고 돕는다.

원래 부유한 집안의 장남으로 태어나 사회 경험도 다양하여 외국서적 취급 서점도 경영했으나 외상에 밀려 문을 닫았다. 이 책들을 볼 수 있는 수준의 분들은 책은 탐나고 호주머니 사정은 허용치 않아 미안한 일을 저지르고 마는데 그때마다 이분은 '허허…' 웃으면서 "어쩝니까." 라고 그만 미련을 버린다.

내가 3 · 15기념사업회 초대회장을 할 때 사무국장으로, 내가 경남도민일보 사장일 때 논설주간으로, 내가 만든 '여선회'의 총무로, 목발 김형윤선생기념사업회 간사, 허당 명도석선생기념사업회 실무추진위원 등 우리 둘은 그림자처럼 서로 연관되어 살아가고 있다. 향토사학자로서의 독보적인 경지를 개척하고 있는 이분은 '우리 고장 사전'이라는 평을 받고 있다.

이분으로 인해 김영만 님, 백남해 신부님, 임경란 여사 등 시민운동하는 분들과 더 가까워졌으며 한석태 교수(전 경남대 교수)는 물론 권위 있는 몇 분의 역술가들도 알게 되었다. 또 이분은 내 손자, 손녀의 이름을 그때마다 지어 주었다. 그래서 내 집안 내용을 꿰뚫어 보고 있다. 우리 둘은 배덕곤 님(3 · 15기념사업회 2대 사무국장 등을 역임)과 자주 만나 점심을 함께하면서 가장 유익한 시간을 보내고 있다. 원래 무능해 이분을 많이 돕지 못함이 매우 안타깝다. 글 쓰는 분이 한쪽 눈이 좋지 않아 나도 걱정인데 부디 지금보다 행운을 만나 행복한 삶을 영위하게 되길 바란다.

● 배덕곤 님

통영 출신으로 마산에서 시의원과 마산상공회의소 사무국장 등을 역임하면서 그 덕망에 따르는 후배들이 많았던 고 이상두李相斗 형을 존경하여 그분으로부터 각별히 사랑을 받은 몇 분이 있다. 바로 배덕곤 님, 강주성 님, 허종덕 님, 안홍달 님 등이다. 나도 30대 끝날 무렵부터 이들과 인연이 닿아 호형호제로 지내 왔다.

내가 이상두 형의 추천에 의해 마산상공회의소에 취업이 되었을 때 배덕곤 님은 총무과장으로 있었다. 나(부장)와 같은 부서로 우리는 더 가까워졌다.

한 직장뿐 아니라 직장을 나와서도 우리들의 관계는 유지되어 만날 때마다 따뜻한 정을 나누었다. 누구든 이분과 사귀게 되면 그 고매한 인격에 옷깃을 여미게 된다. 술자리든 어디든 자세가 흐트러지는 것을 나는 보지 못했다. 오히려 얼근해진 술좌석에서 그의 고담준론高談峻論에 귀 기울인 적이 한두 번이 아니다. 종교에 관해, 특히 불교에 대해 출가승을 연상하리만큼 지식과 이론을 세우고 있다. 나의 불교 공부를 돕기 위해 교리를 원문 또는 알기 쉽게 풀이해 나에게 주기도 했다.

우리는 홍중조 님과 함께 가끔 점심 자리를 갖는데 그때마다 삶에 유익한 내용들을 화제의 중심으로 이끌기도 한다. 식자識者이면서 조용한, 그리고 겸손한 이분을 대할 때마다 비록 내가 서너 살 위로 형 대접을 받지만 어쩐지 내가 왜소하고 움츠러듦을 속으로 감추고 있다. 요즘은 바둑에 열중해 기원에 자주 드나든다. 부디 여생이 행복하길 빈다.

● 강주성 님

앞에서도 언급했지만 배덕곤 님 등과 더불어 많은 시간을 같이했다.

나를 돕기 위해 성심을 다한 때도 있었다. 시간은 흘러 나에 대한 그의 의중意中을 전할 때엔 날카롭기까지 하여 내가 멍해지기도 했다.

그는 한국 웅변의 대부다. 여 · 야 국회의원 가운데에서도 웅변한 분들은 그에 대해 깍듯한 예우를 한다. 암울했던 시기에도 그의 3 · 15전국웅변대회는 열리어 전국의 주목을 받기도 했다. 나에게도 이 웅변대회 고문을 십년 넘게 위촉하고 있어 그 관심을 놓지 못하게 하고 있다.

우리 둘은 유별난 인연인지, 내가 3 · 15기념사업회 초대회장을 물러날 때 바로 이어 제2대 회장으로, 내가 성호초등학교 총동창회 회장 임기가 끝났을 때 바로 다음 회장으로 배턴을 받았다. 요즘은 행사장에서 간혹 만나지만 내 건강을 걱정해 주고 나도 이분의 건강을 염려해 준다. 끔찍이도 좋아하던 담배도 끊었다 하기에 이젠 "술만 조절하면 되겠구나…" 하니까 염려해 주어 고맙다고 했다.

3 · 15사업 등 일도 많이 한 이분이 부디 건강해서 즐거운 일만 많이 생기도록…. 더불어 허종덕 님과 안홍달 님도 나에게는 소중한 인연이다. 행운을 빈다.

● 김도곤 님과 남행남 님

이 두 분은 쉼 없이 서로를 챙기는 형제간 이상의 정을 나눈다. 김도곤 님이 형, 남행남 님이 아우로 서로가 떨어질 줄 모른다. 환갑을 넘겨서도 한 분은 일터로, 한 분은 식당업을 하고 있다.

같은 마산에서 자라서인지 이 두 분은 나에 대한 정이 깊다. 길거리에서 만날 때마다 '형님' 이라고 부르면서 정담을 나누는데 서로가 시간 가는 줄 모른다. 여기 토박이의 때묻지 않은 순수, 그 인정, 그 인심을 간직하면서 그대로 풍겨주고 있다.

남행남 님은 김주열 열사 시신이 떠올랐을 때 마침 부둣가에 있다가 이를 발견, 마산일보사에 달려가 최우영(당시 부사장) 님에게 알려줘 마산일보의 재빠른 취재를 도왔다. 두 분의 우정은 토박이의 대표적인 정서로 사방으로 넘나들면서 각박해진 인심을 녹이게 될 것으로 기대된다. 행복한 생활을 빈다.

● 김옥현 님

조민규 회장과의 우정이 깊은 이분은 나에게도 관심을 주어 형님이라고 부른다. 무슨 특별한 계기가 있은 것은 아니지만 조민규 회장과 가까우니 자연 나하고도 이따금씩 만나는 사이가 되었다.

중소기업은행, 경남은행 등 금융계에서 잔뼈가 굵어 임원, 대표이사 등을 역임했다. 개성이 강하기로 이름나 쉽게 접근하기 어려워 보이지만 믿고 정든 사람에게는 따뜻한 분이다. 옳지 못하면서 잘난 체하면 역겨워한다. 가벼운 등산 등으로 건강을 다듬고 있는데 얼굴이 만날 때마다 맑아 밝은 그의 여생이 엿보인다.

● 이금갑 님

내가 경남신문사 부국장으로 재직할 때 언론담당 정보과 형사로서 출입이 잦았다. 고인이 된 당시 신문사 총무부장 최용호 님과 가까운 사이로 그가 나를 형님이라고 부르니 어쭙잖게 이금갑 님도 나를 형님이라고 불러 오늘날까지도 우리는 그 사이를 유지해 오고 있다.

시인으로서 시집도 출판한 적 있는 이분은 쾌활한 성격으로 만나는 이마다 그 특유의 유머로 경쾌한 기분을 갖게 한다. 퇴임(정년) 후에도 나와 가까운 분들(서익수 · 권정현 님 등)과 교유가 많아 나에게도 더러 그런 시간이 있다. 우리는 만날 때마다 웃으면서 일어나는 그런 시간을 공유한다. 주위에선 그의 작품 활동을 기대하는 소리도 나오는데 나도 그가 작가로서의 활약(시작)에 더 많은 시간을 갖게 되길 바란다.

● **이승기 님**

"형님, 이번에 제가 《마산영화 100년사》를 내었습니다. 형님께서 수고스럽지만 서평을 좀 해 주시기 부탁드립니다."

이 고장에서 드문 영화연구가 이승기 님이 연락을 해왔다. 나는 그 책을 받아보고 깜짝 놀랐다. "어디서 이런 자료들을…" 하고 그의 집념과 노력에 대해 감탄을 했다. 영화에 대해서 아는 것이 없는 사람으로 사양을 했지만 이승기 님의 막무가내식 청탁을 차마 뿌리치지 못했다.

내가 이승기 님을 알고 지낸 지는 40년이 가깝다. 학교 후배이기도 한 그는 책을 좋아해 책을 많이 읽고 많이 모으는 장서가로서도 이름이 났다. 그는 《사상계》 등 종합월간지는 물론 책을 손에서 놓지 않고 다녔다. 생활이 어려우면서도 도서 구입에 비중을 많이 두는 것을 보고 털털한 막걸리 타입이지만 교양의 가치를 일찍부터 느낀 것 같았다. 나하고는 술 마실 기회가 그렇게 많지는 않았지만 소탈한 그 웃음소리는 늘 술좌석을 명랑하게 이끌었다.

그가 소장한 자료로 문화원 내에 영화박물관을 세울 정도로 영화광인 그는 대학에서 강의도 하고 방송인으로서도 자리를 굳혀 가고 있다. 나에 대한 관심도 깊어 잊을 만하면 신간을 보내는 등 그를 상기시켜 우리 둘의 정을 데워주고 있다. 늘 행운이 같이하여 그 동기同期의 삼인방으로서 영광을 누리기를….

● **정병호 님**

버스 안에서 만나도 그 자리에서 일어나 깍듯한 예를 갖춘다. 내가 미안할 정도다. 웅변학원을 열어 후진들을 가르쳤지만 기업에서, 개인 사업에서 등 그의 생업 경험은 대체로 순조롭지 못했다. 열심히 노력한 만큼 그 대가는 따라주지 않는 것 같다.

내가 그와 잦은 시간을 가진 것은 그가 청소년지도자로서 공헌하고 있을 때이다. 어려운 여건하에서도 경남청소년 지도사업을 오랫동안 이끌어 왔다. 호인형好人型으로 지인들의 일은 잘 거들지만 자신의 일은 바라는 대로 잘 풀리지 않아 그를 아끼는 분들은 안타까워하고 있다. 이제부터는 큰 행운을 쥐리라는 그런 도전 정신을 가다듬어 가기를….

● **박대주 님**

참 오랜 시간 우리는 형, 아우 하면서 지내왔다. 한때는 저녁만 되면 나를 찾고 그의 친구들과 더불어 술자리를 같이했다. 나도 그를 즐겨 찾곤 했는데 내 수입이 뻔하다고 좀처럼 나에게 부담을 주지 않았다. 우리는 양가兩家의 가정에서도 서로의 친밀을 밀어줄 정도였으며 길흉사에는 솔선수범해서 일을 거들었다.

한때는 상공회의소, 기업체에서도 근무했지만 사업에 뛰어들어 고비 고비를 집념으로 넘기어 오늘에는 기반을 제법 구축하고 있다. 부지런하고 열심이어서 더 큰 기대를 걸게 하고 있다. 친화력이 남달라 주위에는 항상 친구들이 모이고 있으며, 또한 우정 관리도 헌신적이어서 큰 믿음을 사고 있다. 사업 확장과 더불어 삶의 성공을 구가하도록….

"나에 대한 솔직한 충고 참 고맙소."

● 정종락 님

나의 오동동 청소년 시절 이웃에 산 이분은 오랜 시간 서로 보지 못하다가 최삼용 님을 통해 다시 만나 우리는 이전 동네에서처럼 형, 동생으로 정을 피워 나갔다. 일주일이 멀다 하고 왕래가 잦아 친밀감을 더했는데 예의가 발라 오히려 민망할 때도 있었다. 사업의 번창과 큰 건물의 기공식 때에는 내가 덩달아 신이 날 정도로 기뻤다. 호사다마인가. 고전을 겪기도 해 가슴이 아팠다.

모진 시련 끝에 사업은 자제분에게 맡기고 이선에 물러나 건강 관리와 취미 생활에 몰두하고 있다. 가끔 만나면 지금도 변하지 않고 나에 대한 따스한 관심을 표한다. 연전 돝섬 꽃 축제가 있을 때 자원봉사 여성들의 천막 앞을 지나면서 격려의 말씀을 드렸는데, 그 봉사클럽의 대표가 정종락 님의 부인이라고 나에게 일러주어 감명을 받았다. 정종락 님은 나이에 비해 건강미가 넘쳐 무슨 일이라도 자신이 넘칠 듯….

● 배계홍 님

내가 살았던 상남2동의 동장이며, 그 동네에서 모아진 우인회愚人會 회원으로 들어오면서 나와 가까워져 형 아우 하면서 정을 도톰하게 키워 왔다.

정년 퇴임 후 서예에 몰입하여 일가견을 이루었다. 산을 좋아해 눈·비 가릴 것 없이 산에 오른다. 지금은 뜸하지만 나하고는 술자리도 잦았고 얼근해지면 으레 노래방을 찾아 목청을 돋운다. 세상사에 대한 의견도 나누고 걱정거리는 서로 격려하며 좌절하지 않도록 도움말을 주고받는다.

나의 고희古稀 때에는 일필휘지一筆揮之로 그 정성을 선물해 주어 내

우인회 회원들과 등산(1980년대)

가슴을 뭉클하게 했다. 잠시 건강이 안 좋아 그 좋아하던 등산도 마다하고 두문불출, 한적한 시간을 보내다 다시 생기를 얻어 등산도, 술도 즐기게 되어 주위를 안심시켰다.

경우에 어긋남을 싫어하는 성품으로서 그의 서도書道와 함께 좋은 나날을 맞을 것이다(술을 이젠 끊었다고…).

● 한상호 님

마산문화방송 아나운서로서 이 지역에서는 잘 알려져 있다. 같은 건물에서 근무했기 때문에 서로 알지만 내가 직장(신문사)에서 나와 조그마한 식당을 하고 있을 때 더 가까워졌다. 언제나 다정하게 '형님' 이라고 부르면서 술을 많이 하는 나를 만날 때마다 "술 좀 적게 마시라."고 충고하며 걱정해 주었다.

우리 둘이 포함된 모임이 만들어졌는데 인기 직업인이면서 누구에게나 친절, 겸손해 사랑을 많이 받았다. 이 모임은 20여 년 만에 자연 해산되었지만 한상호 님과 나와의 관계는 변하지 않았다. 그도 세월 따라 정년 퇴임하고, 무슨 의료기 판매사업을 한다고 했다. 그 후 얼마간 소식이 깜깜하다 들리는 소식이 신병으로 세상을 떠났다는 것이다. 그의 퇴임 후 한 번도 위로하지 못한 나는 죄책감도 들곤 하여 고인의 댁을 찾아 부인을 위로한 바 있다. 부디 명복을 누리시기를….

● 박소웅 님

이분도 마산문화방송에서 경력을 쌓아 국장으로 정년 퇴임할 때까지 큰 족적(방송사)을 남겼다. 내가 경남매일신문(지금의 경남신문) 사회부장일 때 이분의 담당으로 〈석간 경남매일이 나왔습니다〉란 프로가 생겨 매일 11시께 그날의 주요 뉴스를 방송하는 역할을 맡은 바 있다. 꽤 오랫동안 진행되었는데 이분의 도움으로 요령을 얻기도 했다.

현직에 있을 때나 퇴임 후에도 나를 반기는 태도는 일관하여 나도 그에게 늘 정겨운 시선을 보낸다. 책도 쓰고 대학 강의도 하고, 처신이 또한 좋아 많은 분들과 사귀고 있는데 지금은 YTN 사외이사로 그의 실력을 계속 인정받고 있다. 한 가지 발 통풍으로 고생하고 있는데 어서 나아 이 사회에 더 많은 공헌하기를….

● 김형배 님

같은 동네에 살면서도 말없는 눈인사만 주고받았다. 내가 마산일보 취재부장으로 있을 때 우리 신문사 내근 기자로 들어왔다.

어느 날 퇴근길에 만나 막걸리 집으로 갔는데 어떻게 입담이 센지기가 질릴 지경이었다. 느닷없이 "형님"이라고 부르며 친근감을 보여주었다.

우리는 이렇게 시작한 형, 동생 관계가 무르익어 그가 고인이 될 때까지 변하지 않았다. 퇴근길에 막걸리 집으로 향하는 것은 일상화되다시피 하여 둘이 곤드레만드레가 된 적이 한두 번이 아니다. 술좌석에 자리하면 입씨름이 벌어지고 그때마다 나는 KO당한다. 술 깨고 나면 언제 그랬냐는 듯이 깍듯한 예우로, 위계질서(?)를 지킨다.

바쁜 가운데에서도 내 개인 일을 많이 도왔으며 나의 모자란 곳을 짚어 내가 잘되기를 바랐다. 나중에 중앙일보에 건너가 진주, 울산, 마산 등 특파원 생활을 했으며 강직하기로 소문났었다.

정년으로 언론계에서 물러났으며 창원공단 내 삼성중공업에서도 얼마간 근무했었다. 가정 경영을 잘해 살림이 여물었으며 가족들을 알뜰히 보살폈다. 얼마간 소식을 몰랐는데 신병으로 입원 중이란 말을 듣고 병원에 병문안을 가 위로하였다. 이때 병실에서 내가 "괜찮다. 곧 일어나겠네." 하니까 간호하는 부인을 보고 "봐라, 형님도 괜찮다 안 하나."라고 생生의 의욕을 보였다. 그로부터 얼마 뒤 부고를 받고 S병원 장례식장을 가 상문했다. 마지막엔 상남2동 상남성당에서 치러진 영결식을 보고 나오는 내 눈가에 찬기를 느꼈다.

"부디 명복을 받기를 빕니다."

● 어윤곤 님

앞의 김형배 님과 고교 동기이면서 자주 어울린 이분도 고인이 되셨지만 법이 없어도 살 분이었다. 약사로 약국을 하면서 동네(오동동, 상남2동) 인심도 얻은 분인데 오동동 울타리회 회원이 되면서 나를 "형님"

이라고 부르며 관심을 보였다. 남에게 폐 안 끼치고 성가신 일을 하지 않으며 자신도 성가심을 싫어해 외롭게 보였으나 한 번 사귄 친구들하고는 그 정이 두터웠다.

역시 나보고 형님이라고 부르는 이성도 님은 어윤곤 님과 가까워 늘 같이 다녔는데 길에서 이성도 님을 만날 때마다 어윤곤 님의 그 잔잔한 미소가 떠오른다. 바르고 착하게, 어질게 살다 간 어윤곤 님이 그리운 때가 요즘이다. 아마 극락 세계에서 명복을 누리고 있을 것이다.

● 조정래 · 손세창 님

오동동 울타리회가 해산되고 나서도 변함없이 나를 형님이라고 부르며 거의 한 달에 한 번씩 나를 챙긴 회원은 이 두 분이다. 보잘것없는 나를 따르며 정겨운 시간을 갖는 것을 두 분은 즐거워했다. 우리는 흥겨운 자리를 만들어 인생, 가정, 사회생활, 자식문제 등에 관해 의견을 교환하며 진지한 시간을 갖는 것을 서로 좋아했다.

조정래 님은 사업을 열심히 해서 어느 정도의 기반을 세운 뒤 사위에게 사업을 물려주었으며, 손세창 님은 마산시 시의원을 거쳐 오동동 새마을금고 이사장으로 그 경영수완을 높이 평가받는 분이다. 요즘은 우리 서로 만남이 좀 뜸해졌지만 그 정이야 변할쏘냐. 부디 두 분의 여생이 행운과 같이하시길….

● 황동호 님

내가 상남2동에 살 때 이웃에 살며 호형호제하고 지냈다. 한국철강에 근무하다 퇴직, 부인과 같이 조그만 가게를 운영하는데 우리 동네 통장이어서 누구 집을 막론하고 남의 일을 성심껏 거들어 주어 호감을 산

분이다.

특히 내 집 일이라면 찬찬하게 보아주어 언제나 나를 감동시켰다. 나는 퇴근길 가끔 이 황동호 님 가게에 들러 탁주로 우리의 정을 다지며 재미난 시간을 보냈다. 내가 신마산으로 이사 온 뒤에도 황동호 님은 혼자 아니면 동네 누구하고 설 · 추석이면 꼭 우리 집에 들러 나와 잔을 나눈다. 그러다 보니 같은 시간대에 우리 집을 찾는 다른 손님과도 알게 되어 명절 때에는 보이지 않으면 서로 안부를 묻기도 한다.

지금도 그 동네(상남2동 살던 이웃) 소식일랑 이분을 통해 알게 되며 내 부탁이 있으면 귀찮은 기색 없이 수고를 해준다. 황소라도 들듯 장사 같은 분이 한쪽 눈을 다쳐 못 쓰고 한쪽 다리도 아파 자전거가 없으면 나들이가 힘들 정도여서 나를 안타깝게 만들고 있다. 부디 건강을 회복해서 왕년의 그 힘찬 모습을 보여 주었으면….

● 강종표 님

역시 상남2동에서 통장으로, 혹은 유지로 공헌을 많이 하는 분이다. 나하고 같은 우인회愚人會(상남2동을 중심으로) 회원으로 총무를 맡아 봉사하고 있다.

일흔이 넘었지만 우리 모임의 막내로서 회원마다 형님이라고 부르며 늘 명랑해 총애를 받고 있다. 이용업으로 단골 손님이 많기로 소문났으며 긍지 높은 그의 직업 의식으로 수십 년의 고객도 한두 명이 아니다. 나에게도 "형님, 형님" 하고 따르는 그의 성실성이 언제나 고맙고 믿음직스럽다. 나는 어쩌면 이런 분들로부터 받는 고운 정 때문에 내 정분이 쉽게 메마르지 않는거라고 생각되어 고마운 마음을 열심히 지키고 있다. 더 환하고 더 웃음 가득찬 표정을 늘 보여 주시도록….

● **진형상 님**

내가 좋아하는 고 최용호 님, 고 김형배 님과 가장 가까운 친구로, 또 내 모교의 후배로서 늦정이 들어 가깝게 지내고 있다. 보건복지부 공무원으로 정년 퇴임까지 그의 전부를 바친 모범 인생이었다. 경우가 바르고 주장이 뚜렷한 외향성(?)이어서 친교가 자못 믿음직스럽다.

언제 어떤 장소에서도 변함없는 예를 갖추며 분위기와 화제를 재미있게 이끌어 간다. 나에게 관심을 보여준 뒤 우리는 한 달에 한 번 정기적으로 점심을 들며 재미있는 시간을 보내고 있다. 가족, 건강, 세상 돌아가는 얘기 등 나름대로 유익한 시간을 갖고 노년을 보람 있게 보내자고 다짐하고 있다. 자제분들의 효심이 모범적이어서 늘 행복할 것이다.

● **조성진 님**

오동동 울타리회에서 만나 30년 가까이 형, 아우 하면서 정을 나누고 있다. 초등학교 교편생활을 하다 사직 후 가게를 여는 등 장사에 뛰어들어 고생도 많이 했다. 홀몸이 된 후 불편한 생활이 제법 긴 시간 이어졌다.

어느 날 나에게 찾아와서 "형님, 주례 좀 서 주십시오. 재혼을 해야겠습니다."라고 부탁해 왔다. 이렇게 되어 나이 든 신랑의 주례를 처음 맡았었다. 우리 둘은 이를 계기로 가정에까지 소통되는 가까운 사이로 발전했다. 이분은 마산에서 김해로 옮겨 건축용 시멘트 대리점을 열어 크게 성공했다. 부인과 같이 시작한 이 사업은 운과 그의 열성으로 거의 독보적인 경지를 개척했다. 마산의 가포 매립지에는 그의 대리점 상품이 공급되기도 했다.

그런데 갑자기 혈압관계로 쓰러져 풍을 만나 한쪽 팔, 다리의 자유를 잃었다. 얼마나 안타까운지 모르겠다. 이분은 그 후 한쪽 팔, 다리로 운전을 하며 가고 싶은 곳마다 찾아 여행을 즐겼다. 몸의 불편에도 생의 의욕을 잃지 않고 당당히 맞서 유익한 시간을 보내고 있다.

나와 조정래(사업) 군을 태우고 남도의 명승지를 누볐다. 우리 셋은 가다가 피곤하면 여관에 들러 짐을 풀고 그곳 특산물을 안주로 술을 즐기곤 했다. 때로는 단둘이서만 여행할 때도 있었는데 고장, 고장마다 그곳의 유명한 내용들을 나에게 소개해 주곤 했다.

요즘은 가끔 차로 나를 태워 가까운 곳에서 점심을 하며 자신있는 그의 인생 면모를 나에게 보여주고 있다. 이제 사업은 그의 코치로 부인이 전담하다시피 하며 그 부인 또한 봉사단체 회원으로 열심히 뛰고 있다. 신체의 불편함은 결코 인생의 장애가 아님을 그가 증명하고 있듯이 더 당당히 더 행복한 시간만이 그를 싸고 돌기를 기원한다.

나에게는 형제와 다름없는 아우 두 사람이 있다.

● 신덕기 님

다른 난에서 잠시 말했지만 유아기부터 어머님으로 모신 분이 계셨다. 내가 명命이 짧다고 내 친부모님이 또 한 분의 어머님을 정해 주셨다. 마산 앞바다 건너 적현리(지금은 창원시 두산중공업으로 가는 길편)에 어머님 댁이 있었는데 나는 초등학교부터 방학 때마다 적현리에 가서 어머님의 속 깊은 사랑을 받았다.

위로 형님 두 분과 누님 한 분, 그리고 지금 말하고자 하는 동생이 있었다.

형제분들도 친 동기同期같이 여겨 나를 좋아해 주셨다. 어머님은 물

질녀의 결혼식 참석(싱가폴) |

론 두 분 형님들도 작고하시고 누님은 자녀들과 같이 부산에 살고 계시고 동생은 일흔을 갓 넘겨 진해에서 살고 있다. 진해에서 오랫동안 서점을 경영하다 대형서점들이 들어서는 바람에 경쟁력을 잃고 서점을 정리, 울산에 가서 제수씨와 함께 식당을 경영했는데 이나마도 밑천이 달려 성공하지 못했다. 엎친 데 덮친 격으로 제수씨마저 유명을 달리해 모든 것을 접고 진해로 도로 왔다.

독실한 기독교 신자인 이 동생은 잠시도 쉬지 않고 경비 등의 일터에서 열심히 일하며 살고 있다. 아들 둘 중 큰아이는 울산에서 사업을 하고, 둘째아들은 건축사로 울산에서 살고 있으며, 큰딸은 진해에서(사위는 군인), 작은딸은 기독교 선교사로서 제 남편과 같이 싱가폴, 중국, 캐나다를 돌아 지금은 아프리카 어느 나라에서 활동하고 있다.

나와 내 아내는 싱가폴에서 열린 둘째 딸의 결혼식에 참석, 닷새 동안 동생 가족들과 지내다 왔다. 동생 아이들은 제 아버지를 잘 모시며 효심을 빛내고 있다. 동생은 빠르면 한 달, 늦으면 두 달 정도 나와 만나 점심 혹은 저녁을 들며 형제애를 키워 나가고 있다. 그리고 잦은 전화로 내 건강과 안부를 묻고 있다. 정말 고마운 내 동생, 언제나 건강하고 그 혈기를 유지하며 행복하기를….

● 홍우양 님

진해에서 살고 있는 이 아우님은 내가 마산상공회의소에서 일할 때 창원에 있는 산업연수원(기업체 임직원들 연수 교육기관)에서 만났다. 홍군은 이 연수원의 간부 직원(전임강사)으로, 내가 이 연수원의 강사로 초청될 때마다 그렇게 친절할 수가 없었다. 온순한 성격에 자상하여 만나는 이마다 그를 칭찬한다.

우리는 이심전심으로 남다른 정을 품어오다 많은 시간이 흐른 뒤 형, 동생 하는 결연에 이르렀다. 어떻게 부지런한지 잠시도 쉬지 않고 일하며 밤에는 늦게까지 공부하여 강의 준비를 하는가 하면, 부동산 중개 등 자격증도 여러 개 땄다. 연수원이 딴 곳으로 옮겨진 뒤 얼마 안 있어 나와 소속 없이 프리랜서로 활동(강의)하고 있다. 몇 년간 기업체(창원의 D산업) 간부로 일하면서 현장의 습득에도 게을리하지 않았다.

외동에 아흔을 넘기신 어머니를 모시고 효성도 지극하여 그 내외가 온 이웃의 칭찬을 받고 살았다. 작년에 어머님께서 작고하신 뒤 그 내외의 슬퍼하는 모습일랑 차마 보지 못할 정도였으며, 나와 내 아내는 이들을 어떻게 위로할지 몰라 당혹스러웠다. 우리 두 부부는 마산, 진해, 혹은 온천지대 등을 여행하며 즐거운 시간을 보내기도 했는데 어머님께서 작고하신 뒤에는 얼마간 삼가하고 있다.

독실한 불교 신자인 이 아우님 부부는 그 어머님의 명복을 빌기 위해 새벽 4시께부터 절에서 염불과 기도를 드리곤 한다. 명절에는 해마다 거르지 않고 우리 집을 찾아 우리 부부에게 큰절을 하며 예를 표하는데 두 분 내외의 정성이 너무 진지하다. 친지의 보증을 섰다가 이것이 잘 못되어 동생의 고생이 이만저만 아닌데도 너털웃음을 온 얼굴에 그리며 "운명인 걸 어떻게 합니까. 잘 될 것입니다."라고 오히려 주위를 안심시킨다. 이 어려운 고비를 잘 넘겨 다시 행운을 맞게 되길 간절히 빕니다.

● **변재용 님**

같은 마산에 살면서 형, 아우 하고 지낸 시간이 꽤 된다. 언제 어디서나 나를 만나면 너무나 정답고 예의 바르게 대해 주어 내가 오히려 민망할 정도다. 우린 둘 다 술을 좋아해서 어쩌다 만나면 그 시간이 길어진다. 그런데 이 아우님은 술기운이 들수록 말이 적어진다. 어쩌다 열정적인 순간도 있지만 내 경험으론 말을 많이 아끼는 것 같다.

한때 공무원 생활도 했지만 의리와 정이 깊은 사람이다. 내가 술을 삼가하게 된 후로는 우리의 만남이 좀 뜸해졌지만 그의 인정과 예우는 변함없어 조용히 웃는 그를 나는 잊지 못한다. 늘 행복하기를….

● **김태진 님**

우리가 서로 알게 된 지는 40여 년이 넘는다. 서로의 일이 다르고 바빠 자주 만나지는 못했다. 그런데도 우리 둘은 깊은 정으로 연緣을 이어 나간다. 참으로 다정스럽게 나를 만나주고 나도 이분을 아주 정겹게 만난다. 세관 공무원으로 근무하다 더 중요한 역할의 국가 공무원으로 자리를 옮겼다.

우리는 어떤 계기가 있은 것도 아닌데 자연스럽게 형, 아우로 부르면서 사이를 좁혀 나갔다. 나이도 몇 살 차이가 아닌데 꼭 "형님"이라고 깍듯이 나를 대한다. 나는 이 아우님과 만나면 어쩐지 마음이 푸근해진다. 밥을 들거나 술을 한 잔 하거나 그 순간마다 정이 물씬물씬 풍기는 분위기가 된다.

이 아우님은 공직에 있을 때 그 권력을 전제前提할 수도 있었는데 너무 낮고 겸손하여 그런 낌새(권력기관)를 전연 풍기지 않았다. 그래서 내가 더 좋아했는지도 모른다. 정년 퇴임 후 그 직장의 전직 모임의 경남회장을 맡을 정도로 동료 선후배 간에도 인기가 있었다. 얼마 전 우리는 진주에서 우연히 만나 그동안 잠재웠던 정을 나누었다. 마음이 고운 분이라서 언제나 그 건강 그대로 유지하면서 행복한 여생을 보낼 것이라고 확신한다.

다•섯•번•째•이•야•기 5

동경에 있는 셋째 아이의 첫딸 현주를 안고(1993년)
인도네시아 여행에서(1987년)

운전 직원과 나

> 가까이 있는 사람, 이미 알고 있는 사람, 그들이 바로 '내 행복의 은행'과 같다. 그들에게 내 행복이 저축되어 있다. 조금 더 마음 쓰면 그들이 행복을 느끼고 그 반사反射로 나도 기쁘게 된다. 명심하라. 상대의 기쁨이 없으면 내 것도 없다. 옆의 것을 소홀히 하고 멀리 가서 새로운 것을 찾으려고 아양을 떨고 방황하지 말라. 가까운 사람에게 저축한 행복을 잊고 멀리서 헤매면 불행한 행복이 된다. 행복을 깊이 숨겨놓고 불행하게 살 이유가 없지 않은가. —지명 스님(괴산 각연사 주지)

> 자수성가한 사람이더라도 사실은 혼자 힘으로 성공한 것은 아니다. 다른 수천 명의 도움이 있었기에 그 자리에 설 수 있는 것이다. 작은 친절을 베풀어 준 사람, 한마디 격려의 말을 건네준 사람… 모두가 우리 개인의 성격과 그 사고방식의 형성에, 그리고 성공으로 나아가는 길에 기여하였다.
>
> —조지 버튼 애덤스

나는 내 임기가 만료되어 경남도민일보 대표이사직을 물러날 때, 임직원들이 기념산문집을 준비하면서 그 책 이름을 지어 달라고 했다. 나는 그 책명을 《섬기고 받듦》이라고 지어 주었다. 그만큼 나는 사람들을 받들고 섬기는 자세에서 살고 싶었기 때문이다.

하지만 내 인생을 돌아보아서 과연 그렇게 살아왔는지가 의문이다.

무엇이든 강력하게 주장하고 끈기있게 밀어붙여 보았는가. 쉽게 대답하기 어렵다. 의지의 강함을 보여주어야 하는데 때로는 고집만 세어서, 아니면 이해가 깊지 못해 화를 내는 일도 잦아 상대를 불쾌하게 만든 일도 다반사였다. 또는 속은 펄펄 끓으면서 겉으로만 순한 체 억지로 넘겨 그 스트레스로 인해 속병을 앓기도 했다. 내가 대장암 초기의 수술을 받은 것도 음주 등의 다른 원인보다 마음 앓이가 더 큰 원인이 되지 않았나 생각할 정도다. 그만큼 사람 사귀는데 서툴렀다. 그런데도 나를 좋아하고 이해해 주는, 그것도 변함없이 정을 보내주는 분들이 있어 나를 기쁘게 하고 깊은 위안을 준다.

그분들은 나와 같은 직장에서 그것도 내 생명을 담아 싣고 다니는 운전을 담당하는 기능직 직원들이다. 흔히들 기사라고 부르지만 나는 성姓 뒤에 반드시 군君이라고 부른다. 경남매일신문 사장직에 있을 때 내 승용차를 운전한 이경배 군, 창원상공회의소 상근 부회장으로 있을 때의 유재원 군, 전담 운전을 맡지는 않았지만 늘 대리격으로 나를 실어 나르던 마산상공회의소 사무국장과 상근 부회장 때의 손영민 군, 이렇게 세 분이다.

이분들은 모두 쉰을 반 이상 넘긴 분들이다. 내가 앞의 세 군데 직장을 그만두었을 때 이분들은 약속이나 한 듯 서로 번갈아 나를 찾아 우리 부부를 위로하고 사랑의 관심을 기울여 주셨다. 그래서 누가 먼저랄 것 없이 우리는 부부 동반으로 한 달에 한 번씩 모이기로 했다. 저녁식사와 더불어 얼근할 정도까지 잔을 나누었다. 우리는 곧이어서 노래방을 향한다. 돌아가면서 흥겹게 노래 실력을 발휘한다. 총 여덟 명이니까 한참만에야 차례가 돌아온다. 물론 노래방에서도 매실주 아니면 맥주를 마셔 흥을 돋운다. 이렇게 한두 시간 놀다가 우리는 아쉽게 헤어진다.

언제나 내가 사는 동네의 식당과 노래방이다. 비용은 똑같이 낸다. 처음 나를 제외시키려(자신들은 직업이 있으니까 라며) 했지만 한사코 내가 반대하여 월회비를 같은 액수로 내었다. 지금도 1백만 원이 넘는 회비가 남아 있다고 전해 들었다. 이 모임이 계속되지 못하고 중단된 것은 총무를 맡았던 이 군이 사업관계로 경기 지방으로 옮겨간 것 때문이다. 내 기억으로는 4년 넘게 우리는 이 즐거운 모임을 가질 수 있었다.

손 군은 독자 사업으로 열심히 하다 건설 경기가 나빠 사업을 정리하고 다시 창원에서 직장생활을 하며 행복하게 살고 있다. 유 군은 정년이 넘었지만 비정규직으로 아직도 직장에서 일하며 그 가족과 더불어 단란하게 지내고 있다. 유 군과 손 군은 워낙 성실해서 어디 어느 직장이든 이바지와 기대를 모으고 있다.

설, 추석 등 명절에는 유 군과 손 군은 한 번도 빠짐없이 나를 찾아와 정담을 나누곤 한다. 이 군은 위(경기지방)에서의 사업을 접고 새로운 사업을 벌이고 있다고 하는데 여의치 못한 것 같다. 유 군이 이따금씩 이 군의 소식을 전하는데 두 분들끼리는 전화 연락은 된다고 하며 언젠가는 이 군도 그때 그 모임을 다시 시작해 보자는 희망을 버리지 않고 있다고 한다.

사랑하는 나의 아들들아,

나는 부족하지만 이런 점에선 성공했다고 자부심을 갖는다. 설, 추석 때면 으레 방문하는 두 분(유 군과 손 군)을 기억하겠지? 참으로 착한 분들이다. 나를 좋아하고 찾아온다고 해서 내가 그렇게 호들갑을 떠는 것이 아니고 진실로 마음이 순하고 고운 분들이기 때문이다. 나는 이분들과 같이 있으면 나 자신도 닮아가는 것 같은 느낌을 받는다. 어진 분이 옆에 있으면 어질게 되고 행복한 분 옆에 있으면 행복해진다고 하지 않더냐? 아무것도 가진 것이 없으면 마음이라도 곱게 가지려고 애쓰면 고운 마음끼리 만날 수 있지 않느냐. 물질적인 것이 다리가 되어 사교社交가 된다면, 위선이 엉키어 연緣이 된다면 그 생명은 길지 못하고 실망만 안겨줄 뿐이다.

나의 아들들아,

좋은 인연은 내가 좋은 인연이 되도록 노력하고 좋은 인연의 바탕을 닦아 나가야 한다. 기업하는 분들이 사원과의 관계를 '좋은 인연'이라고 생각하고 최선을 다해줄 때 그 '좋은 인연'은 바람직스럽게 발전해 나갈 것이다. 그런 분이 경영하는 기업은, 사업은 반드시 성공한다고 나는 확신한다. 좋은 인연 만들기엔 내가 순수하고, 내가 좀 참고, 내가 좀 양보하고, 내가 좀 더 거들어 주고, 내가 언제나 환한 마음으로 반길 때 찾아온다는 것을 명심해 두기 바란다.

재산을 물려받지 못하고 어렵게 사는 사람들은 고운 마음, 긍정적인 마음으로 '인생의 승부'를 가려야 한다. 좋은 인연은 서로에게 기대와 희망을 이루게 한다. 우리 불교 신자들은 인연의 공부가 필수적이다. 나도 인연에 대해 잘 몰라 내 경험만 말해 주었지 부처님의 인연 공부는 게으르게 하지 않을 것이다.

내 아들들아,

좋은 인연에 늘 감사하고 살자.

아직 좋은 인연을 만나지 못했다면 스스로를 돌아보아야 한다.

사랑하는 이 군, 유 군, 손 군, 부디 부디 건강하고 가족과 더불어 행복하며 소원 성취하길 비네. 감사하네.

최씨 성과의 인연

인생에는 세 가지의 힘이 작용한다고 한다. 첫째는 운명이요, 둘째는 자유요, 셋째는 우연의 힘이라는 것이다. 이 세 가지가 상호 복합적으로 작용해서 생에 큰 영향을 미친다. 운명과 우연이란 말은 비슷한 맥락을 가진 것 같다. 아무튼 우리는 우연한 기회에, 우연한 자리에서, 우연한 일로, 우연히 만나 사람과 깊은 인생의 관계를 서로 맺는 수가 있다. 이것이 과연 우연일까? 우연이라기보다는 이루어져야 할 일이 우연히라는 기회를 빌어 나타난 필연이 아니겠는가.

—정창영(전 한국산업진흥연수원 원장)

세상을 살아가면서 성姓을 골라 사귀는 사람은 없다. 그런 사람이 있다면 정상이 아닐 것이다. 우연히도 나는 그 많은 성바지 중 최 씨崔氏를 좋아한다. 무슨 작심에서가 아니라 살다 보니 최씨 성을 가진 분들과 늘 좋은 인연이 되어 왔다. 내가 유별나게 애쓴 것도 아닌데 그분들이 대체로 나에게 관대했다. 이해와 협조는 물론 항상 좋은 인상으로 나를 대해 주었다.

먼저 나의 처가가 **경주 최씨**이다. 나의 빙장聘丈 어른은 두번 재再자, 용 룡龍 자이시다. 빙모님은 밀양 박朴씨다. 우리 부부는 첫선에서 바로 결혼으로 골인했다. 우리 둘은 부모님의 지시대로 따랐다. 당시(내가 23세 때) 우리 집은 어려웠고 처가는 정미업을 하는 잘사는 집안이었다. 나는 군에서 막 제대했고 직업도 없었는데 장손인 탓으로 조부모님이 더 서둘렀었다. 처가에서는 당연히 사윗감으로는 마땅치 않게 여겼을 것이다. 가정 형편에, 신랑의 무직을 보고 누가 반기고 딸을 시집보내려 하겠는가? 나라도 이 혼사는 반대하겠다.

그런데도 빙장 어른께서는 집안의 반대를 무릅쓰고 나를 사위로 맞아 주셨다. 나를 취업시키기 위해 부산, 마산, 친지들을 찾아다니시면서 애쓰시고, 언제나 웃으시면서 격려해 주셨다. 과묵하신 분인데도 나에게는 늘 인자하신 어른이셨다. 여러 면에서 나를 도와주신 친부모님과 진배없다.

어른께서는 검소한 생활을 하시면서 형제분, 일가친척, 이웃분에 대해서는 아주 후하셨다. 가마솥밥 가마솥국 등 아끼지 않으시고 베푸셨다. 당신 자신에게는 엄하게 지켜 나가셨다. 일가친척과 동네분들은 인심 좋은 분, 경우 바른 분, 근엄한 분으로 소문나셨다.

이에 비해 나는 효도 한번 제대로 못했다. 더욱 내가 사회생활에서 가장 어려울 때 작고하셨다. 두고두고 후회하며 가슴 아픈 시간을 보냈다. 엎드려 빌면서 사죄드리고 삼가 명복을 빕니다.

두 번째로 인연이 된 분이 **최우영** 님이다.

그는 고아원 운영과 교육위원, 그리고 마산일보사의 부사장을 지내셨다. 내가 부산일보 마산특파원 재직시, 어느 날 만난 통술집에서 "마산일보에 와서 일해 보라."고 하셔서 그로부터 약 2개월 뒤에 마산일보로 옮겼다(당시 사장은 유명하신 목발 김형윤 선생님이셨다).

최우영 부사장님은 한 달에 몇 번은 우리 동료기자들을 불러서 통술로써 격려해 주시고 즐거운 시간을 보내게 했다. 특히 나와 작고한 후배 정모 군을 더 아끼셔서 통금시간이 다 되도록 술을 마시고 뒷골목 길로 집으로 온 것이 다반사였다. 낭만이 넘치는 분이어서 언제나 술자리는 웃음바다가 되고, 우리는 상남동 댁에까지 모셔다 드리곤 했었다.

최 부사장님은 5 · 16 이후 정당(공화당 중앙당청년국장) 정치생활, 그 이후엔 기업 초청을 받아 CEO로서 활동을 하시다 몸이 불편하셔서 일체의 사회 활동을 그만두시고 와병 중 운명하셨다. 나는 서울 댁으로 두번 병문안을 갔으며 그때마다 반기시면서 눈시울을 적시셨고 나 또한 그러했다. 거동이 불편하신데도 "마산이 그립다."고 하셔서 가족들이 마산 오동동 동경여관(마산에 오실 때 투숙하시는 곳)으로 모시고 왔을 때 많은 분들이 찾아 위로하셨다. 내 아내는 전복죽을 쑤어 드리곤 했는데 잘 잡숫지 못하셨다. 그 얼마 후 작고하셨는데 함안군 어느 교회에서 영결식(서울서 운구되어 왔다)이 올려졌는데 많은 분들이 참석해 애도의 눈물을 흘렸다.

최 부사장님은 당대의 풍운아로서 우리 고장에 대한 애정이 지극하시고 유머가 풍부하셔서 웃기며 좌석을 압권했다. 그를 아는 분들은 지금도 그를 들먹거린다. 삼가 명복을 빌며 시간의 아쉬움을 전해 올립니다.

나는 또 한 분의 최 씨를 잊을 수가 없다.

우리 신문사(마산일보) 김형윤 사장님의 사임(연세가 많아 좀 쉬시고 싶었던 것 같다)으로 후임 사장님으로 오신 **최재형** 님이다. 유원산업 등 큰 기업을 경영하시면서 마산상공회의소 부회장 등 지역사회 주요단체의 여러 임원을 지내셨던 분이다. 나와는 이렇다 할 인연도 없었는데 나를 아껴 주시고 관심을 보여 주셨다. 그때 편집국장 등 간부들과 의논하셔서 나를 취재부장으로 승진시켜 주셨다.

최 사장님은 신문사 경영은 일체 다른 임원들에게 맡기시고 별 관여하시지 않았다. 몸담고 계신 회사의 사업 규모가 커지자 신문사 대표직을 그만두셨는데 재임기간은 약 1년 정도라고 기억된다. 최 사장님은 그 후 회사 회장님으로, 사장직은 계씨인 최재섭 님에게 물려 주셨다.

최재형 회장님은 당대 마산 발전을 이끌어 주시고 지도해 주신 한태일 회장님, 이원길 회장님과 각별한 사이의 트리오로 활약했었다. 세월따라 몸이 쇠약해져 와병 중이었을 때 두 번 병문안을 간 적이 있는데 그때마다 계씨인 최재섭 사장님이 지키고 있었다. 이제 세 분 다 영면하셨다. 삼가 세 분의 명복을 빕니다.

최재형 회장님의 아우이신 **최재섭** 회장님과의 인연은 지금껏 계속되고 있다. 내가 신문사에서 나와 구멍가게(식당)를 하고 있을 때 당시 마산상공회의소 회장을 맡고 계시던 최재섭 회장님은 당시 사무국장이셨던 고 이상두 형의 추천으로 나를 상공회의소 부장으로 맞아 주셨다. 무직이었던 나에게는 이보다 더 고마울 데가 있겠는가. 정말 고마웠다. 물론 그 전에도 나를 많이 도와주신 분이지만 천성이 어진 탓인지 늘 고운 마음을 주셨다.

언젠가는 전화를 주셔서 가 뵈니 백씨伯氏인 최재호 선생님을 뵙게 해 주셨다. 진주에 계시는 최재호 선생님은 시조시인이며 경남일보사 사장님을 역임하시면서 사업도 하시고 육영사업에 뛰어들어 진주 삼현여중고등학교를 설립하신 서부경남에서 존경받는 어른이셨다.

자산동 개울가(향원다방 뒷골목)를 따라 올라가면 조그마한 막걸리 집이 있었는데 두 분 형제는 그곳에서 막걸리를 다정하게 드시며 정담을 나누셨다. 나도 끼어들어 잔을 같이하곤 했지만 여간 조심스럽지 않았다. 이런 자리가 한 서너 번 있었는데 그때마다 최재호 선생님의 선비로서의 품격을 엿볼 수 있었다. 이젠 고인이 되셨지만 그분의 작품은 물론 덕망은 오래오래 사람들의 뇌리에서 떠나지 않을 것이다. 고인의 명복을 빕니다.

최재섭 회장님은 지금은 은퇴(84세)를 하셔서 구산면 구복에서 살고 계신다. 인심을 얻은 분이어서 매일과 같이 초대를 받거나 아니면 당신께서 초대하시는 등 점심을 마산이나 창원에서 드신다. 나도 이따금씩 모시지만 회장님께서도 가끔 전화로 불러 주신다. 한쪽 귀가 난청이어서 걱정된다. 독립투사이신 허당 명도석 선생님의 기념사업회에 저와 함께 참가하고 계시며 내가 모시던 고 목발 김형윤 선생님(마산일보 전 사장님)기념사업회 공동회장으로 해마다 기일이 되면 나와 같이 준비를 하면서 추모 모임을 갖는다. 이때에는 간사인 홍중조 선생이 언제나 실무를 맡는다.

최재섭 회장님은 김형윤 선생님 생전에 "형님" 하면서 각별히 모셔 주위에서 좋은 시선을 받았었다. 더 건강하게 천수를 누리시길 빕니다.

이어서 계속 거명되어야 할 분이 마지막 유원산업(주) 회장이셨던 **최민석** 님이다. 어른들과의 묘한 인연 탓인지 최재형 회장님의 자제분이요, 최재섭 회장님의 조카인 최민석 회장님과도 두터운 관계를 이어왔다.

내가 경남도민일보 대표 이사직을 맡고 있을 때 우리 회사의 발전을 위해 여러 면에서 성원을 아끼지 않으셨다. 우리는 가끔 점심 또는 저녁을 함께하면서 여러 가지 의견을 나누면서 정분을 쌓아갔다. 황태조(전 창녕군수) 님과 조민규(합포문화동인회장) 님, 그리고 나와 셋이서 준비위원이 되어 만든 한 친목 모임에도 최민석 회장님은 참가해 정을 깊게 했다.

내가 두 번째로 마산상공회의소 상근 부회장에 취업이 되어 근무하고 있을 때 마산상공회의소 16대 회장으로 당선되어 취임했다. 나는 내 개인 사정으로 그분의 취임 얼마 후 사임했다. 그 후에도 우리들 사이는 변함이 없었고 지금도 가끔 조민규 회장님과 함께 셋이서 점심을 같이 하면서 즐거운 시간을 보내고 있다. 현재 그는 다른 사업을 구상 중에 있다고 한다.

무학그룹 **최위승** 회장님과는 그전에도 알았지만 내가 마산상공회의소에 근무하고 있을 때 회장(당선)으로 오셨다. 최 회장님은 그 당시 상공회의소의 자립 운영을 위한 기반 마련에 힘썼고 적립금 쌓기에 크게 기여했다. "언젠가는 회비 징수가 어려울 테니까 미리 아껴서 예산을 집행하라."고 사무국에 일렀고 웬만한 것은 사비를 들였다.

나는 그 당시 전라남도의 예를 들며 '경남발전위원회'를 만들어야 한다고 건의하였다. 그 당시 전남 유력인사들은 전남발전위원회(?)를 만들어 전남의 발전을 위해 엄청난 활동을 전개하고 있어 나는 참으로 부러웠다. 나의 건의가 받아들여져 우리 상공회의소 회의실에서 경남발전준비위원회(각계 인사들이 참석)가 열려 정식 발족을 결의했으나 유종의 미를 거두지 못했다(참여가 부실한 탓이 아니었나 기억된다).

세월이 많이 지난 지금도 1년에 몇 번은 조민규 회장님을 통해 점심

자리를 마련해 주고 있다.

나는 최위승 회장님의 계씨인 최연승 사장님(무학주조 사장 역임)과 시간을 많이 보냈다. 내가 상공회의소에 근무하고 있을 때 최고경영자로서의 고급정보, 직원교육에 관한 많은 의견을 나누었다.

상공회의소는 회원업체에게 경영자에 대한 여러 가지 유익한 정보, 사원 교육에 대한 프로그램을 작성, 교재와 함께 제공해 주는 업무를 아주 중요시했다. 그분은 특히 사원 교육에 관심이 높아 사원복지와 함께 사원의 책임의식 고양에 열을 올리고 있었다. 한때 제지회사도 경영한 바 있으나 지금은 경영 일선에서 물러나 건강 관리에 조심을 많이 하고 있다고 듣고 있다. 얼핏 보면 무뚝뚝하게 보이나 자주 웃는 편안함을 주는 분이다.

마산시 총무국장을 끝으로 공직에서 물러나신 **최규선** 국장님은 나와 형, 아우 하면서 지내는 사이이다. 나는 언제나 "경남에서 가장 청렴하고 가장 열심인 공무원"이라고 존경하는 말을 어디에서든지 한다. 여든을 넘긴 지금도 건강하시다. 부인께서 오랫동안 와병 중에 계시는데도 내심으로 엄청 걱정을 하시면서도 바깥으로는 비추지 않으시는 분이다.

경남도 산하 전직 공무원 모임이 창립되었을 때 초대 사무총장으로 추대되어, 일요일에도 혹시 누가 방문 또는 연락할지 모른다고 출근하시는 분이다. 마산시청에 근무하실 때에도 일요일 근무로 유명해 총무국 직원들이 혀를 내두를 지경이다. 조금도 가식이 없고 누구를 만나도 웃음으로 반긴다. 존경하고 따르는 분이 많아 거의 매일같이 초대받는다. 그런데 절대로 남의 신세를 지려고 하지 않아 꼭 답례를 하는 성품이시다.

나와는 허당 명도석 선생님기념사업회와 여선회與善會 모임을 같이하여 한 달에 한 번씩 시간을 같이하고 있다. 건강 유지법의 하나로 걷기운동의 신봉자이시다. 우리 모두가 본받아야 할 사회 선배이시다.

최일재 님 역시 내가 형님이라고 부르는 이 고장 선배님이다. 내가 마산상공회의소에 취업이 되었을 때 줄곧 서툰 나를 잘 챙겨 주시고 이끌어 주셨다. 언제든 과過한 것을 싫어하시는 이분은 내가 어려운 일을 당할 때마다 도움 말씀을 주시고 격려해 주었다. 마산상의에서 정년 퇴임 후 새로 발족한 김해상공회의소 사무국장으로 가셨다. 우리 둘은 직무에 관한 정보를 서로 교환하고 마산에서 보다 그가 김해로 간 후 더 친하고 더 살갑게 지냈다. 지금 북마산에 살고 계시는데 요즘은 소식을 듣지 못하고 있지만 차분한 성격으로 잘 지내고 계시리라 믿는다.

최제우 님은 장애인으로 한평생 장애인들의 권익과 복지를 위해 몸 바쳤고, 심장질환으로 오랫동안 입원 중 유명을 달리했다. 이승을 떠나면서(2009년 4월)까지 자신의 몸을 대학병원에 맡겨 해부 연구에 도움을 주게 했다. 물론 그의 유언에 따라 취해진 것이라고 한다.

나는 그의 입원을 까맣게 모르고 있다가 그의 의형義兄 윤하룡 군으로부터 듣고 파티마 병원으로 달려가 보니 이미 의식을 잃은 뒤였다. 그 다음 날 아침에 윤 군으로부터 그의 별세 소식을 전해 들었다. 참 슬픈 일이었다. 월남동 성당에서의 장례식 때에는 많은 신부님들이 참석하셨고(그의 둘째 아들이 신부님이시다) 조객들은 슬픔을 가누지 못했다.

고 최제우 님은 언제나 나를 형님이라고 불렀고, 장애인 복리 증진을 위한 경남협의회(그가 회장)의 고문 등을 나에게 맡겼다. 내가 아무런 보탬이 되지 않았지만 그의 활동에 참가하게 된 것을 나는 행복으로 삼았고 그의 모임 때마다 참석해 서툰 격려사를 하기도 했다. 그래서 나는 장애인들의 복리 후생이 얼마나 절실하고 중요한 사회적 과제라는 것을 배웠다. 만날 때마다 휠체어에 앉은 그의 미소가 얼마나 해맑은지 지금도 그립다.

"삼가 명복을 빕니다."

최용호 님_공무원이었던 그가 어느 날 내가 근무하는 신문사의 총무부장(후에 총무국장 역임)으로 왔다. 얼마나 반가운지 우리는 두 손을 제법 오래 잡고 인사를 나누었다. 어릴 적 한 동네에서 싸우면서 자란 내 초등학교, 고등학교 후배로서 깍듯이 형님으로 나를 떠받든 정다운 아우님이다. 언제나 나를 살뜰하게 챙겨 부담을 덜어 주었다. 빠듯하게 살아가는 나를 인식해 점심 시간이나 저녁 시간일 때 내 몫을 미리 그가 부담해 주고 그것도 아주 자연스럽게 내가 부담스러워하지 않도록 분위기를 유도하곤 했다. 또 회사의 윗분에게는 언제나 내 편에서 나를 거들어 주었다.

정년 퇴임 후에도 이따금씩 만나 정담을 나누기도 하고 둘째 아들의 결혼 주례도 나에게 맡겨 좋은 연緣을 이어 가도록 했다. 아깝게도 나보다 먼저 세상을 떠나 나를 우울하게 만들기도 했다.

그와 가장 친했던 진형상 님과 만날 때마다 고인이 된 최용호 국장의 정情을 화제로 삼아 못내 아쉬워하고 있다. 그의 두 분 동생들도 나를 만나면 형님이라 부르고 그의 큰아들은 어쩌다가 만나면 그 예의가 보통이 아니다.

"보고 싶은 우리 최용호 국장, 부디 극락세계에서 명복을 받기를 기원합니다."

최일홍 님_내가 언론사 사장으로 있을 때 경남도지사였다. 고성 출신인 이분은 나에게 많은 관심을 보여 주었다. 나하곤 아무런 특별한 연고도 없는데, 나도 이분의 털털한(?) 모습이 좋아 이해관계 없이 지낼 수가 있었다.

이분이 공직에서 나오고 나도 회사에서 나온 뒤 우리는 계속 안부를 전하면서 관심을 보였다. 서울에서 만나 술잔을 나누면서 경남 소식, 마산 소식 등을 안주 삼아 화제에 올렸다. 간혹 전화로 나의 안부를 물으며, 동서화랑 송인식 선생님 편에서도 서로의 안부가 교환되었다. 요즘은 소식이 두절된 상태이다.

"부디 건강하세요."

최삼용 님_택시업을 하던 이분과는 같은 동네(상남2동)에 살면서 동네 발전협의회(?) 회장인 그를 도우면서 알게 되어 친하게 지냈다. 내가 마산상공회의소에 다시 들어가게 된 것도 최삼용 님 덕분이다. 마산상의 부회장으로 우리 직원들의 결재담당 부회장이었다. 한때 오해가 있어 서로 서먹서먹했으나 시간이 흘러 전 같지는 않지만 마음속 정은 그대로 흐르는 것 같다. 지금도 식당 같은 곳에서 만나면 그분은 정답게 대해 주고 나도 그렇다. 남이 무엇이라 하든 정을 한 번 주고 받으면 그 정은 쉽사리 지워지지 않는 것이 정의 속성인지 모르겠다. 나는 이분이 잘되기를 바란다.

최태순 여사님_내가 앞에서 거명한 최우영 선생님의 매씨妹氏이다. 봉사활동을 끊임없이 하시는 분으로 경상남도 여성국장(?)님을 지내신 분이다. 나와는 사회적 인연은 없지만 최우영 님의 매씨라는 데서 내 스스로 이분을 남다르게 대해 왔다. 늘 잔잔한 미소로 반겨주는 최 여사는 마음이 고와 봉사활동에 지성至誠을 보여주고 있다.

경남대학교 사대학장을 지낸 이석주 교수님이 부군夫君이시다.

"두 분 여생이 행복하시도록…."

최광주 회장(광득종합건설주식회사)_최광주 회장과 나와의 관계는 다음과 같은 사연이 전제되고 있다. 내가 신문사 기자 초년병일 때 노조를 담당하고 있었다. 당시 노조위원장(항만, 부두노조)이신 노현섭 선생님으로부터 노동운동의 실제를 배웠다. 고 노현섭 선생님은 우리나라 노동운동의 선구자이시요, 노조 운영의 교과서요, 나침반이셨다.

당대의 엘리트로서 존경받는 유수한 지도자였지만 가난하고 못 배운 노동자 편에서 그들의 권익과 복지 향상을 위해 그의 모든 것을 바쳤다. 못 배운 젊은이들을 위하여 야간 공민학교를 설립하여 몸소 교단에 서기까지 했다(이미 그분은 중학교에서 교편을 잡으신 경력을 갖고 계셨다). 돈을 몰라 그 가족들의 고생이 이만저만이 아니었다. 사모님께서 생계를 유지하시느라 조그만 가게를 그것도 길가에서 하시는 등 그 내조는 실로 피눈물 나는 실정이었다.

군사독재 시절에는 민주화운동을, 혹은 진보진영의 지도자로서 투옥되시는 등 고생의 중첩이었다. 나는 이분을 존경하여 늘 따랐고 선생님도 나를 늘 다독거려 주셨다. 댁을 찾아 뵙기도 하고 시내에서도 자주 뵙고 가르치심을 받았다. 선생님의 만년에서까지 나는 그분을 제일 존경했다.

이분의 둘째 아드님인 노치웅 님, 우리는 이심전심으로 서로 좋아하는 사이가 되었다. 경남에너지(주) 총무이사, 조경회사(주)의 고문·부회장, 유네스코 경남지부 부위원장, 경남대학교 총동창회 사무총장을 역임했다. 얼마 전까지(2009년 4월) 소속회사(조경회사)의 개성공장 창업으로 개성공단에 자주 출장을 가는 등 바쁜 시간을 보냈다.

이 노치웅 님을 중심으로 형, 아우 하면서 지내는 클럽이 있다. 김형춘 교수(창원전문대), 이상용 박사(경남연극진흥회 회장), 최광주 회장(광득종합건설 회장), 김동구 변호사 등이 구성원인데 이들은 노치웅 님을 정점으로(제일 큰형) 대단한 멤버십을 보여주고 있다.

그로 인해 이분들과 가까워졌는데 나는 만날 때마다 '노치웅과 그 일당' 이라고 우스갯소리를 하고 있다. 이분들의 상부상조 정신, 의리는 주위를 놀라게 하고 있다. 각 가정마다 이 정분情分은 아름답게 꽃피고 있다. 물론 나의 일에 대해서도 이분들은 발 벗고 나서 늘 고맙게 여기고 있다.

때문에 최광주 회장도 다름이 아니다. 언제 만나도 싱긋이 웃으며 그 특유의 진동하는 목소리로 예를 갖춘다. 이따금씩 안부 전화도 나를 기쁘게 한다. 최 회장은 요즘 무척 바쁘다. 자신의 사업 이외 경남종합건설협회 부회장, 새마을운동 경남협의회 회장, 한국전기기술자협회중앙회 이사장, 대학 강의 등 촌음을 아껴쓴다. 최 회장의 사업이 잘되는 것은 '노치웅과 그 일당' 이 잘되는 것과 같다. 사회와 나라 위한 더 큰 역할 기대한다.

"부디 더 성공하기를…."

최봉두 사장님_고교의 한 해 선배로서 나를 만날 때마다 반갑게 대해 주신다. 표정이 별 없으신 분이지만 정을 주실 때에는 살갑다. 목재木材사업을 하시다 무학주정 감사역도 맡으시면서 그의 사교폭은 넓어져 갔다. 조민규 회장님을 통해 이따금씩 연락이 온다. 부담 없이 좋은 분이다.

그리고 신흥여객 사장님을 지낸 **최명해** 님도 만나면 반가운 분이고 북마산에 계신 **최진구** 님도 만날 때마다 물씬한 정을 느끼게 하는 분이다. 이 밖의 인연(최씨 성들)도 있으련만 둔해서 생각이 나지 않는다. 최명해 님, 최진구 님, 두 분 다 갈수록 더 행복해지시기를 빈다.

사랑하는 내 아들들, 며느리들,

내 선호選好가 '별나다' 고 말할 줄 모른다. 너희들 외할아버님을 기점으로, 그렇게 되었다. 별난 이유도 없이 최씨 성들과의 만남은 별난 정情 별난 느낌을 받았다.

사람이 이 세상을 살아가면서 기분 좋은 사람을 만나기도 하고 기분 나쁜 사람을 만나기도 한다. 문제는 각자의 기준에 따라 좋고 나쁨이, 혹은 이해利害 관계를 먼저 앞세우는 데서 정이 기울어지기도 하고 순간적이기도 하다. 누구나 나에게 잘 대해주면 기분이 좋고 그렇지 못할 때에는 별 미련을 갖지 않는다. 나와 인연이 깊은 최씨 성들은 아마도 나보다 통이 넓고 나보다 이해하는 마음이 깊은 분들인가 보다.

내 욕심을 전제로 사람을 사귀면 그 시간은 오래가지 못한다. 내가 다른 난에서도 지적한 것같이 '친구가 되어 주기 위해 내가 먼저 노력해야 한다' 는 이치로 내가 누구를 좋아하면, 어떤 분이 나를 좋아하면, 더 가깝게 가려고 내가 더 열심히 노력해야 하지 않을까. 뜨뜻미지근한 태도는 가장 경계해야 할 처신이다. 좋아하지 않으면서 필요에 따라 접근하는 것은 서로가 피해야 한다. 설사 초기의 사귐이 하찮다 해도 차차 시간이 갈수록 그분의 장점이 돋보여 더 가까워질 수도 있지만 첫인상이라는 것은 여간 중요하지 않다. 나는 깊지 못한 탓인지 싫은 사람과의 만남은 스트레스만 쌓이고 아픔만 받는다. 나는 직장에서 이런 경험을 많이 겪었다. 단 원인 제공이 내 탓일 때에는 깊이 반성하고 고민을 했다. 나이가 드니 왜 이런 썩은 걱정을 하는가. 싫으면 안 만나면 될 것 아닌가에 마음을 모으니 한결 편해지더라. 세상살이가 내 마음대로 되는 것은 아니지만 감정 이반離反이 확연해질 때에는 미련 없이 돌아서야 한다. 미워하는 마음을 가지면 그 사람에게 끌려 다니게 되는 것이기 때문에 절대로 미운 감정은 버리고 마음속에서 지워 버리도록 애써야 한다. 남에게 적대적 감정을 갖는다는 것은 내 마음속에, 내 몸에 병을 키우는 것과 같다.

사랑하는 아들들,

남으로부터 미움받는 사람이 되지 말자. 내가 좋아하는 분을 내가 먼저 챙기자. 좋은 분 곁에 있으면, 행복한 분 곁에 있으면, 나도 좋아지고 행복해진다. 하하하하 우리 크게 한번 웃자.

우정

우정은 끊임없이 손질을 하면서 지켜야 한다. 우정을 나태와 침묵으로 죽여 없애게 하는 것은 현명하지 못한 일이다. 그것은 확실히 권태스런 역정歷程의 가장 큰 위안 중의 하나를 던져 버리는 것이 된다.
—S. 존슨(영국의 문학가)

친구가 없으면 세계는 황야에 지나지 않는다
—F. 베이컨(영국의 정치가, 철학자)

친구란 내 삶을 영위하는데 참 좋은 파트너이다. 흔히들 한 인생이 마감하기까지 세 사람의 친구가 있다면 그 인생은 '성공한 인생' 이라고들 한다. 더 나아가서는 한 삶이 임종할 때 옆에 친구 한 사람이 지켜봐 주면 그 삶은 가장 값진, 가장 존경할 만한 삶이라고들 말하고 있다. 부모 형제 등 가족에게 말 못하는 것도 친구에겐 이야기해 해결 방법을 찾기도 한다.

그럼 친구란 무엇인가? 어렵게 해석할 필요가 없다. 기쁜 일, 슬픈 일, 서로 나누며 서로의 힘이 되어주는 것이 친구이다. 어려운 일에 부딪쳤을 때 가능한 모든 노력을 다하여 그 친구가 극복할 수 있도록 도와

준다. 그 가능한 노력이란 충고(충고를 받아줄 수 있어야 한다), 용기, 지혜를 일으키며 동참해 주는 것 등이다. 외롭지 않게 깊은 정(우정)을 나누며 믿음을 주는 것이다.

때로는 물질적인 경우도 생기겠지만 자신의 능력보다 지나치면 둘 다에게 좋지 않다. 물질 위주의 벗은 벗이 아니다. 내 역량껏, 내 정성껏, 내 진실이 담겨 있으면 그만이다. 아예 친구랑 손익계산을 따져서는 절대로 안된다. 이해타산으로 맺어진 우정은 모래 위의 성과 같다. 옛날 관중管仲과 포숙아鮑叔牙의 사귐처럼 어느 일방이 계속 이해하고 손해보아주는 그런 보기 드문 친교는 가히 교과서적이다.

이런 일이 있었다. 음식점을 경영하는 J라는 친구의 가게에 불이 났다. 한겨울, 한밤중, 주인이 집으로 간 뒤 종업원인 청년 2명이 난로 옆에서 자다 난로의 과열 탓으로 불이 난 그 화마에 갇혀 목숨을 잃었다. 이 가게 주인은 경찰, 소방관, 피해자 가족을 피해 몸을 숨겼다. 그 수습에 나선 그의 친구 C씨는 경찰서로, 소방서로, 피해자 가족들과의 피해보상문제 절충 등으로 정신없이 뛰어다니며 수습에 애를 썼다. 이따금씩 가게 주인을 불러오라는 피해자 가족들의 성화에 손찌검을 당하는가 하면 교통비 등 자잘한 쓰임새는 가랑비 옷 젖는 줄을 몰랐다. 그때 가게 주인이 나타나면 자식 형제를 잃은 피해자 가족들의 흥분에 감내가 어려웠다. 친구를 보호하기 위한 C씨의 노력은 정말 눈물겹고 감동적이었다. 글쎄 요즘 이런 일이 쉬울까?

나에게 이런 경험이 있다. 나와 제일 친했던 J군이 선보러 갈 때 J군의 아버님과 친구의 권유로 같이 갔다. 결혼 당사자도 아닌, 가족도 아닌 친구가 친구의 선보러 가는데 같이 갔다는 것은 일종의 코미디다. 그 선이 잘 이뤄져 J군이 결혼하게 되었는데 전통혼례로 신부집에서 식이 올려졌다. 좀 우스운 얘기같지만 나는 그 결혼식에서 우인 대표들에 의한 무리한 행동이 나오지 않도록 예방과 수습에 총책임을 지고 이리 뛰고 저리 뛰며 비지땀을 흘렸다. 내 결혼식에서 사고가 났기 때문에 신랑과 그 가족이 나에게 단단히 부탁했다. 우인 대표들이란 내 결혼식에 온 친구들이 대부분이어서 행여 신부집에 흠이 잡히지 않도록 최선을 다하는 처지였다.

나의 이런 헌신적(?)인 노력 탓인지 우리 일행은 무사히 버스에 올라 돌아올 수 있었는데 마산에 다 와서 기어이 시끄러운 일이 벌어졌다. 가장 우려했던 친구가 만취 끝에 행패를 부려 주위를 시끄럽게 만들었다. 그래도 신부집이 아니어서 다행이었다. 신랑의 아버님과 신랑의 형님은 나에게 칭찬을 해주어서 오히려 민망했다.

J군은 중 · 고교 교사로 봉직하다 교감을 끝으로 정년 퇴임했다. 고성의 산골 먼 길이었는데 나는 친구 중 유일하게 그 정년 퇴임식에 참석, 학교 측의 권유로 축사(?)를 했다. 친구는 그 이후 대학 강단에서 한 3년간 강의를 했다.

언제부터인가 친구는 몸이 안 좋아 병원 신세를 지고 요즘(2010년 5월)도 병원, 요양병원 등에 번갈아 입원하고 있다. 이따금씩 찾아가는 나에게 "오지 마라"고 하는데 참 쓸쓸한 친구의 모습이다. 지금은 북면 어느 병원에 입원, 요양 중인데 거동이 자유스럽지 못하다. 내 가슴이 아파 돌아설 때마다 한숨이 나오는데, 며칠 전에는 그 부자유스런 상태로 내 호號를 지어 보냈다. 그것도 그 과정이 번거로운 짓는 법(?)에 따라 지었다고 설명서를 동봉해 보냈다. '이 호를 꼭 써보도록 간청한다'고 덧붙였다. 너무 감격해 어쩔 줄을 몰랐다. 내 호가 두 개가 있지만 이 친구가 지어준 호를 즐겨 쓰리라고 마음먹었다.

나는 아침저녁으로 친구를 위해 합장 기도하고 있다. 그 쾌유를 빌면서 '자유스런 움직임으로 행복한 여생을' 보내게 해달라고 간절히 빌고 있다.

나와 동갑인 J군과 나는 50여 년을 사귀어 오면서 단 한 번도 얼굴을 붉혔거나 다툰 일이 없었다. 역지사지 정신이라 할까. 어떤 위험선이 예고되면 어느 쪽이 먼저라 할 것 없이 양보하고 이해하려고 애썼다. 우리는 경조사에 서로 내 일처럼 돕고 J군의 모친 별세 때에는 내가 호상護喪을 맡아 그 장례를 치렀다. 그런 친구가 바깥 출입이 어려워졌으니 내 어찌 외롭지 않을쏘냐.

지음知音의 얘기를 하자. 중국 춘추전국시대에 당대 거문고 명수인 백아伯牙는 "내 거문고 소리를 잘 알아들은 사람은 오직 내 친구인 종자기鍾子期뿐이었다."고 하면서 종자기의 유고 시엔 거문고 줄을 끊어버렸다는 고사가 있다. J군과 나는 한잔 얼근하면 지음의 고사를 자주 인용하면서 우정을 키워 나갔다. 권커니 받거니 하면서 사마천司馬遷의 얘기로 호기를 부리기도 했다. 사마천(중국 전한前漢의 역사가)은 가깝게 지내는 한나라 장군 이능李陵이 흉노에 항복한 것을 변호하다가 천자의 분노를 사서 궁형宮刑(거세당함)에 처해지기도 하는 등 엄청난 모욕을 당했다. 우리는 저 유명한 천도시야비야天道是也非也란 사마천의 울분의 소리를 흉내 내면서 세상사의 잘못 흐름을 질타하는 등 취기에 흐느적거리기도 했다.

사랑하는 나의 아들들아.

친구란 우연히 생기는 것이 아니다. 친구를 보고 오라고 하면 절대로 친한 친구가 될 수 없다. 내가 친구가 되어주기 위해 가야 하는 것이다. 계산해서 친구를 사귄다면 평생 옳은 친구를 만나지 못한다. 친할수록 예의를 지키라고 한 것처럼 함부로 대해서는 안된다. 친구의 자존심을 상하게 하는 말이나 행동은 아예 지워버려라. 충고를 할 경우, 충고가 꼭 필요한 것인지 사전에 충분히 생각해야 한다. 그래도 충고를 해야겠다면 조용하게 둘만의 자리를 만들어 "나는 자네의 그 일에 대해서 이렇게 생각하는데 어떻느냐?" 또는 "자네의 그 일은 흠잡힐 수 있는 것이니 심사숙고해서 처신해 주었으면 하네."라고 진실성과 애정 어린 자세를 보여줘야 한다.

반면 둘도 없는 친구로부터 충고를 받을 때에는 아주 반기면서 받아들여야 한다. 사실과 다를 때에는 충고의 말이 끝난 뒤 이해가 되도록 해명하고 대신 절대로 변명만으로 일관해서는 안된다. 충고를 들을 때에 기분 좋게 여기는 사람은 없다. 변명과 반격으로 자신을 옹호하려고 한다. 그렇게 되면 친구 간의 우정은 금이 가고 오래갈 수 없다.

옛부터 '양약고구良藥苦口요 충언역이忠言逆耳'라 했다. 좋은 약은 입에 쓰고 옳은 말은 귀에 거슬린다는 뜻이다. 나에게 바른 충고를 해주는 사람이 있다면 얼마나 행복할 것인가. 내가 친구의 충고를 참으로 고마운 일이라고 생각할 수 있다면 나는 참으로 행복한 사람이다. 군자가 아닌 보통 사람이니 어렵겠지만 이 아비의 권하는 바를 재삼재사再思하게나.

나는 늙어 요즘 새로운 친구와 사귀고 있는데 나이 들면 새 친구와 사귀기 마련이다. 나이 들면 삐치기도 쉬워 더 조심스러워진다. 어린애 같은 동심도 엿볼 수 있는 것이 나이(年) 아닌가? 보다 일찍, 보다 먼저 세상을 떠난 나의 죽마지우 U군, K군, S군이 그리워지는 요즘이다. 정말 보고 싶다.

아들아.

재산 못지않게 친구가 중요하다. 그 비중을 늘 염두에 두어라. 내가 친구가 되어 주려고 노력하는 만큼 좋은 친구는 다가온다. 좋은 친구는 나의 컨설턴트다. 나 또한 친구를 위한 좋은 상담역이 되려고 노력해야 한다. 한밤중 가족의 급환을 알리는 친구의 연락을 받고 급히 친구집(또는 병원)으로 달려가 정신없이 서두르는 친구를 도울 수 있는 사람이 친구다. 그것도 흔쾌히, 또 보람으로 느끼는 친구가 되어주길 이 애비는 간곡히 부탁한다.

신앙 그리고 위대한 겸손

종교는 인간 도야의 근본이다. —J.H. 페스탈로치

종교는 생명의 소금이며 힘이다.
—K. 힐티《잠못 이루는 밤을 위하여》(스위스의 철학자, 법학자)

고故 김수환 추기경께서 생전 스스로를 바보라고 한 후 "하느님이 얼마나 위대하고 사랑 자체이신 분인지를 말로는 하면서 마음으로는 깨닫지 못하고 있으니까 바보지."라고 말씀하셨다.

내 어릴 적 우리 집의 종교는 딱 이렇다 하게 정해진 것은 없었다. 어머니는 일년에 몇 번 바닷가에서 용왕님에게 차려간 음식으로 제를 지냈다. 내가 어머니를 따라간 것은 정성껏 제를 지내고 나면 남은 음식을 먹을 수 있었기 때문이다. 그리고 어쩌다 절에 가시는 것을 보았다. 아마 일 년에 몇 번쯤일 것이다.

그러시던 어머니께서 어느날 갑자기 성당에 가신다고 하셨다. 나는 영문을 몰라 어리둥절했는데 알고 보니 셋째 여동생의 선교(?) 탓이었

LA에서 치른 막내 여동생 순말의 결혼식 |

다. 지금 일본에 살고 있는 셋째 여동생 선화는 처녀 때부터 독실한 가톨릭 신자였다. 이 여동생 탓으로 둘째, 막내 여동생들은 전부 가톨릭 신자가 되었다.

미국에 살고 있는 막내 순말이는 서울에 있을 때 가톨릭 복지단체에서 불우한 아이들을 돌보고 가르치느라 결혼도 못했다. 그러다 뒤늦게 미국 LA에 사는 교포 노총각과 혼사가 이루어져 그곳에서 결혼하여 미국 시민으로 살고 있다. 매제도 성당밖에 모르는 가톨릭 신자다. 환갑을 넘긴 둘째 순자도 제 동생들의 영향을 받아 집 다음으로 성당을 찾고 있다. 어머니는 작고하시기 전 세례를 받고 장례도 일부 그런 절차를 밟았다. 성당에 가지는 않았지만 나도 잠시 하느님에게 기도를 드리곤 했었다.

그러나 우리 집은 전통적(?)으로 절(寺)과 가까웠다. 할머니, 어머니가 가끔 절에 가셨고 독실한 불자佛子인 아내가 시집온 후 나의 불교 신앙은 자연스러웠다. 그리고 밤밭고개의 '세운암'을 세우신 고故 이세혁 스님과의 각별한 인연으로 불자가 되었다.

아내와 같이 일요일이면 거의 빠지지 않고 세운암에 가서 부처님에게 기도를 드리곤 했다. 석가탄신일인 음력 4월 초파일에는 세운암, 서원곡에 있는 원각사, 정법사를 순례하며 부처님께 예를 올렸다.

나는 석가탄신일만은 "부처님, 오늘은 우주 삼라만상과 온 인류로부터 축복을 받으시옵소서. 오늘 하루만은 편히 쉬시옵소서. 날마다 헤아릴 수 없는 사람들로부터 기원祈願 기도만 받으시고 하루도 쉬실 날이 없으니 오늘 하루만이라도 편하게 계시옵소서."라고 두손을 모은다.

이날만은 남과 나와 가족, 친척, 사회, 겨레, 나라 등 어떤 내용의 바라는 기도를 하지 않는다. 어쩐지 그런 마음이 간절해서이다. 평소엔 내 아이들, 가족들에게도 절에 자주 가 부처님을 뵙고 기도 올리라고 타이른다. 물론 가족들도 그렇게 하고 있는 것으로 알고 있다.

그런데 문제는 나에게 있다. 절에만 간다뿐이지, 불교 교리도 모르고 불자로서 갖추어야 할 어떤 내용도 없다. 삼독三毒에 찌든데다 이에 따른 번뇌망상은 언제나 나를 짓누르고 있으니 머리와 마음이 늘 무겁고 피곤한 상태였다.

불교에 대한 해박한 지식을 가지고 있고 스님 모습과 같은 수양의 향기를 뿜는 직장 후배였던 B를 자주 만나 공부가 되는 얘기나 발췌된 교리를 받아보곤 했다. 그리고 스님에 관한 책들, 불자입문서 같은 책, 불교이론, 선사와 고승들에 얽힌 얘기, 불교예절 등에 관한 책들을 사서 읽어보았다.

불교이론, 불교개론은 어려워서 좀처럼 진도가 나가지 않았다. 불교TV를 통한 법문, 큰스님들의 법문을 구입해 부지런히 듣기도 했다. 워낙 기초가 없으니 나에겐 여전히 어려웠다. 신행단체 가입이 없으니 법회에 참여할 기회도 없었고 누가 알려 주지도 않았다.

불교계의 독보적인 경지를 가지고 계신 법정 스님의 법문은 오래 전에 완월성당에서, 가깝게는 성주사에서 초청하여 KBS창원홀에서 뵈온 적이 있다. 법정 스님의 산문집은 《무소유》를 비롯한 몇 권을 읽었다. 강원도 산골의 외딴집에서 홀로 정진하고 계시는 법정 스님은 세상을 초월한 신과 같은 분이라고 여겨지기도 했다.

성주사에 오셔서 점심공양을 하실 때 옆에 앉은 내가 "큰스님, 지금 계신 곳(山谷)에서 사람 사는 동네와의 거리가 얼마쯤입니까?하고 여쭈었더니 "약 2㎞"라고 하셨다. 부처님과 같은 분이 아니면 그런 산골짝에서 홀로 어떻게 지내실 수 있는가라는 평소 나의 의문에 대한 답이라고 생각한다.

불교계의 대종사大宗師, 선사禪師 큰스님들은 참선, 수행을 통해 일반인들은 근접도 할 수 없는 신神을 방불케 하는 도道를 갖게 계신다고 나는 생각하고 있다. 나는 뒤늦게 알았지만 대부분의 스님들이 대학 일반과정, 불교대학 교구 본사의 강원講院, 선원禪院 등을 통해 불교에 관한 것은 물론 여러 면에서 해박한 지식을 갖고 계속 절차탁마切磋琢磨 중이었다.

내가 알게 된 것은 경남불교신도회 회장을 맡고부터이다. 작년 11월 성주사에서 연락이 와 주지 원정 스님과 경남도 K부지사(명예퇴임), 경남공무원 불자회장 등 몇 분과 같이 차를 나누었다. 그 자리에서 K부지사가 경남불교신도회를 창립하고자 하는데 초대회장을 맡아달라고 했다.

나는 우선 사양했다. 대표자리란 그에 따른 여건이 조성되어 있어야 한다. 나는 어느 한 가지도 갖추어진 것이 없다. 더욱 불교 교리도 모르면서 어떻게 그런 중책을 맡을 수가 있겠는가? K부지사와 그 일행은 어려운 일은 우리가 도울테니 걱정 말고 맡아달라고 했다.

나는 이 신도회 창립에 협조하겠다고 하면서 결국엔 승낙하고 말았다. 내 일생일대의 영광스런 자리였다. 《반야심경》도 제대로 외우지 못하는 주제에 회장이랍시고 그 일선에 뛰어들었는데 다행히 원정 스님, 지태 스님을 비롯한 주위의 적극적인 협조로 출발은 순조로웠다. 지금도 여러분들이 애써주시고 있다. 특히 경남불교협의회 회장이신 해인사 주지 현응 큰스님의 격려말씀은 큰 힘이 되고 있다. 우리 경남불교신도회의 발전을 위해 부처님께 늘 기도하고 있는데 소임에 반비례하는 나의 능력 탓에 걱정이 태산 같다.

사랑하는 아들들아!

기회를 만들어 절로, 부처님을 찾아 뵈어라. 부처님에게 용서를 빌고, 사랑하고 존경하는 다른 사람들을 위해 지극한 마음으로 기도하라.

자신과 가족을 위해 기도할 때에는 솔직하고 진실성 있게 넘치지 말아야 한다. 기복신앙이니 하면서 자신과 가족에 대한 기도를 이기적으로 보는 사람이 있는데 나는 그것이야말로 위선이라고 단정한다. 나와 내 가족이 부처님의 가르치심을 받아 바르게 생활하고 희망하는 것을 이루려는 것은 도리에 어긋나지 않는다고 생각하기 때문이다. 단 우리 가족은 부처님의 자리이타행自利利他行과 하심下心 그리고 겸손을 배워 꼭 실천해 나가야 한다고 강조하는 것이다.

아침기도도 '감사합니다', 저녁기도도 '감사합니다', 부처님과 스님과 주윗분들에게 드리는 감사기도는 '기도의 핵'이라고 여긴다. 교육의 성자 페스탈로치는 '종교는 인간 도야의 근본이다'라고 가르쳤다. 우리가 두손 모아 부처님에게 합장할 때에는 삼독에 찌든 번뇌망상의 사슬에 묶여 방황하는 우리들 자신을 구원해 달라는 애원哀願이다. 이기利己에 함몰되지 않고 내 주위와 더불어 사는 그런 행복을 기원하는 것이다.

내 마음이 산란할 때에는 불경에 관한 책을 읽든지 흥미있고 알기 쉬운 스님들의 저서 또는 불교TV, 불교신문 등을 읽는 것이 크게 도움이 된다. 나는 뒤늦게 정기구독자가 되었지만 불교신문을 나의 인생 교과서처럼 여긴다. 불교에 관한 정보와 설법, 해설 등의 현실적인 내용이 가득 차 있고 받을 때마다 새로움이 내 신심을 두텁게 한다.

사랑하는 내 가족들!

우리가 얼른 이해하기 어렵지만 '내가 부처님이요, 내 가슴에 불심이 있다' 그리고 우리가 대하는 모든 이가 '부처님이다'라고 생각해 보자. 이렇게 말하는 나 자신도 내가 부처님일까, 내 마음속에 불심이 있는가?라고 회의懷疑한다. 너희들도 알다시피 불교는 깨달음의 종교다. 보통사람인 우리가 감히 '내가 부처님이다'라고 어떻게 깨달을 수 있겠는가. 단지 그렇게 되뇌이면 무명無明에 더 깊게 빠지지 않는다는 희망일 따름이다.

어떻든 우리 가족은 부처님을 열심히 믿자. 불자란 긍지를 확실히 심을 수 있도록 힘쓰자. 마지막으로 유명한 영국의 극작가 G.B.쇼오가 "종교는 위대한 힘이다. 이 세상에서 유일의 진실된 원동력이다."라고 갈파한 명언을 되새기면서 두손 모아 우리 부처님에게 지극한 정성을 담아 감사드립니다.

나는 이 글을 쓰면서 나의 삶에 영향을 끼치신 지금은 은퇴하신 J신부님, K신부님, 지금도 가끔 만나 시간을 나누는 B신부님 그리고 역시 은퇴하시고 익산에 계시는 원불교 전 경남교구장이신 J님에게 존경과 감사를 드린다.

지도자의 몫과 국민의 몫

한 사회나 역사는 언제나 위대한 지도자를 필요로 한다. 그러나 참다운 지도자는 항상 가장 많은 사람들에게 자유와 행복을 주겠다는 책임감 밑에 그 위대함이 인정되어야 한다.

—김형석金亨錫 교수(제2의 선택)

지방신문사 기자 활동에서 장관급 이상의 중앙요직 인사들과의 인터뷰는 여간 힘들지 않는다. 국가원수의 경우는 그 기회가 전혀 없다시피 하고 지방지의 창간기념일 혹은 지방순시에나 가능한 일이다. 나는 재직 중 현직 대통령과의 단독 회견은 단 한번도 없었다. 대선후보로서 혹은 퇴임 후 아니면 출마예상선에 올랐을 때 회견을 하거나 자리를 같이한 적은 있다.

사실 지방신문사로서 대통령과의 회견이 얼마나 큰 의미를 담고 있는지 의문이며, 도민의 살림살이를 책임지고 있는 도지사와의 회견이 더 비중이 있지 않은가 생각하기도 했다. 물론 지방 발전을 지원해 주어야 할 중요한 계기가 생겼을 때에는 대통령의 의중이나 발언이 요청되기도 하지만 그것도 썩 내키지 않았다는 것이 솔직한 나의 심정이었다.

보통 지방언론사의 경우 창간기념일에 즈음해서 편집국장 이상의 간부가 사장과 같이 청와대에 들어가 대통령과 회견을 하고 나오는데 그것이 부러운 것일까? 또 그 지방의 발전과 복지증진에 얼마나 기여했는지 의문만 남는다.

어떻든 좋다. 후보라도 만났으니 구색은 갖춘 셈이 아닐까?

내가 《마산일보》에 취재부장으로 재직하던 1963년 10월 초, 여당 격인 민주공화당의 박정희 후보와 지금은 고인이 되신 마산시당위원장(?) 김종기 선생의 자택인 푸른집(지금의 크리스탈 호텔 자리)에서 단독인터뷰을 가졌다. 인터뷰가 이루어진 것은 고故 김종기 · 하광호 · 민건식 선생 등의 주선 덕분이었다.

그 집 정원 한복판의 팔각정, 박정희 후보 오른편에 김택수 도당위원장, 왼쪽에 내가 자리잡았다. 내 인터뷰의 핵심은 당시 선거중요 쟁점으로 떠오른 '여수 · 순천 반란사건 개입여부' 였다. 그때 당黨 쪽에서는 '개입하지 않았다' 고 해명했지만 후보 당사자의 직접적인 표명은 없었다. 카리스마가 묻은 그 특유의 날카로움과 무뚝뚝한 표정에 그만 압도되어 허튼 질문만 남발하고 긴장된 모습만 보여 주었다.

신문사에선 이 회견 내용을 비중있게 다루기 위해 편집마감 시간을 늦추고 이 기사가 들어가는 자리만 남겨놓고 대기 중이었다. 나는 초조하고 당황한 중에서도 후보 측이 꺼려하는 '여수 · 순천 반란사건' 의 개입 여부에 대한 직접적인 해명을 요구했다.

예상했던 대로 정색을 하며 "나는 관련이 없어요. 그때는 ○○연대가 출동했어요. 상관없습니다."라고 간단하게 답했다. 더 이상의 인터뷰는 시간상 불가능했고 후보도 더 이상의 말을 하지 않았다. 이 몇 마디를 듣는데 긴장감이 극에 달한 '나는 역시 우물 안 개구리구나' 하는 자탄이 나왔다. 퍽 인상적인 인터뷰였다는 것만은 틀림없는데 그분은 그후 제5대 대통령으로 당선되었다.

다음은 5 · 6대 대통령 선거에 출마한 윤보선 후보를 인터뷰했다. 내 딴에는 전직 대통령이었으니까 여당 후보 다음으로 비중을 주었다. 찾아간 곳은 그분이 투숙하신 중앙호텔이었다. 당시만 해도 마산에 이렇다 할 호텔이 없었으며 오동동 골목(불종거리 쪽) 안에 있는 중앙호텔에 큰 손님들을 모신 것 같다.

늦은 오후 유세를 마치고 휴식 중인 윤 후보를 만났다. 사전에 전화 약속을 드렸지만 나는 큰절을 하고 나의 소속과 신분을 밝혔다. 연고덕고年高德高한 사림士林풍의 향기를 뿜으면서 반갑게 맞이해 주었다. 시간 탓인지는 몰라도 수행원도 보이지 않고 어쩐지 쓸쓸하게 보였다. 보통 후보 주위는 늘 시끌벅적한데 조용하기만 해 이분에 대한 지지나 관심도를 엿볼 수 있었다. 1967년 5월 제6대 직선 때였는데 5대 때보다 비교할 수 없을 정도로 적막했다. 5대 때에는 곳에 따라 유세 청중 수가 많아 그 세에 도취되기도 했었다. "민주정치의 발전과 국민의 복리 증진을 위해 출마했다"는 가장 기본적은 포부를 피력했다. 나는 그분에 대한 공세적인 질문은 예의가 아닌 것 같아 서둘러 끝냈는데 아마도 경험이 얕고 서툰 나의 재주로는 알짜와의 접근이 어려웠으리라.

나는 JP(김종필金鍾泌)와의 단독 인터뷰를 떠올릴 때마다 쓴웃음이

나온다. 제3공화국 출범 이후 첫 총선으로 기억되는데 그분이 공화당 실세일 때였다. 5 · 16 이후 공화당을 창당한 주역이 JP였음을 우리는 잘 안다. 군사정권이라는데서 별 흥미가 없었다. 5 · 16이 발생하자 나는 표정관리가 어려웠다. 그렇다고 무슨 행동을 한 것은 아니었지만 막연히 심사가 뒤틀렸던 것이다. 그런 고르지 못한 정서를 가진 나에게 JP인터뷰라는 지시가 떨어졌다.

그 당시 마산과 진주의 쟁점은 부산에 있는 경남도청을 다시 경남으로 옮기는 것이었다. 진주 측에선 '진주 환원' 을 마산에선 '마산 유치' 로 치열한 여론 경쟁이 일고 있었다. 집권당인 공화당 지도부의 유세가 진주에서 열렸을 때 '도청의 진주 환원은 당연한 것' 이라는 의미의 현지보도가 나왔다.

이 보도로 마산이 발칵 뒤집혔다. '정치, 경제, 문화 모든 면에서 경남의 중심지에 위치한 마산을 두고 다른 곳으로 갈 수 없다' 는 주장이 마산의 여론이었다. 이 숙제를 풀기 위해 나는 공화당 지도부를 만나 의사를 타진해야 했다. 아니 '도청은 마산으로' 라는 답을 얻어내야 할 사명(?)이 부여된 것이다.

마침 김해金海에서 가락종친회 행사에 참여하고 유세도 할 것이라는 JP의 동정動靜을 파악하고 김해로 갔다. 기자회견에 임할 시간이 없다는데도 마산 측 인사들의 주선으로 왕릉 참배길에 동행, 몇마디를 주고 받았다.

JP는 "그렇게 경남도청 이전 문제를 쉽게 결정하겠어요. 정부가 타당성을 조사하고 깊이 살펴 옮길 만한 곳으로 택해 옮기게 될 것입니다."라는 말을 했다. 물론 이 내용은 우리 신문(《마산일보》)에서 크게 다뤄졌는데 '옮길 만한 곳' 이란 말은 아전인수 격으로 해석될 여지가 있었다. 독자들은 이런 뉘앙스로 받아들였을 것이다. 얼핏 생각하면 '기자가 무슨 그런 질문을 하나?' 라고 의아해 할는지 모르지만 그 지역신문은 지역민의 이익 대변을 가장 우선시한다는 것을 밝혀둔다.

사실 나는 그분과의 인터뷰도 중요하지만 과연 이분이 어떤 분인가에 대해 궁금증과 함께 관심을 가지고 있었다. 그때 들리는 소문으로는 5 · 16의 기도나 설계는 이분이 했다는 것이다. 나는 5 · 16의 진상을 모르고, 알 수도 없었지만 많은 사람들 사이에서 회자膾炙된 내용이 이 분이 '주역' 이라는 것이었다.

그들이 혁명이라고 한 5 · 16이 만약 실패했다면 그들은 속절없이 희생되는 반역자가 되었을 것이다. 나는 그후 우연히 이분이 쓴《JP칼럼》이라는 그의 저서를 읽고 많은 감동을 받았다. 목숨을 바치는 일, 지도자의 길은 참으로 험난하고 고귀한 희생을 전제로 하지 않으면 열리지 않는 것이다.

그는 미술, 음악 등 예술에도 어느 경지를 갖고 있으며 해박한 지식이 여느 무인(군인)들과는 다른 면이 있었다. 특히 '자의 반 타의 반' 이란 재미있는 말을 낳으며 도미渡美, 미국에 머물고 있으면서 가족, 따님과 주고 받은 애절한 편지(사연) 내용은 가뜩이나 심약한 나를 울렸다. 이분을 지켜보았을 때 언제나 맨 앞자리에서 홀로 스포트라이트를 받지 못하고 앞선 분의 영광의 그늘에 가려 있었다. 그의 정치적 운명이 그러한 탓인지 2인자의 자리를 못내 벗지 못했다.

중국의 혁명을 이끈 농민 출신 마오쩌둥을 돕기 위해 자신의 모든 것을 희생하고 바친 위대한 2인자 저우언라이(周恩來)를 연상케 한다. 그분 특유의 허스키husky에 묻어나오는 지성과 재담才談은 우리의 기억을 오랫동안 붙잡아 둘 것이다.

나는 또 한 분의 대통령을 지낸 분과 저녁식사를 같이한 적이 있다. 김영삼 전 대통령이시다. 부산서 자신의 작품으로 서예전을 하고 있을 때이다. 그 당시 P일보 사장 초청이라는 전갈을 받고 갔다. 창원시내의 어느 한식집에서 도내 지방신문사 사장, 방송사 사장, 김혁규 전 경남도지사, 국회의원 두분, 도의원 한분, 조민규 합포문화동인회장 등과 같이 자리했다. 우리는 전직 대통령으로서 시국에 대한 어떤 표명을 기대했지만 저녁을 같이한다는 의미 이외 아무것도 없었다. 무엇을 묻고 답할 그런 분위기는 아니었고 더욱 물을 기분도 나지 않았다. 묵묵히 피아간 彼我間 밥그릇만 비울 뿐이었다. 나는 돌아오면서 그분의 야당시절, 민주투사로서의 혈기와 투쟁을 존경하던 그때 그 시절을 회상하면서 그리워하는 나를 발견하고 움찔했다.

사랑하는 나의 아들들아!

나는 지금 대단한 일을 한 것처럼 무엇을 내세우려고 이 글을 쓰고 있는 것은 아니다. 다만 직업상 불가피하게 그분들을 만났을 따름이다. 직장일에 충실하기 위해 취해진 내 나름대로의 노력일 뿐이다. 대통령이 될 분, 대통령을 지낸 분, 국민의 이목을 집중시킨 정치 풍운아風雲兒를 만났다는 것은 내 개인적으로 영광스러운 일이었다.

정치 식견이 없는 사람으로서 무엇을 언급할 수는 없지만 나라의 지도자는 우연히 되지는 않는 것 같다. 무엇인가 남다른 데가 있지 않겠는가? 범부凡夫처럼 일신상의 평안만 누리고자 한다면 나라의 지도자로 나설 수가 있겠는가? 범상치 않는 데서 지도자상指導者像이 그려질 것이다.

그런데 비범非凡을 어떻게 찾고 가려낼 것인가가 유권자로서의 몫이고 또 그 지혜를 터득하는 노력이 필수임을 우리 모두는 잘 알고 있다.

잘못 뽑았을 때 얼마나 후회하고 실망하겠는가?

가슴을 치며 한탄해보았자 이미 역사는 기록된 후이다. 우리 국민은 이런 뼈아픈 경험을 갖고 있다. 가슴에 서리는 한恨이 없지도 않았다. 이것이 민주주의 발전의 필수적인 과정인가. 성숙된 시민의식을 갖는데 필요한 역경인가.

그동안의 많은 세勢 흐름이 민주시민으로서의 양식에 입각한 그런 바탕 위에서였는지 우리 가족부터 먼저 심각하게 돌이켜보아야 할 줄 안다. 물론 훌륭한 분이면, 우리 조국의 현재와 미래를 위한 대단한 분이면 우리 모두는 당연히 존경하고 그를 밀어야 한다는 것은 당연지사 아닌가. 다만 권력을 쥔 사람은 국민을 받들고 섬겨야 한다는 철학과 사상을 굳건히 지켜 나가야 한다. 민주주의 역사가 얕고 훈련되지 못했다는 얄팍한 생각에서 국민을 호도糊塗한다면 역사가 후려칠 것이다.

권력을 믿고 또 권세를 업고 노략질하는 자는 시간과 더불어 어김없이 매도당할 것이다. 금력金力의 횡포도 권력의 남용과 같은 결과를 낳을 것이다. 그래서 노블레스 오블리주noblesse oblige 정신이 크게 강조되는 것이다.

사랑하는 나의 아들들아!

우리 가족은 시민정신 함양에 남다른 노력을 기울여야 할 것이다. 비록 우리가 생활 여유가 없고 쪼들리지만 공동선共同善을 향한 공동체 의식만은 키워 나가야 한다. 직장에서 자기 직무에 최선을 다하는 것과 시민으로서의 의무를 충실히 하는 것이 바른 도리라는 생각을 늘 잊어버리지 말자. 공민公民으로서 필요한 자격을 갖추는데 소홀하지 말자. 다행히 우리는 마산 3·15의거를 일으킨 자랑스런 시민이다.

왕과 스승

이번처럼 탈고脫稿의 감회가 미흡한 적은 처음이라 하겠다. 성군을 길러 낸 문정공 이수 선생의 인품을 형상화시키는 작가로서의 역량이 이에 미치지 못했기 때문일까. 우리 반만년 역사에서 가장 위대한 성군聖君이요, 동방의 요순으로 칭송을 받는 세종대왕의 빛남에 소중한 역할을 맡았다는 이수李隨 선생을 구체화하려면 선생에 버금가는 인품과 학문을 소유한 작가가 나서야 옳았으리라 생각한다.

—최병탁(소설가, 《왕과 스승》의 작가)

사랑하는 나의 가족들, 나는 마지막으로 시조할아버지에 대한 짧은 언급으로 가문을 존중하고 후손으로서의 내 역할이 무엇인가를 상기시켜 주고자 한다. 너희들도 잘 알지만 조상 숭배가 얼마나 중요한가. 후손들에게 내 삶이 어떻게 비춰질 것인가? 이따금씩 점검하자는 뜻에서 나는 경건한 자세로 이 난欄을 메워 나간다.

우리 봉산鳳山 이씨李氏 시조는 휘諱 사士자, 빈贇자이시다. 시조할아버지께서는 고려高麗 충숙왕忠肅王 때 봉우대부奉翊大夫 예의판서禮儀判書 겸 보문관寶文館 제학提學 상호군上護軍을 지내셨다. 그 아드님은 한

림학사翰林學士이시고 손孫은 휘諱 상우尙友로 한성윤漢城尹을 지내셨다.

그 증손曾孫은 휘諱 수隨요, 호號 심은深隱이신데 세종대왕의 잠저시潛邸時(왕으로 등극하기 전) 사부師傅였고 그 보도補導의 공으로 예문관藝文館 대제학大提學과 이조판서吏曹判書와 병조판서兵曹判書를 역임하셨다. 돌아가신 뒤에는 문정文靖이란 시호諡號를 받으시고 세종묘世宗廟에 배향配享토록 하셨다.

우리 봉산 이씨는 휘 수隨자 할아버지를 중조中祖로 모시고 그후 세계世系를 연면連綿하여 시조 휘 사士자, 빈贇자 할아버지로부터는 7백 년이요, 문정공文靖公께서 돌아가신 후로도 6백 년 가까이 되었다.

"우리 중조中祖 휘諱 수공隨公께서는 동방東方의 요순왕堯舜王이라고 일컬을 만한 성군聖君 세종대왕世宗大王의 사부師傅로서 세종문화의 위업偉業에 크게 영향했을 것"이라고 세보世譜는 전하고 있다. 또 이 세보는 "비록 우리 종족宗族의 수는 적으나 경술庚戌(1490년)년에 장성長城 유림儒林들의 제청으로 세워진 죽림서원竹林書院에는 중조中祖의 문정묘文靖廟와 같이 건립 초부터 조정朝廷의 진신대부搢紳大夫(높은 벼슬)들로부터의 왕복 서권書卷들이 많아서 서기 1988년에 전라남도 지방문화재로 지정되어 귀중한 사료史料로 활용되고 보호를 받고 있다."고 기록되고 있다.

죽림서원과 문정묘가 소재한 전라남도 장성군 북이면 만무리 부동엔 많은 관련 시설물과 봄여름 향사享祀가 올려지고 있다. 또한 중조 문정공의 유덕遺德을 추모하기 위하여 경상남도 거창居昌 아곡芽谷 종중宗中에서는 1989년에 죽산재竹山齋와 함께 문정공 추모비가 세워져 마산과 창원의 우리 일가들도 그 행사에 참석하고 있다.

나는 중조(수隨자) 할아버지의 23세손으로서(좌랑공파佐郎公派) 세보에 대한 깊은 내용을 아는데 미적지근한 자세로 임해온 것을 고백하며 참회하고 있다. 나이가 드니 아쉽고 부끄럽다. 고인이 된 창원의 집안 해동海東 동생이 가문의 일을 잘 챙겨 나는 언제나 거기에 의존했었는데, 그것이 크게 미안하다.

1998년 6월인가 7월인가 해동 동생이 책을 몇 권 가져왔다. 소설가 최병탁崔炳卓 선생이 쓴 소설 《왕과 스승》이었다. 책 머리말에 전주대학교 캠퍼스 안의 연구동 302호실 유 교수의 제의와 유 교수가 소속된 한국고문古文학회 회장직을 맡고 있는 손룡巽龍(전남 장성읍) 선생의 도움, 그리고 유 교수가 왕조실록에서 발췌한 '문정공文靖公 이수李隨 심은深隱 선생 실기' 등에 근거하여 중조中祖 수隨자 할아버지의 일생을 소설화하여 기록했다고 밝히고 있었다.

작가는 문정공文靖公을 가리켜 '우리 반만년 역사상 가장 위대한 성군을 뒤에서 만들어준 가신家臣 이수李隨 심은深隱 선생'이라고 우리 수 할아버지의 열정을 토로하고 있다. 작가는 또 작가후기에서 '조선왕조실록에 문정공 이수 선생에 대한 기록이 무려 70여 차례나 나왔다'고 하면서 '이수 선생을 추적 묘사하는 동안 필자 자신이 그분의 인격와 품위에 어처구니없이 빨려들어 주관에 치우치기도 하고 어린 충녕과 선생의 사제간에 교감하는 애정에서는 필자의 눈시울이 뜨거운 적도 있었다'고 술회하고 있다.

나는 후손이면서도 중조 할아버지에 대해 깊이 알지 못하고 왕조실록 발췌문도 정독하지 못한 것을 이 소설 《왕과 스승》 출간 이후 크게 부끄러워하고 있다. 그 책을 받을 당시 서점에 가보니 서가에 꽂혀 있어 어찌나 고맙고 반가운지 몸 둘 바를 몰랐다. 이 위대한 조상 아래 나 같은 못난이가 있음이 자못 부끄러울 뿐이다.

사랑하는 내 아이들아!

비록 우리는 못났지만 시조, 중조 할아버지는 위대한 생애를 보내셨던 것을 잊지 말고 받들어 우리 일생의 거울로 삼아야 할 것을 감히 일러둔다. 그리고 각자의 생에는 후대가 어떻게 기록할 것인지 염두에 둔다면 보람된 삶이 그려질 것이다.

효

부모를 임금의 자리에 오르게 한대도 그 은혜는 다 갚을 수가 없다.

—석가모니 부처님

자녀들아, 너희 부모를 주 안에서 순종하라. 이것이 옳으니라. 네 아버지와 어머니를 공경하라. 이것이 약속 있는 첫 계명이니 이는 네가 잘 되고 땅에서 장수하리라. 또 아비들아 너희 자녀를 노엽게 하지 말고 오직 주의 교양과 훈례로 양육하라.

—신구약성서 에베소 6장

나는 주례를 할 때 반드시 부모님을 생각하고 정성껏 모시라는 당부를 한다. 한 달에 하루쯤 여가를 내 부모님을 더 따뜻하게 모시라는 말을 하면서 만약 거리가 멀 때에는 전화 또는 편지로 사랑과 존경을 듬뿍 담아 문안을 드리라고 한다.

사실 나는 부모님에게는 낙제생이었다. 가난으로 어렵게 사신 부모님은 자식 덕택으로 호강 한번 못해 보시고 한많게 돌아가셨다. 그만큼 나는 불효자식이었다. 이 자식 잘되기를 바라면서 아버지 어머니는 온갖 고생을 마다 안하고 희생하셨다. 내가 유치원 교육, 집 한 채까지 받는 등 부모님의 나에 대한 사랑은 너무나 컸다.

형편이 안되는 데도 부모님께서는 당신들의 모든 것을 바쳐 이 불효자를 뒷받침해 주셨던 것이다. 나는 남보다 더 철없는 짓을 많이 해 부모님 속을 썩였고 더 많은 고생을 시켰다. 70 중반을 넘긴 지금 나에게 가장 후회되는 것은 부모님에 대한 불효였고 그만큼 한스럽다.

그런데도 내 다섯 자식들은 우리 부부를 위해 참으로 잘하고 있다. 물론 생활비라고 다달이 보태주고 있다. 나는 내 자식들의 '효'를 원한다. 단순히 우리 부부의 평안만을 생각하는 것이 아니고 내 자식들이 잘되라는 뜻이 더 크다고 할 것이다. 자자손손 효가 이어가기를 간절히 원하는 것이다.

대체로 부모에게 효행하는 사람은 마음이 평온하다. 마음이 평화스러우니까 얼굴에 화색이 돈다. 마음이 평화스러운 것은 무슨 일에든 전력투구할 수 있는 것이다. 전력투구란 사업이나 직장에서 성공과 승진이 예외 없이 이뤄진다고 나는 믿고 있다. 실제로 내 주위에서 성공한 아들이나 딸들을 보면 거의가 그들의 부모에게 효도를 다하고 있는 것이다. 과문의 탓인지 모르지만 불효한 자식치고 소망스런 생활을 하는 이는 보지도 듣지도 못했다.

여기서 한 가지 짚고 넘어가야 할 것은 그 '효'에 반드시 사랑과 존경 그리고 정성이 깃들어야 한다는 것이다. 돈 몇 푼으로 우는 아이 달래듯 부모를 대하는 것은 그 부모에 대한 멸시다. 귀찮아 하면서 한 달에 한 번쯤 부부가 찾아와서 대중식당에서 남 보란듯 부모를 대접하는 것은 위선을 넘어 오히려 부모를 괴롭히는 것이다. 차라리 불효가 더 솔직하지 않는가?

요즘 젊은이들은 '효'를 말하면 '효란 내리사랑이다'라고 하면서 내

| 제사를 모시면서

자식에게 잘하는 것이 효의 한 방법이라고 억지소리를 한다. 할아버지, 할머니가 손자가 귀여워 바른길을 가르치면 '시대가 다르다', 케케묵은 관념이다', '오히려 아이들의 발전을 그르친다'고 무안을 주는 일이 비일비재하다.

물론 부모의 의견이 낡고 시대에 뒤떨어진 기준이나 가치라고 여길 수도 있겠지만 그 부모의 인생 경륜에 비추어 그렇게 하찮게 타박을 줄 일이 아니다. 그 속엔 자식들이 미처 생각지 못하는 사랑과 진실과 교훈이 깃든 자애로움이 넘치고 있는 것이다. 대부분의 일본의 부모님들은 자식이 아직 어릴 때부터 어떤 경우에도 남에게 피해가 되지 않고 남을 배려하라는 가르침을 하고 있다.

요즘 식당이나 예식장 같은 곳에서 아이가 마구 휘젓고 떠들고 다녀도 좀처럼 주위를 주는 젊은 부부를 보지 못했다. 보다 못해 주위의 어른들이 충고를 하면 눈을 부릅뜨고 아주 못마땅한 표정으로 구시렁거리며 그대로 방관한다.

그들의 주장은 '내 아이 기죽는다' 는 반박이다. 내 아이 기죽는 것만 생각하고 이 아이의 장래를 전혀 염려하지 않는 것 같다. 남을 배려하지 않는 사람이 성공하고 지도자가 되긴 어렵다. 이것은 철칙이다.

그래서 교육의 성자 페스탈로치는 "어머니는 하늘이 내려주신 위대한 교육가다."라고 주장하면서 가정교육의 더없는 중요성을 가르쳤다. 길에서 어린 학생이나 중고교생이 단아한 옷차림에 얌전한 걸음걸이를 보이면 반드시 그 부모는 교양과 품성을 갖춘 분들임이 틀림없다고 본다.

좁은 보도를 옆으로 나란히 줄지어 다른 사람의 보행에 지장을 주지 않고 서로 세로로 걸으면서 속삭이듯 이야기하면서 걷는 모습을 보면 너무 아름답고 귀여워 어쩔 줄 모른다.

부모님이 생각나면 그 즉시 정성을 보여라. 행동에 바로 옮기라는 소리다. 미루면 안된다. 미루면 김이 빠진다. 첫 번째의 마음이 그 다음 우러나는 마음보다 더 무겁고 더 값지고 흐뭇해진다. 이때 엔돌핀이 솟아나올 것이다. 엔돌핀이 나오면 너희들이 소망하는 것에 더 가까이 갈 수 있다고 나는 확신한다. 내 부모님에게 불효한 나의 꼬락서니가 이 모양이라 너희에게 교훈을 주고 싶구나.

효孝는 가풍家風을 세우고 가문家門을 빛나게 한다.

내 형제의 사랑

형제는 인간관계를 형성하는 가장 기초적인 단위라고 볼 수 있다. 그러기 때문에 인류의 사랑이나 불화不和를 옛사람들은 형제간의 우애와 갈등으로 비유하는 일이 많았다.

—이어령 교수《웃음과 눈물의 인간상》

우리 부모님의 슬하에선 여섯 남매가 자랐다. 우리 형제는 남자 둘, 여자 4명이다. 내가 맏이라서 여동생 넷, 남동생 한 명이었다. 2009년 현재 나이로 바로 아래 여동생이 72세, 남동생이 68세, 그다음 여동생이 62세, 다음이 58세, 막내가 56세이다. 불행히도 바로 밑 여동생과 남동생은 이승을 떠났다. 우리 형제들은 어렵게 자랐다. 선친이 형제분 중 맏이어서 그만큼 부양의무가 무거우셨다.

내 동생들은 집안 형편으로 공부를 길게 하지 못했다. 일찍부터 생존경쟁의 마당에 나서야 했다. 나는 명색이 맏이로서 그 의무를 다하지 못해 동생들에겐 어떤 도움도 되지 못했다. 부끄러운 죄의식은 지금도 마찬가지이다. 우리 동생들이 고생한 것만 생각하면 가슴이 저리고 아프다. 통곡하면서 펑펑 울고 싶은 심정이다.

어릴 적부터 누구의 도움 없이 모진 세파를 힘겹게 헤쳐 나가야 했던 동생들이 불쌍하기 이를 데 없다. 우리 동생들이 험난한 세상에 뛰어들었을 때 오직 한 가지 힘, 우리 아버지 어머니의 사랑이 뒷받침되어 주었을 뿐이다. 아버지 어머님은 비록 가난하셨지만 자식들이 바르게 살기를 바랐고 그 애정은 지극하셨다. 특히 어머님의 자식 거두시는 희생은 남달라 이웃분들이 감동을 넘어 측은해하기까지 했다.

이제 부모님은 가시고 두 동생도 떠났지만 우리 형제들 마음속에 흐르는 정은 한결같다. 성격들이 모두 재잘거리지 못해 표현은 잘 안하지만 서로를 위하는 마음은 남다르다. 또한 자라온 환경 탓인지, 독립심, 자립심이 강하다. 스스로의 힘으로 살아가기 위해 피나는 노력을 경주하여 생활기반을 닦았다.

살아 있으면 올해 68세 되는 내 남동생은 서른을 채 채우지 못하고 신병으로 세상을 떠났다. 형제애도 꽃피우지 못하고 떠나버려서 부모님의 가슴을 태우고 우리 형제들에게 크나큰 슬픔을 안겨 주었다. 너무나 순진해 지금 생각해도 내 가슴이 미어진다. 어른들의 주선으로 영혼 결혼을 올려주었는데 제수씨는 임林씨이다. 너무 착하고 어질었기 때문에 나는 동생 내외가 극락세계에서 다시 좋은 부모 밑에 환생還生했으리라고 믿고 있다.

내 바로 아래 여동생은 3년 전 69세로 세상을 떠나 살아 있다면 올해 나이로는 72세가 된다. 27, 8세 때인가 우연한 기회로 미국에 가 소식이

끊겼는데 9년 전에야 서로 연락이 닿아 마산을 찾아왔다. 혈혈단신으로 외로운 미국 이민 생활에서 좋은 남편을 만나 결혼, 행복한 가정을 이루었다. 남편은 미국 현역 군인으로 근무하다 전역하여 직장생활을 한 것 같다.

동생은 남편은 물론 시모님을 비롯한 시가媤家의 귀염과 사랑을 받았다는 것이다. 아기를 갖지 못해 한국에서 양자를 얻어 키웠으며 그 아들이 결혼해 손자 둘까지 보았다. 미국 LA에서 가까운 롱비치에 집이 있는데 대대로 중산층 수준을 유지해 왔다고 한다. 나의 매제는 신병으로 입원해 치료를 받던 중 끝내 회복하지 못하고 운명했다고 한다.

만혼晩婚인 내 막내 여동생의 LA결혼식에 참석하느라 우리 내외와 다른 여동생들과 같이 미국에 갔을 때 롱비치의 이 여동생 집에서 묵었다. 동네를 보니 듣던 대로 중산층 수준의 집들만 모인 것 같았다. 조용

미국 롱비치 큰여동생 순선의 집 앞에서
막내여동생 순말과 함께

하고 깨끗한 환경, 집집마다 대문 앞뜰의 잔디밭은 쉼없이 가꾸어 아름다운 풍경을 연출하고 있었다.

우리 내외는 일주일 동안 머물다 귀국했으며 나머지 동생 둘은 열흘씩 더 있다가 돌아왔다. 올 때에는 동생 아들과 그 손자들의 환송을 받았다. 그 아들은 옆동네에서 따로 집을 마련해 살고 있었다. 동생은 일주일 간격으로 안부전화를 걸어왔고 우리도 그렇게 했다.

그런데 어느 날 갑자기 이 동생이 병원에 입원했다고 막내 여동생이 기별해왔다. 그래서 마산에 있는 여동생과 일본에 사는 여동생이 급히 달려가 병간호를 하고 집안살림도 챙겨주었다. 처음은 폐렴으로 입원 약 6개월 동안 병원, 집요양, 통원치료 등을 거듭하다 3년 전인 69세에 이 세상을 떠났다. 원통하고 아까운 내 동생의 사별에 아무 도움도 못 준 내가 한없이 원망스러웠다.

동생은 생전 유서에 모든 동산動産은 양자에게, 집과 자동차는 내 막내 여동생에게 넘기도록 했다. 막내가 미국에 살면서 평소에는 비서처럼, 입원 중일 때는 지극한 간호를 해 제 언니를 도왔다. 극락세계에서 평안히 명복을 누리기를 빈다.

둘째 여동생은 올해 62세로 남편과 뜻이 맞지 않아 이혼하고 딸, 아들 둘과 같이 산다. 아들은 현역 육군장교(대위)에서 예편, 서울에서 결혼하여 살고 있다. 친손자 둘을 본 이 여동생은 생활력이 강해 궂은일도 마다하지 않으며 열심히 살아 조그만한 주택을 마련했다. 아직 시집 안 간 딸과 같이 살며 부림시장 내에서 양말장사를 하고 있다. 집사람이나 내가 아프면 병간호를 해주고, 가끔은 용돈을 주기도 하며 내 속옷, 양말을 사 보내기도 한다. 직장에 다니는 제 딸아이를 시켜 꼭 고급품들을 보낸다.

성당에 열심히 다니면서 믿음과 기도로 자족自足한 생활을 만들어 간다. 그러면서 일본에 있는 제 바로 밑 동생과 미국에 있는 막내와 연락을 자주 하며 동생들을 거두고 있다. 언니 노릇을 톡톡히 한다. 물론 서울에 있는 아들 부부와 손자들에게도 정성을 다한다. 더 행복해졌으면 하는 것이 나의 바람이다.

요코하마에 살고 있는 둘째 누이와 생질 | 나의 셋째 아들 흥민이

셋째 여동생은 올해 58세로 일본 요코하마에서 아들 하나, 딸 하나와 같이 산다. 아들과 딸은 직장에 나가고 동생은 장사를 한다. 남편과는 사별하고 일하러 다니다가 조그만 규모의 장사를 시작했다고 한다. 이 셋째는 스물세 살 때 중신으로 일본교포 청년에게 시집을 갔다. 혼담이 오고갈 때 나는 별 마음이 내키지 않았지만 어머니의 주장으로 혼사가 이루어졌다.

그녀는 10대 후반부터 성당에 다니기 시작하여 독실한 천주교 신자가 되었다. 유교와 불교에 가까웠던 어머니를 선교하여 만년에 세례를 받게 했고 언니와 동생을 착실한 천주교 신자로 만들었다. 불교적인 가풍에 가톨릭 신앙의 바람을 일으켰는데 나는 반대도 권유도 안했지만 긍정적으로 받아들였다.

일본으로 시집가서 시련의 중첩이었지만 이 믿음의 힘으로 극복, 강한 생활인이 된 것 같다. 생질들이 아직 미혼이어서 걱정이 되는가 보다. 지금까지의 인생경영을 보아서 더 알뜰한 살림을 이어 나갈 것이다.

미국 LA에 사는 막내는 올해 쉰여섯이다. 이 여동생만 생각하면 울컥 슬픔이 차오르고 고개를 들 수 없다. 어린것을 너무 고생시키고 오빠로서 아무런 도움이 못된 점이 부끄러울 따름이다. 아무 도움 없이 혼자서 공부하고 직장을 얻었다. 그러다 한동안 소식을 끊어 여기저기 수소문해 보았지만 알 길이 없었다.

한 3년이 흘렀을까. 서울에 있다고 소식을 전해와 급히 아내와 더불어 올라가서 만났다. 수녀가 되기 위해 모든 과정을 다 밟고 우리 부부가 부모의 자격으로 마지막 의식儀式에 참석하라고 초청한 것이었다. 물론 다른 두 여동생도 참석했다. 그 얼마 뒤 이 수녀 희망자는 건강의 악화로 그 길을 포기해야만 했다.

그로부터 서울 마포에 있는 독일인 수녀가 책임자로 있는 장애인 교육기관의 교사로 오랫동안 봉사했었다. 내가 몇 번 가서 격려하곤 했지만 동생은 늘 행복한 표정을 지었고 그런 모습을 보면서 나는 마음이 아파 침울한 감정을 어찌지 못했다.

동생은 다시 여의도 성모병원 영양사로 근무했다. 서울 생활 30여 년 만에 15평짜리 아파트를 마련, 우리 부부, 형제들을 초청해 즐거운 시간을 갖기도 했다. 당시 성모병원에 근무하는 조씨라는 성의 한 아주머니와 친해져 언니 동생하며 지내다 그녀의 끈질긴 설득과 권유로 LA에 살고 있는 그녀의 남동생과 결혼하게 되었다. 이때가 아마 50세인 것 같다. 우리 부부와 형제들은 한편 반갑기도 하고 한편으론 나이가 있어 망설였는데 당사자가 오히려 우리를 설득하여 나는 마침내 허락하고 말았다.

또 미국에 살고 있는 제 큰언니도 들어오라는 권유가 있었다. LA에 있는 한인성당에서 열린 결혼식에 우리 부부와 형제들은 모두 참석했고 나는 LA에 이민 가서 살고 계신 한원구(전 《마산일보》 논설위원, 전 경남대학 교수) 선생을 유일하게 초청, 축하를 받았다.

내 매제 또한 성당일을 거들어주는 독실한 가톨릭 신자였다. 내 매제의 부모 형제들은 일찍부터 이민 와서 자리잡고 있었으며 내 매제 역시 결혼 혼기를 놓친 사정이었다. 미국에서 영어 배우랴, 자동차 운전 배우랴, 살림살이하랴, 시모님 모시랴(바깥어른은 별세하셨다), 눈코 뜰 새 없는 시간을 보냈다. 그러다 제 큰언니가 아파 입원하는 바람에 그 수발에 녹초가 되었다.

제 조카부부(입원한 큰언니의 양아들 부부)와 교대로 돌보긴 했지만 환자의 입이 워낙 까다로워 제동생이 해오는 음식이라야 수저를 들었다고 한다. 병세의 악화로 마산과 일본에 있는 여동생들이 미국에 합류하여 몇 개월을 제 형제들을 도왔다.

나에게는 수시로 상황을 알려 왔으며 환자와의 전화도 자주 하며 힘내라고 격려했다. 그럴때면 "오빠, 일어날테니 너무 걱정하지 마세요."라며 오히려 나를 위로하던 그 동생은 끝내 일어나지 못하고 숨을 거두었다. 그 뒤치다꺼리를 고인의 아들과 내 동생들이 다 맡아했다. 나와 아내는 살았을 적에는 열심히 우리 동생을 위해 기도하고 저승간 뒤에는 부처님에게 명복을 비는 기도를 했다.

막내는 어느 정도 안정된 뒤 유산으로 물려받은 일부를 제 언니들과 나에게도 할애해 보냈다. 나는 미리부터 나에게는 함부로 보내지 말고 너희들 부부가 살아가는 데 도움이 되는 곳에 써라. 나는 내 자식들이 있지 않느냐고 거절했으나 마산에 있는 제 언니들 편으로 보내와 할 수 없이 받았다.

여동생은 죽어서까지 오빠를 돕는데 나는 뭘 했단 말인가. 참으로 면목이 없을 따름이다. 막내는 서울에 있을 때부터 내 생일과 설, 추석엔 용돈을 보내곤 했는데 지금까지 변함이 없다. 일본에 있는 여동생도 가정에 필요한 상비약 같은 것을 보내오곤 하고, 미국의 막내는 전화비 많이 드니 자주 하지 말라고 나무라도 짧으면 한 달, 길면 두 달 내로 꼭 나와 제 언니에게 전화를 한다. 수술 이후 내 건강에 신경이 많이 쓰이는 모양이다.

우리 형제들은 넉넉지 못해도 이렇게 깊은 정으로 서로를 격려하며 살아간다. 이것이 우리 형제들의 유일한 자산이요, 힘이다.

사랑하는 나의 아들, 며느리들아!

나는 앞에서 너희 고모들에 대해 이야기했다. 어려운 가운데서도 형제애兄弟愛가 꽃피면 서로 의지가 되고 삶의 윤활유가 된다는 것을 나는 강조한다. 누구나 형제 가운데 잘사는 사람, 못사는 사람도 있겠지만 그 마음을 관통貫通하는 뜨거운 사랑이 흐르면 웬만한 고통도 극복, 희망을 향해 달려갈 수 있는 것이다. 너희들도 아버지 형제처럼 이심전심으로 정을 느끼며 서로를 위해 줄 때 형제애는 소록소록 꽃피게 된다.

한 형제가 기울면 다른 형제들이 일심동체가 되어 돕는다면 새로운 용기를 얻어 일어설 것이다. 이것은 자네들만의 경우가 아니고 자네들의 자식들에게도 고운 유전遺傳이 되면 아름다운 가풍家風으로 자리잡을 것이다. 지금 세상은 야박하고 척박하다. 가난하면 교육이 어렵고 교육이 어려우면 그 가난은 대물림된다. 형제가 마음을 합쳐 서로 돕고 밀며 지혜를 모은다면 세상은 살아갈 가치를 보여 줄 것이다.

아버지 어머니 형제들을, 내 부모 대하듯 언제나 살갑게 감사하게 그리고 공손하게 모셔야 한다. 그렇게 되면 사촌, 고종姑從사촌, 외사촌外四寸 모두 친형제처럼 친하게 지낼 수 있다. 바쁜 세상에 뭐 그렇게까지 넓힐 수 있는가라고 반문한다면 그 인생은 독불장군으로 외로움을 면치 못한다.

세상의 인연을 아주 중히 여겨야 하는 것이다. 인연을 소홀히 한다면 그만큼 그 인생은 서글픈 것이다. 우리가 믿는 불교는 연기법緣起法이다. 가까운 이에게 가깝게 다가가고 그래서 남인 이웃도 사촌처럼 지내며 정겨운 사회를 만들어 가는 것이다.

세상에는 이렇게 다정한 분들이 있기 때문에 동네와 사회가 유지되는 것이다. 부처님께서 우리 중생들에게 이타행利他行을 가르치신 그 뜻을 늘 염두에 두고 그 실천자가 되도록 노력해야 된다는 것을 간절히 일러둔다.

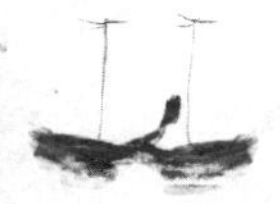

가족家族

내 남편이 내 아내가 나에게 해주는 고마움, 내 아들, 내 딸이 나에게 해주는 고마움에 대해 합장하는 자세로 돌아가야 합니다. 이 작은 정성이 가족 사이에 전해지면서 서로 존중하고 감사하는 마음이 생겨납니다. —우룡 스님(경주 함월사 조실)

나와 아내와의 결혼은 첫선에서 이루어졌다. 집안 장손인 나와 처가의 장녀인 아내는 어른들의 주선에 의해 선을 보고 곧 결혼으로 골인했다. 56년 전 양력 3월 16일(음력 1월 24일) 창원군 창원면 소계리 처가에서 전통혼례로 식을 올렸다. 그때 나는 참 소견머리 없는 새신랑이었다. 집안 형편이 어려웠는데도 그 당시에는 참으로 귀했던 택시 5대를 대절해 가까운 선배와 친구들과 어울려 갔다. 딴 교통편으로 온 친구들을 비롯해 하객이 우인대표란 이름으로 무려 30여 명에 이르렀다.

당시의 우인대표로선 엄청난 숫자였다. 나의 철부지 과시욕이 정미업을 하는 넓은 처가의 온 마당을 신랑 측 하객들로 부산하게 만들었다. 장난 좋아하는 친구는 "부잣집이니 실컷 마시고 놀고 가자."고 욕심들을 부렸다. 신부집에서는 신랑 측 하객들 대접하느라고 온 친척, 가까운 이웃분들까지 동원되어 진땀을 흘렸다. 그 위에 술에 취한 선배에 의해 동네 소란이 일어나기까지 했다. 쇠마굿간에 매인 소를 발로 차 소가 놀라서 뛰며 달아나는 바람에 남의 집 장독이 깨지고 담이 무너지는 등 소동이 났다. 간장, 된장이 땅바닥에 흘러 피해 농가의 집은 물론 그 이웃집까지 냄새로 진동시켰다.

이들이 다 돌아간 뒤에야 나는 소란 소식을 들었다. 그 동네에서 지도자로 존경받는 장인어른께서 피해보상 등 가까스로 수습을 했다. 내 입장과 특히 상객으로 오신 아버님과 큰숙부님도 어처구니없어 당황하고 미안해 하셨다.

훨씬 많은 시간이 지난 뒤 친구들은 술안주 삼아 그때 그일을 들먹이며 추억이라고 미화시켰다. 시간이 지난 탓인지 나도 별난 결혼식을 했다는 추억으로 삼기까지 했는데, 오랜 시간 처가 어른들께 죄송스러웠다. 봉산鳳山 이가 순항順恒이와 경주慶州 최씨崔氏 계수桂秀 낭자와의 가정과 가족은 이렇게 출발하었다.

쉰세 해가 지난 지금 아들 다섯 형제, 며느리 넷, 손주 일곱 등 열여섯 명의 가족을 이루었다. 딸이 없어 섭섭하긴 하지만(먼저 난 딸 둘은 잃었다) 아이들이 잘하니 아내와 나는 마음이 든든하다. 다만 가장 촉망받던 넷째의 결혼이 지금까지 늦어 아내나 나나 가슴이 답답할 뿐이다.

이 책의 다른 난에서도 소회所懷를 밝혔지만 가장으로서 아버지로서 점수를 얻을 수 없는 무능력자였지만 오늘 이만큼이라도 지탱해 나갈 수 있었던 것은 순전히 아내의 힘이요, 노력이었다. 절약에 절약으로 헤

픈기가 없는 아내의 미래지향적인 가계家計운영 덕분이다.

내가 술 마시는 낭비가 계속되어도 이따금씩 아내의 쬐스런 살림방식이 떠오르면 흠칫 놀라 움츠러졌다. 워낙 소득이 빡빡해 일정액 이상의 지출은 늘 피해온 것이 솔직한 나의 고백이다. 오히려 아내가 어떤 때는 "남자가 그렇게 살아 어떻게 할 것이오. 쓸 때는 써야 하지 않아요. 남을 모실 때는 좀 통이 커야 해요."하며 용돈을 쥐어 주기도 한다. 가정이란 이런 과정을 통해 사랑을 배우고 키워 나가는지 모르겠다.

사랑하는 나의 이쁜 며늘아기들아!

시아버지로서 너희에겐 무능하기 짝이 없지만 너희를 사랑하고 위하는 마음은 세상 어디에도 비할 수가 없다. 아비(남편)들이 소득이 낮아 너희가 생계를 꾸려 나가기가 여간 어렵지 않은데 슬기롭게 극복해 나가는 것을 보면 대견하기도 하고 자랑스럽기까지 하다. 또 내 손자인 너희 자식들을 반듯하게 키우기 위해 온갖 정성을 다 기울이는 너희가 한없이 돋보이기도 한다. 안쓰럽고 고마운 마음이 나를 숙연하게 하다가도 어떤 희망찬 보람을 느끼게 한다.

조상을 모시는 일에도 너희가 소홀하지 않으니 안심이 되고 부모인 우리 부부에 대해서도 너희 수준껏 하고 있으니 고마운 마음 비길 데가 없구나. 형제간에도 서로 조심스럽고 정이 오고 가니 밝은 미래를 기약할 수 있다고 장담하고 싶다.

여기서 한 가지 너희 형제간에 대해서 사족을 달고 싶으니 이해해 주길 바란다. 앞에서도 밝혔지만 우리 부부로 인해 16명이라는 가족을 이루었으니 여기에 마땅히 지켜야 할 도리가 있다는 것, 즉 가족 개인마다의 의무와 책임이 따른다. 특히 형제간 갈등이 생겨나지 않도록 서로가 조심해야 한다. 어려운 일이 있을 때에는 서로 돕고 기쁠 때에는 그 기쁨을 나눠 가져야 한다. 내 남편, 내 아내, 내 자식만 중하게 여기지 말고 형제의 모든 가족들이 다 중하다는 생각을 잠시도 잊어서는 안 된다.

한달 또는 두 달에 한번 정도 온 형제가 모여 화목 도모와 집안 전체 일을 발전적으로 논의하면 어떨까. 이따금씩 모이지만 이를 정기적으로 정해 서로의 정을 나눠야 한다. 집안의 대소사, 아이들의 교육과 진로 문제, 학비 조달 방법, 가족들의 친목도모 행사 등등을 논의해 어떤 합의점을 이뤄 미리 준비해 놓는 것은 생활에 아주 유익하고 미래지향적인(유비무환) 모범이 될 것이다. 그리고 일가친척, 친정의 길흉사에 대한 빠짐없는 예의와 그 수준을 정해 놓는 것도 바람직스러울 것이다.

나는 여기서 강력히 제안하고 싶은 것은 가족신문을 만드는 일이다. 사계절에 한 번씩 가족과 일가친척의 동정, 소식, 제안(생활 아이디어 등) 주장, 문예작품 동화童話 등을 게재하여 커뮤니케이션에 도움을 주고 이바지하는 것이다. 객지에 계신 고모님이나 형제 조카들에게도 이 가족신문을 보내면 얼마나 반가워하겠는가. 그분들의 소식, 주장, 작품도 수시로 받아 게재하면 이상적인 가족, 가문을 이루는데 크게 이바지할 것으로 믿는다.

또 하나 만약 어느 형제간에 반목, 갈등이 생기면 다른 형제들이 재빨리 나서 이를 조절하고 그 해소에 전력을 기울여야 할 것이다. 이쪽 저쪽 다니면서 오해를 풀고 다정스러운 자리를 마련하여 원상태로 회복시키는 것이다. 잘못한 일이 있으면 손위 아래 할 것 없이 잘못을 인정하고 정중히 사과하는 것이 더 멋스런 형제애이다.

옛부터 우리 전통은 집안의 며느리들이 그 집안의 화목을 좌우했다.

며느리들의 영향이 더 커진 오늘에 있어서야 두말할 나위가 없다. 사실 나와 너희 시어머니는 집안의 큰 행사나 제례 때마다 너희에겐 고마움과 더불어 갸륵한 마음을 높이 사고 있다. 직장에서 피곤해진 몸을 퇴근 후에도 수고롭게 하니 어찌 미안한 마음이 들지 않겠느냐?

내 아들들아, 지금도 그렇게 하고 있겠지만 너희들 각각의 집안일은 너희 가족 전부가 도와야 원만한 가정을 이뤄 나갈 수 있다. 설거지는 물론 집안 청소도 솔선수범해야 한다. 손자들도 마찬가지다. 제 방 청소는 각자가 거실 청소도 순번을 정해 실시하면 어떨까.

아이들이 어릴 때부터 제몫의 일할 것을 정해 주면 처음은 싫다고 하겠지만, 가족 공동체의식을 높여주고 책임의식을 불러일으키는데 아주 큰 도움이 될 것이다. 그것은 남을 이해하고 남을 배려하는 마음을 아주 어릴 적부터 배우게 되는 길인 것이다. 그것을 몸에 익혀야 올바른 민주시민으로서 성장할 수 있다.

여기서 또 하나 내가 주문하고 싶은 것이 있는데, 우리 현실로선 어렵겠지만 가능성을 찾기 바란다. 아이들에게 악기 하나쯤은 다룰 줄 알게 하고 취미 운동을 하나 택해 배움으로써 호신용으로는 물론 스포츠 정신도 배우게 하고 싶다.

내가 오래 살다 보니 비록 아마추어지만 예술의 한 분야에 나름의 수준을 가진 분은 멋진 삶을 영위하고 있는 것을 보아왔다. 언제나 부럽고 내 자신이 을씨년스러웠다. 좀 무리한 얘기인 줄은 알지만 힘을 써보라고 권하고 싶다. 내가 평소 자네들에게 말했지? 내가 재산이 없으니 자네들에게 물려줄 수 있는 것이 없고 자네들도 형편이 어렵지만 내 대代에 안되면 자식 대에, 자식 대에 안되면 손자 대에, 손자 대에 안되면 증손 대에 반드시 성공할 수 있다. 그런 자신과 여유를 갖고 살자.

사랑하는 아들, 며느리들아!

'아버지가 되기는 쉬우나 아버지답기는 어렵다' (세링 크레스)

또 하나의 가르침 '아버지의 마음을 내 마음으로 생각하면 내 자식이나 형의 자식이나 조금도 차이가 없을 것이다(육무관陸務觀).' 을 명심하자.

자— 부처님에게 기도하자. 나무석가모니불 나무석가모니불, 나무석가모니불.

가훈

가훈은 우리 가정을 건실하고 단란하고 행복하게 이룩하기 위한 전통적인 교훈이다. 한 가정의 가훈은 그 집안 성원들과 자손들이 어떠한 마음가짐과 몸가짐을 가지고 가정을 다스려 나가고 남들과 함께 세상을 살아나가는데 착하고 악한 일을 가려 올바르게 처신할 것을 경계하며 좋은 가풍을 유지하게 하는 가르침이라 하겠다. —김종권金鍾權(국학자)

우리 집 가훈은 '필요로 한 사람=교양, 자립'으로 정해 내가 살고 있는 집이나 자네들이 살고 있는 집 벽에 걸려 있다. 내가 이 내용을 담아 자네들에게 나누어 준 것이다. 가훈은 가풍을 세우고 사람의 도리, 예절, 가치, 사상, 철학, 인격 도야, 공동체의식,

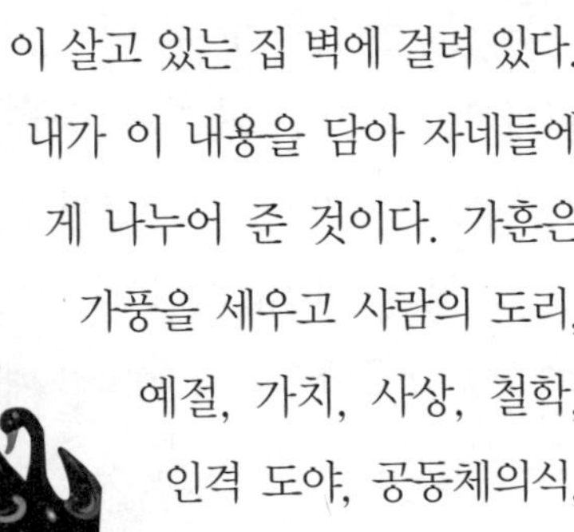

예지, 사랑, 봉사, 바른길을 가는데 기초가 되는 아주 중요한 정신적인 나침반이다.

가족 각자의 소망하는 바를 이루는 원동력이 된다고 할 수 있다. 가훈이 머리에 배어 있으면 그 가훈의 가르침대로 나아가기 일쑤이다. 그래서 옛날부터 명가名家에는 반드시 가훈이 있고 요즘에 와서도 가훈 만들어주기, 가훈 써주기 운동 같은 것이 전개되기도 한다.

가훈이 있는 집과 없는 집의 차이는 잘 모르겠으나 가훈이 있는 집의 가족들이 훨씬 소망스런 생활을 하게 된다고 믿는다. 초등학교서부터 시작하여 학교마다 교훈, 반훈이 있는 이유가 전통을 살리면서 훌륭한 인재로 키우기 위한 목적일 것이다.

내가 우리 가훈을 정할 때에는 내 나름대로 심사숙고하며 우리 사정에 초점을 맞추느라 애를 썼다. 얼른 보기에는 추상적인 개념이란 인상이지만 나는 '필요必要' 란 의미에 역점을 두었다. 가족에게도 필요한 사람, 가문에도 필요한 사람, 학교에서도 필요한 사람, 직장에서, 군軍에서, 사회에서, 나라에서도 각각 필요한 사람이 되어야 한다는 강조이다.

흔히 조직생활에서 꼭 필요한 사람, 없어도 될 사람, 있으나마나한 사람으로 구분되는 것이 좋은 예이다. 사람으로 태어나서 어디 한 곳이라도 필요한 사람이 되어야지 있으나마나 하거나, 없어야 될 사람으로 낙인찍힌다면 이보다 더한 비극이 있을까.

사람에 따라서는 조직생활에 있어 자기 분담에 대해 대충대충 처리하는 것을 장기長技로 여기는 사람이 있다. 이런 사람은 성공했다 해도 그 성공 내용이 알차지 못하고 대충대충 이뤄져 얼마 못 가 무너지고 만다.

군생활할 때 '군인은 요령이 있어야 한다' 는 말을 선배, 상사들로부터 자주 들었다. 이 말을 꾀스럽게 눈치껏 대충대충 해야 된다는 의미로 받아들였다. 하지만 나중에서야 깨달았지만 이 말은 응용應用으로 해석해야지 대충대충 하라는 말은 아니었다. 군인이 작전에서, 전투에서, 작업에서, 군복무의 전체를 망라해서 대충대충한다면 어떤 결과가 올 것인가? 등골이 오싹해진다.

우리 내무반에서 좀 우직하게 보이는 전우가 있었는데 이 사람은 어떤 지시나 명령에 추호도 벗어나지 않고 그 내용 그대로 이행해 주위로부터 눈총을 받기도 했으나 나중에는 이 사람과 가까이하려고 모두들 애썼다. 빈틈이 없으니 믿음을 크게 산 것이다.

내가 K신문 편집국장으로 있을 때 우리 사회에 '믿음을 심는 사람들' 을 찾아 연재하는 코너가 있었는데 그 연재가 끝나고 이 시리즈에 등장한 주인공들을 모두 모시고 잔치를 벌여 그 공헌을 찬양했다. 이런 분들이야말로 어디에서나 필요로 하는 사람으로서 우리 사회를 지탱해주고 있는 것이다.

사랑하는 나의 아들, 며느리들아!

필요로 한 사람이 되자면 역량이 있어야 하고 그 위에 남을 배려하는 겸손한 자세를 갖추어야 한다. 그런 가장 기초적인 것이 교양을 쌓는 일이다. 교양의 덕목이 없으면 야생마와 같이 함부로 날뛴다. 교양을 쌓는 과정에서 삶의 역량을 동시에 키우게 된다. 그래서 독서, 예술적 소양이 필수가 되는 것이다. 가능한 범위 내에서 그렇게 되었으면 좋겠다는 것이 나의 희망이다.

그 다음 '자립自立' 을 밑받침으로 삼았는데 이는 아주 중요한 것이다. 우리 가족들은 여건이 변변치 못해 스스로 일어나지 않으면 안되는 상황이기 때문이다. '자수성가' 나 '입지적 인물' 이 가족 전부에게 기대되며 바람이 되고 있다.

물론 여건 조성이나 뒷받침을 못하는 이 아비에 대한, 이 할아버지에 대한 원망도 없지 않겠지만 깊은 이해로 분발해 주기 부탁한다. 사회의 경쟁이 치열하다 못해 무섭지만 하고자 하는 사람, 꼭 성공하고 싶은 사람, 한 가지 목표를 위해 전력투구하는 사람은 반드시 소망을 이루고야 만다는 사실을 나는 이 나이가 되도록 눈여겨보아 왔다.

내가 너희가 어릴 때 기회 있을 때마다 '남과 같아서는 남 이상이 될 수 없다' 는 어느 성공한 사람의 명언을 들려주면서 피나는 노력을 당부한 것은 이 자립의 강조에서이다. 너희 다섯 형제 가족이 서로 도와주고 격려하고 밀어주고 이끌어주고 서로 보완해 나간다면 너희의 희망은 소담스럽게 꽃피워 나갈 것이다.

우리 집에 오면 아버지의 악필로 된 다음의 글을 늘 보게 된다.

> 화살 다섯 개를 낱개로 나누면 부러뜨릴 수 있지만 한데 모으면 부러뜨릴 수 없다.

징키즈칸의 어머니가 다섯 아들을 모아놓고 단결과 우애를 위와 같이 가르쳤다. 서기 1990년 단기 4323년 음력 8월 15일 전날밤, 내가 서로에게 필요한 형제가 되라고 서툰 붓글씨로 써놓은 것이다.

자네들은 지금까지 우리 부부를 위해서거나 형제, 조카들, 고모들을 위한 곡진曲盡한 자세들을 보여와 늘 마음 든든하게 여기고 있다. 나에게 장손인 석준이가 군에 갈 때 자네들이 보여준 그 애틋한 정을 쉽게 잊을 수가 없구나. 또 일본 도쿄에 사는 너희들 조카(홍민이의 아이들)

현주와 성주가 방학을 맞아 왔을 때도 역시 같은 정을 보여 어머니와 나는 참으로 흐뭇했다. 비록 내 집이 명가名家는 아니지만 자네들의 마음 쓰임새가 좃대를 형성할 것 같아 매우 희망적이다.

현주가 초등 5년, 성주가 초등 2년일 때 큰집이라고 왔는데 이 애들의 몸가짐이 어떻게 조심스러워 보이는지 참으로 기특했다. 매일이다시피 할머니가 목욕탕을 데리고 다녔는데, 목욕탕 안에서 행여나 옆 어른들에게 물방울이라도 튀지 않을까 여간 조심하지 않더라는 것이다. 그리고 둘이서 소곤소곤 말을 나누는 장면도 탕 내 어른들의 귀염성을 독차지했다고 들었다. 이것이 바로 교양이요, 인격이다. 남을 배려하는 마음, 그 마음은 참으로 아름다운 것이다.

어떻든 자네들은 '필요로 한 사람=교양, 자립'을 중심 가치로 삼으면서 각 가정마다의 특성을 살려 세부적인 행동 지침을 마련하기를 권한다. 어느 집 하면 무엇, 가정마다 상징을 나타낼 수 있어야 한다. 그것이 그 가정의 개성이다. 개인도 마찬가지지만 가정도 개성이 있어야 발전할 수 있다. 그리고 연말에 가서는 연초에 세웠던 '필요로 한 사람=교양, 자립'의 가훈에 따른 가정마다의 계획이 어느 정도 실천되었는지 그 성과 여부에 대한 가족회의 정산精算이 꼭 뒤따라야 한다는 것을 일러두고 싶구나. 그런 성찰이 있어야 새 다짐이 선다.

남길 것 없는 사람 이순항 이야기

天冠 이순항 지음

1쇄 찍은날 2010년 8월 16일

지은이 이 순 항
펴낸이 오 하 룡
펴낸곳 도서출판 경남

주소 631-430 마산시 서성동 66-18
전화 (055)245-8818~9
홈페이지 http://www.gnbook.com
전자메일 gnbook@empal.com
출판등록 제2호(1985. 5. 6)

ISBN 978-89-7675-635-0-03810
〔값 12,000원〕